ALL ABOUT HISTORY　萤火虫

VIKING SAGAS

维京传奇

[英]艾普尔·美登 —— 编著

周洁 —— 译

中国画报出版社·北京

图书在版编目（CIP）数据

维京传奇 /（英）艾普尔·美登编著；周洁译. --
北京：中国画报出版社，2020.10（2024.7重印）
（萤火虫书系）
书名原文：All About History: Book of Viking Sagas, First Edition
ISBN 978-7-5146-1906-5

Ⅰ.①维… Ⅱ.①艾… ②周… Ⅲ.①北欧—中世纪史—少儿读物 Ⅳ.①K530.9

中国版本图书馆CIP数据核字(2020)第037695号

Articles in this issue are translated or reproduced from All About History: Book of Viking Sagas, First Edition and are the copyright of or licensed to Future Publishing Limited, a Future plc group company, UK 2018. Used under licence. All rights reserved. All About History is the trademark of or licensed to Future Publishing Limited. Used under licence.

北京市版权登记局著作权合同登记号：01-2020-3193

维京传奇

[英] 艾普尔·美登 编著　周洁 译

出 版 人：于九涛
责任编辑：廖晓莹
责任印制：焦　洋
营销编辑：孙小雨

出版发行：中国画报出版社
地　　址：中国北京市海淀区车公庄西路33号　邮编：100048
发 行 部：010-88417418　010-68414683（传真）
总编室兼传真：010-88417359　版权部：010-88417359

开　本：16开（787mm×1092mm）
印　张：16
字　数：260千字
版　次：2020年10月第1版　2024年7月第5次印刷
印　刷：三河市金兆印刷装订有限公司
书　号：ISBN 978-7-5146-1906-5
定　价：70.00元

欢迎来到
维京传奇

　　一千多年前，北方的一位国王想听故事时，从大殿中的阴暗处走出一位吟唱诗人。这位维京时代著名的诗人，负责将这片土地上所发生的历史故事及应遵循的法律熟记于心，并用自己的语言将其传播并加以解释，同时也为了娱乐大众。诗人并不需要记载着这些故事的书——关于这些故事的书是后来才出现的。他将所有的故事牢记于心，就像他的祖先几个世纪以来所做的那样。当这位著名的诗人深吸一口气，用缓慢而又悦耳的语调，富有韵律地吟诵伟大的有关维京传奇的语句时，整个大殿沉浸在充满期待的寂静之中。

　　一千多年后的今天，这些传说仍然具有令人着魔、沉迷的力量。各路神灵、英雄豪杰（包括女英雄）及古代北欧诸国王室的故事不仅极具神话色彩，而且充满了神秘与冒险、紧张与刺激。女巫们叙述着神秘的预言，男男女女踏上找寻魔法宝剑和指环的征程。他们要么被人们尊崇为伟人，要么被家族世代相传的诅咒所吞噬；想要成为统治者的人们在旧疆域和新土地上不断发生冲突与摩擦。命运向众神和诸王均掷下了沉重的骰子。故事通过吟唱诗人的口述徐徐展开，聆听的人们往往知道接下来会发生什么，但令他们乐在其中的是聆听故事的过程。

　　现在，你也可以享受这个精彩纷呈、令人着迷的维京世界。本书生动地讲述了中世纪北欧一些最受人们喜爱的传说故事，既有关于北欧诸神及英雄豪杰的起源传说，也包括一些伟大尊贵的国王的丰功伟绩，以及英勇无畏的探险家的冒险故事。这些故事不仅在斯堪的纳维亚半岛寒冷的海岸边流传，还向南、向东、向西，一直传播到欧洲、非洲、亚洲，甚至北美等地区。让我们一起进入丰富多彩的维京世界，开启属于自己的维京冒险吧。

目录

发现维京传奇中不朽的神话、传说、英雄、国王及冒险家。

维京人

8 探秘维京人
中世纪斯堪的纳维亚半岛的劫掠者和贸易商

22 消失的维京王国
发现维京人的领地

44 什么是维京传奇
维京人如何讲述故事和记录史实

神话

58 维京神话
信奉基督教之前北欧人信奉的诸神及宇宙观

62 女巫的预言
女巫被奥丁从坟墓中召唤出来,她预言了世界末日

74 《诗体埃达》
古斯堪的纳维亚吟唱诗人所传唱的吟唱诗

86 《散文埃达》:一段真实的历史
维京最著名的诗人为13世纪信奉基督教的人们改写的古老神话

传奇

94 维京英雄
维京人如何看待他们的英雄

98 赫尔薇尔、海德里克国王和被诅咒的宝剑
魔剑提尔锋

118 维京之子,索尔斯坦
维京之子的冒险传奇

126 勇者弗里乔夫传奇
弗里乔夫为什么是最勇猛的维京人

134 魔戒之谜
魔戒的传说

148 终极维京海盗
终极海盗英雄

164 强大的拉格纳·洛斯布洛克之子
被载入史册的传奇故事

国 王

174 历史的开端
从传说到历史

178 遗失的编年史
一本不可思议的历史书

186 世界的往复循环
挪威诸王的传奇故事

204 篡位者
用诡计登上了挪威王位的篡权者

210 一位野蛮残忍的诗人
一位心怀恶意、一心复仇的战士兼诗人

218 克努特王朝
克努特大帝的宫廷秘史

226 冰与火之歌
传奇中不朽的吟唱诗人

远 航

236 向未知世界扬帆远航
在惊心动魄的探险之旅中，"远游者"英瓦尔冒险向东，进入了俄罗斯和亚洲

242 一个好地方：文兰
莱夫·埃里克松和他的兄弟姐妹是首批到达北美的维京人

256 图片所属

维京人

揭示古斯堪的纳维亚文明，
了解他们笔下的历史事件及传说故事。

8 探秘维京人
中世纪斯堪的纳维亚半岛的劫掠者和贸易商

22 消失的维京王国
发现维京人的领地

44 什么是维京传奇
维京人如何讲述故事和记录史实

几个世纪以来，这些讲述维京人故事的传奇通过当时的吟唱诗人口口相传。

TYR, THE SWORD-GOD.

探秘
维京人

维京人通常被描绘成嗜血成性的海盗。他们不仅掠夺无辜的村民,还通过利润丰厚的商业贸易网统治着海洋。

―――― 作者:弗朗西斯·怀特(Frances White) ――――

巨大的白色船帆被猛烈的大西洋海风无情地吹打着,仿佛要被它彻底撕裂,但船依旧乘风破浪,继续前行。这艘由巨型橡木打造而成的战船,船身修长,造型优美。它奋勇前行,冲破海浪。船内的勇士们奋力划动船桨,动作整齐划一。他们将强壮的肌肉紧绷起来,将船桨深入水中,推动战船穿破惊涛骇浪,不断前进。他们齐心合力让战船靠岸,然后涌上海滩。这些勇士身穿厚厚的羊毛外衣,从锋利的长矛到硕大笨重的战斧,每人都装备着武器。这时,其中一名勇士拔剑指向天空,用低沉而洪亮的声音大喊,其他人高声呼应。随后,他向前跑去。在他的带领下,战队顶着狂风,怒吼着向山上冲去。他们的目的地究竟是哪里呢?

> 维京人有着良好的卫生习惯,他们每周至少洗一次澡。

维京海盗

一起来看看斯堪的纳维亚半岛上最令人胆寒的劫掠者。

"红发"埃里克 951—1003

恶名劣迹：
因谋杀罪名被驱逐出冰岛。他发现了格陵兰岛并在那里建立了殖民地。

古瑟罗姆 不详—890

恶名劣迹：
发起对西撒克逊国王——阿尔弗雷德大帝的战争。

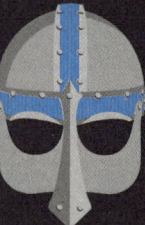

"远游者"英瓦尔 不详

恶名劣迹：
在里海沿岸大肆劫掠。

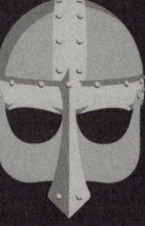

罗德夫·哈拉尔松 不详—873

恶名劣迹：
领导袭击了不列颠群岛、法兰西及德意志。

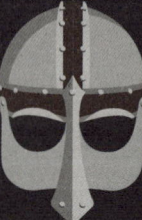

"无骨者"伊瓦尔 不详

恶名劣迹：
利用异教徒大军入侵在英格兰的盎格鲁—撒克逊王国。

位于海岸边的一座修道院储藏了黄金、珠宝及大量食物，而这座修道院仅由一群温和而谦逊的僧侣们来看护。

很多人当面对"维京人"（Viking）这个词时，脑海中首先浮现的是这样一幅画面：凶残的入侵者围攻无辜的修道院，将他们那些珍贵物品掠夺一空。北欧部落的人普遍被描绘成掠夺者，以至于人们常常忘记"Viking"这个词本身的含义是远征、探险。人们很容易陷入这样一种假设，即这些人只不过是海盗，从那些无力自卫的人手中夺走财物之人。

不可否认的是这些情形确实发生过：维京入侵者从斯堪的纳维亚航行到不列颠群岛沿岸，甚至更远。他们入侵村庄和修道院，杀害当地居民，盗取财物。这些情况在史料中均被提到，今天仍有大量证据可以印证这个观点。例如，在当时那些焦虑不安的人们所居住的土地上发现了大量宝藏，这表明当时人们为了躲避无情的侵略者，匆忙将自己的财宝藏匿起来。

然而，这仅仅是故事的一半。两种行为推动了维京文明的快速发展：一种是他们那臭名昭著的恶性掠夺；另外一种是商业贸易。维京人不仅在他们侵占的土地上建立了殖民地，而且还开辟了贸易繁盛的航线，使他们的部族成为那时世界上最为昌盛的社会之一。

在一年的大部分时间里，那些参与侵掠城镇的维京人同样也在土地上劳作，不知疲倦地在田间辛勤劳动，或者精心制作一些精细复杂、贵重的装饰品和珠宝首饰。他们努力创造财富，为兴盛繁荣的文明社会提供资金支持。

海上维京人

作为造船专家，与以往任何文明相比，维京人能够在大海中航行得更远，所达范围更广……

在克里斯托弗·哥伦布（Christopher Columbus）发现美洲大陆的几个世纪前，维京人就宣称大西洋是他们的后花园。他们掌握了俄罗斯的河道水系，并航行到中东。他们那令人钦佩的航海技术帮助他们在迅速发展的世界中成为领先者，而这个崭新的维京文明得以蓬勃发展所依仗的仅仅是船。

维京人建造的船比以前的船只更大、更轻，行驶得更快，可以说，整个维京社会都是围绕着船而建立起来的。经过多年的改进，维京船只不仅能面对大西洋猛烈的风暴，而且能在浅水中自由灵活地行进。正是这些强劲且高效的船只使得威猛彪悍的维京人的足迹遍及世界各地，并建立起他们的殖民地，而建造、维护、保养这些船只则成为整个维京社会的基础。维京人利用他们强大的海上力量环绕欧洲海岸进行商业贸易，而此时的不列颠帝国仅仅是一个由多个分散的王国组成的联合体，根本没有能力保卫他们的海岸。维京人意识到，同样一段旅程，通常情况下走水路要比走陆路容易得多。例如有的旅程，海上航行仅需5天即可抵达，而陆路则需要1个月，于是维京人很好地利用了这一点。那些定居在异国土地上的人们经过长途航行，将维京文明传播到了冰岛、格陵兰岛，甚至加拿大等北美地区。

凶猛的龙形船头加上外型修长、线条优美的船体，维京长船破浪前行。这无疑是一幅令人欢欣鼓舞的画面。但是对于船上的人来说，海上生活并不是一件美好惬意之事。由于维京长船的甲板是露天的，无任何遮蔽设施，因此到了晚上，水手们只能睡在用船帆搭设的临时帐篷里睡觉。他们裹着毯子或躲在兽皮睡袋里，冻得瑟瑟发抖。整个航行期间，唯一的食物是干肉或腌肉，饮料为淡水、啤酒或酸奶。在长距离的海上航行过程中，船只不幸沉没已在意料之中，不再是一场令人悲痛的灾难。不会有任何救援，因为通常情况下过了几个星期、几个月，甚至几年，都没有人知道发生了沉船事故。在穿越波涛汹涌的大西洋时，大量船只失踪的情况并不罕见。例如，在"红发"埃里克（Erik the Red）前往格陵兰岛的航行中，在最初的25艘船中只有14艘安全抵达。

然而，正是由于这些甘愿冒险的航海家们拥有无比坚定的决心、坚韧不拔的精神，维京人才获得了大量价值连城的财物，并得以在世界各地的海岸线上进行商业贸易。8世纪末，维京航海者开始入侵英格兰，从此决定了这个岛国的命运。860年，在这种开疆拓土的精神指引下，维京人进攻了君士坦丁堡。20多年后的885年，维京船队袭击了法国巴黎。拓展通商贸易、占领新的领地、掠夺更多的财富，以及维京人骨子里

> 一些维京人被安葬在填满武器、价值连城的财宝，以及奴隶的长船中。

的渴望冒险的精神，在这些因素的驱使下，维京人的足迹遍及世界各地。直至今天，我们仍然能感受到这些具有历史意义的伟大航海留下的深远影响。

羊毛船帆

维京长船通常挂有大约 10 米宽的巨大的方形船帆。这种船帆极有可能是由羊毛纺成的，虽然迄今为止尚未找到留传下来的船帆来证实这点。为了保证船帆被海水打湿后不变形，维京人会在羊毛船帆上再缝制一些横竖交错的皮革条。

桨洞

从船头至船尾，沿着船身两侧分别设置一排孔洞，船桨从孔洞中伸入水中。这些孔洞也被用来绑扎固定圆盾，但仅限于船只停靠在港口时。因为当船行驶时，如果圆盾被绑扎在船舷两侧，那么船上的人们便失去了这个至关重要的防护工具，会给生命安全带来巨大风险。

木质船体

几乎所有的维京船都是用同样的方法制造的。造船的材料为橡木或松木。他们将木板搭接在一起，然后用钉子将两块木板重叠的部分钉起来。再用浸过油脂的羊毛或其他动物皮毛将木板之间的缝隙填塞，以加固船只并使其具有良好的防水性。

令人胆寒的船首雕像

维京船的船首通常以一个动物头像作为装饰标记，常用的是一种龙和蛇的混合体。这些装饰性雕像可拆卸，只有当船靠近陆地时才会被竖立起来，因为船首雕像有可能在海上航行时受到严重损坏。

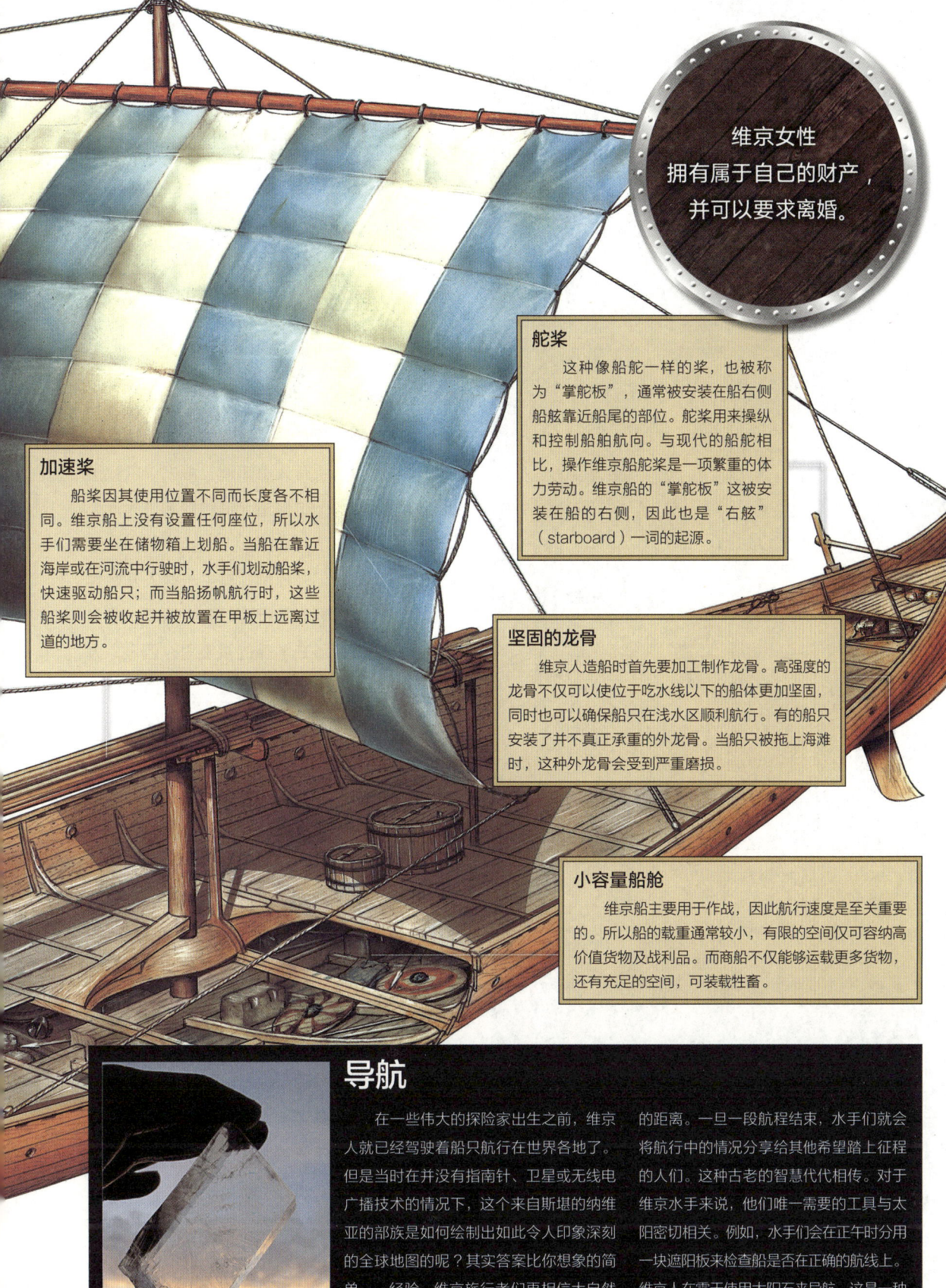

> 维京女性拥有属于自己的财产，并可以要求离婚。

舵桨

这种像船舵一样的桨，也被称为"掌舵板"，通常被安装在船右侧船舷靠近船尾的部位。舵桨用来操纵和控制船舶航向。与现代的船舵相比，操作维京船舵桨是一项繁重的体力劳动。维京船的"掌舵板"这被安装在船的右侧，因此也是"右舷"（starboard）一词的起源。

加速桨

船桨因其使用位置不同而长度各不相同。维京船上没有设置任何座位，所以水手们需要坐在储物箱上划船。当船在靠近海岸或在河流中行驶时，水手们划动船桨，快速驱动船只；而当船扬帆航行时，这些船桨则会被收起并被放置在甲板上远离过道的地方。

坚固的龙骨

维京人造船时首先要加工制作龙骨。高强度的龙骨不仅可以使位于吃水线以下的船体更加坚固，同时也可以确保船只在浅水区顺利航行。有的船只安装了并不真正承重的外龙骨。当船只被拖上海滩时，这种外龙骨会受到严重磨损。

小容量船舱

维京船主要用于作战，因此航行速度是至关重要的。所以船的载重通常较小，有限的空间仅可容纳高价值货物及战利品。而商船不仅能够运载更多货物，还有充足的空间，可装载牲畜。

导航

在一些伟大的探险家出生之前，维京人就已经驾驶着船只航行在世界各地了。但是当时在并没有指南针、卫星或无线电广播技术的情况下，这个来自斯堪的纳维亚的部族是如何绘制出如此令人印象深刻的全球地图的呢？其实答案比你想象的简单——经验。维京旅行者们更相信大自然的指引，而不依赖这些设备。他们研究星星和太阳的位置，甚至可以根据海水的颜色及海浪的运动情况来判断距离岸边大致的距离。一旦一段航程结束，水手们就会将航行中的情况分享给其他希望踏上征程的人们。这种古老的智慧代代相传。对于维京水手来说，他们唯一需要的工具与太阳密切相关。例如，水手们会在正午时分用一块遮阳板来检查船是否在正确的航线上。维京人在雾天使用太阳石来导航。这是一种会变色的石头，即使太阳躲在云层后面，用太阳石也可以精确定位它的位置。

致命的武器

维京剑

维京剑的剑刃长达90厘米。战士们可以一手执剑,一手持盾。只有地位高的维京战士才可以携带剑柄经过精心设计的剑。维京人还会给自己的宝剑赋予个性化的名字,例如"腿咬剑"(Leg-biter),并世代相传。

弓和箭

维京弓由紫杉、白蜡或榆树制成。这种弓的拉力大约为100磅[1],通常战士们会将其向后拉至胸部,而不是下巴。维京箭被制作成多种样式,由铁、鹰的羽毛及青铜制成。

战刀

维京战士装备两种不同类型的战刀——普通的单刃刀和撒克逊刀(seax)——外形类似于现代的大砍刀。与普通的战刀相比,撒克逊刀更重。有一种典型的撒克逊刀形制被称为"断背式"撒克逊刀。

维京矛枪

维京矛枪是农民阶级的主要武器。金属制成的枪头安装在一根两三米长的木杆上。矛枪被设计成不同的用途,既可以用于刺杀又可用来投射。长矛是北欧诸神之王奥丁(Odin)的武器,极具文化象征意义。

维京战斧

战斧是维京战士装备中最常见的武器之一,与日常使用的工具斧头相比,战斧的头部更大,斧柄更长。有的长柄战斧的斧柄长度几乎和人的身高一样,可以双手挥动。也有斧柄较短小的投掷用战斧。

突袭劫掠

没有一所修道院能够在从大洋彼岸发起并横扫整个大陆的劫掠中幸免于难。

他们在夜深人静时抵达。浓浓的夜色,漆黑一片,直到船靠岸,修道士们才发现这群不速之客。此时,所有人都知道,再去寻求救援已经为时晚矣。一位修道士慌忙地跑进大厅,大喊:"恶魔来了!他们来了!他们来了!"正在熟睡的修道士们被惊醒。其中一些人开始大声呼救,其余的则立即行动起来,抓起一些贵重物品并将其藏匿在斗篷的褶皱里。但是,大门已经落锁,入侵者已经进来了。他们身材高大——比温和恭顺的修道士们见过的任何一个人都要高大——人人顶着一头乱蓬蓬的金发,手里握着威力巨大的武器。强盗们立即向修道士们猛扑过去,疯狂而凶残地砍杀他们。修道士们有的恳求饶恕,有的则根本没有时间乞求,没有时间进行谈判。怎么和这种彻头彻尾的肆无忌惮的暴徒进行谈判呢?这些强盗们挥舞着手中的斧头,用剑戳刺着修道士们的身体。整座修道院里只剩下死亡、毁灭和鲜血。只有一位修道士设法逃过了这场大屠杀。他在尸体中快速迂回逃跑,然后一头扎进大厅外面高高的草丛。他眼见一具又一具尸体被扔了出来,眼睁睁地看着那些还活着的修道士们被直接从高高的悬崖上抛到海里,亲眼目睹这些异教徒点燃了圣墙。在火光闪烁的黑暗中,炽烈的热风无情地拍打着他的面颊和长袍。他那双几乎已

---

[1] 1磅约为0.45千克,下同。——译者注

▲ 维京海盗在英格兰海岸展开的一场激烈突袭

毫无知觉的手紧紧抓着一只金色的圣杯。这是他逃离前唯一能够抢救出来的。这些强盗们将剩下的财物统统装进麻布袋里，运到他们的大船上。他们快速地从岸边撤走，速度几乎和来时一样快，随后消失在黑暗中。

793年，一群北欧海盗在英格兰东北部附近的林迪斯法恩（Lindisfarne）对一座基督教修道院发起了突袭。在这些维京人看来，这座式样奇特、毫无遮掩的建筑里堆满了价值连城的财物，这个大好机会实在不容错过。但对于许多英格兰人来说，这次令人震惊的无端挑衅和袭击标志着不列颠岛遭受由维京海盗带来的可怕磨难正式开始。这些时有发生的掠夺性暴力袭击在横跨不列颠岛海岸的区域持续进行，直到855年，一支被称为"异教徒大军"（the Great Heathen Army）的部队驶抵了东盎格利亚（East Anglia）。维京军队横扫整个国家，占领了沿途的城市，肆意侵占这片土地并以武力镇压。来自斯堪的纳维亚的士兵们还发动了横跨爱尔兰海岸的入侵行动，其侵略的足迹遍布整个欧洲大陆。这些维京海盗的掠夺甚至延伸到了波罗的海和波斯。历史学家们对于维京人之所以能够如此快速扩张的初始原因争论激烈。一些专家认为，维京人的侵袭是对基督教传播的残忍报复；也有人认为，相对于有限的土地面积，当时斯堪的纳维亚半岛的人口增长太快；又或许这些维京勇士的行为只是缘于对探险的渴望。无论是什么原因，维京人的侵略行径给那些亲眼目睹惨烈现场的人们心中留下了永久的伤疤。

> 金发在当时是非常流行的发色，但一些维京男人会将他们的头发和胡子漂白。

维京式突袭

1 准备

维京海盗们不会随意出击,通常他们的突袭计划都是经过一番精心设计的。首先,他们会确定一个薄弱的目标,然后沿着他们完全熟悉的海岸发起攻击。因为他们拥有世界上速度最快的船只,所以他们会在没有任何事先警告的情况下发动攻击,以确保他们所袭击的目标不能获得任何援助。到9世纪中叶,这些维京侵袭大军已是拥有300至400艘战船的庞大舰队。

2 集拢马匹

维京战船可以沿河而上,但如果突袭的目标距离海岸较远,他们就会以战马代替长船,骑马奔袭。由于战船上不载马匹,他们通常会先劫掠附近的村庄以获得马匹。这些马不仅是他们的坐骑,还是运输工具,用来在陆地上运输他们的战利品。

3 突然袭击

面对这些装备着精良武器的凶猛对手,虔诚而恭顺的修道士们毫无胜算。训练有素的维京海盗会对修道院突然发起猛烈而残暴的攻击,杀害修道士。修道士们有人被剥光了衣服,赤身裸体地被扔在外面;有的被掳去关押;也有人被直接丢到海里。

4 烧杀劫掠

处置完这些修道士后,维京海盗们会将修道院洗劫一空。只要是能被带走的贵重物品他们都不会放过,包括储藏的食物,特别是那些非常珍贵的圣物。但是,那些极为宝贵的《圣经》却往往被他们忽略。他们抢劫完所有的房屋和建筑后,就会放火将修道院及周围的村庄烧毁。

5 撤离

满载着俘虏和战利品,这些维京海盗迅速骑马返回船上,装船后扬长而去。随后他们会将这些抢来的黄金、珠宝及圣物卖掉,而那些被劫虏的修道士们则会被他们在欧洲的奴隶市场上以高价售出。

突袭林迪斯法恩修道院

林迪斯法恩岛是位于英格兰东北海岸外的一座圣岛。中世纪时,是英格兰北部基督教福音传播的基地。然而,在793年,一群维京海盗袭击了林迪斯法恩修道院。这一恶劣的行径令全世界的基督徒们感到无比惊慌。6月7日,维京海盗们侵入修道院,"用掠夺和屠杀的方式摧毁了位于林迪斯法恩的这座上帝的教堂"。虽然此类袭击已经不是第一次在这个国家发生,但这次袭击的不同寻常之处在于这群海盗们攻击的是这个北方基督教国家的心脏地带。一位当时的学者是这样描述此次突袭的:"在英格兰,这些异教徒带给我们前所未有的灾难,圣坛的四周到处溅洒着被这些野蛮人刺杀的圣徒们的鲜血。他们在圣殿中肆意践踏圣徒们的尸体,视其为街上的粪土般任意侮辱。"

维京战士全解析

头盔

根据考证，其实维京海盗的头盔上根本没有角。他们戴的头盔是圆形的，在眼睛和鼻子周围配有防护罩。目前，世界上只有一顶完整的维京头盔，其余的头盔有可能是家族代代相传的。

发型

维京人，无论男人还是女人都喜欢长发。也有人将两边的头发剃掉，或是将头发梳拢在脖颈上方，然后扎一个紧紧的小发髻。男人们也会经常精心打理自己的胡须。

铠甲

对于普通的维京士兵来说，锁子甲或者金属盔甲非常昂贵，就像皮革一样，所以这类铠甲仅仅是地位等级高的维京战士才能拥有。而普通的维京士兵很可能只能穿着羊毛制成的日常服装进行战斗。

鞋靴

维京人的鞋通常是用一块很长的皮革按照穿着者脚的形状缝制而成。然后用皮带将鞋靴固定在脚上，同时要穿上厚厚的羊毛袜子保暖。

盾牌

圆盾是常见的维京士兵装备，由轻质木材制成，如杉木或白杨，边缘用皮革或铁皮加固。维京圆盾的直径可达120厘米，但大多数盾牌的直径约为75厘米至90厘米。

银

土耳其

丝绸、银、香料

葡萄酒、香料

掠夺者还是贸易商？

斯图尔特·佩里（Stuart Perry），即被公众熟知的法斯托夫·杰拉尔特森（Fastulf Geraltsson），是英国约维克集团（Jorvik Group）维京海盗中心（Jorvik Viking Centre）的观众互动活动的主管，同时也是约维克集团旗下五大热门景点的考古和历史解说员。

维京人肆意展开海外侵略，其背后的动机究竟是什么？他们仅仅是嗜血残暴的劫掠者，还是有着更为文明的目标？

其实维京人的侵略动机很简单：农田。不论是维京人（The Vikings），还是北欧人（Norsemen）——"维京人"（Viking）的含义是指一群专门从事攻击-逃离式袭击的海上劫掠者——他们的目标都是寻找土地，那么这两种称谓哪一种更为贴切呢？

斯堪的纳维亚半岛的农业耕地面积非常有限。该地区水域面积较广，山地较多，但居住生活在那里的人口数量却远超有限的农业耕地所能负担的规模。自793年以来，维京人持续在沿英格兰海岸的区域发动突袭，其中包括著名的袭击林迪斯法恩。这些行径无疑让维京人获得大量的机会，得以发现遍布英格兰各地的富饶丰腴的良田、茁壮生长的庄稼及膘肥体壮的牲畜。再加上他们极为热衷于劫掠修道院和城镇，这些行径为他们带来了巨大的财富，英格兰成了维京人肆意疯狂扩张的完美目标。

被称为"嗜血残暴的劫掠者"的维京人，其文化的确崇尚武力，但是维京人发动侵略绝不仅仅是为了彰显其勇猛和暴力。这一切都是为了利益。维京人很少会将整个定居点完全摧毁，原因其实很简单：他们想的是有朝一日能够再来洗劫一次！在中世纪早期的斯堪的纳维亚，抢劫掠夺已成为躁动的年轻人的一项工作，但绝不是他们日常生活的重心。这个信息，也正是在约维克维京海盗中心的我们努力抓住每一次机会向观众所要传达的重要观点。

商业贸易

维京人并不是仅依靠暴力劫掠来获得发展，相反，他们建立了一整套复杂的贸易网络，商业贸易十分繁荣。

维京人虽然凭借打家劫舍快速攫取了大量财富，但这种生活方式并不安稳，更不是构建文明社会的方式。于是，维京人将更多的时间和精力用于建立一套繁荣而强大的贸易网络。得益于其高超的造船技术，维京人可以通过海上航行到更遥远的地方进行贸易活动，以获得大量的奇珍异宝及价值昂贵的货物。他们为海外贸易而特别设计的商船，可装载重达35吨的货物，包括大量白银及牲畜。

8世纪中叶，西波罗的海沿岸开始出现商品贸易市场，人们从四面八方赶来，聚集在这里进行各类商品交易。随着这些市场的兴盛繁荣，商人们决定在航线沿途永久定居下来，于是以商品贸易为主的城镇逐渐形成。瑞典的比尔卡

◀ 有证据表明维京人堪称专业贸易商，他们的商品交易涵盖的货物种类繁杂多样

（Birka）、挪威的考旁（Kaupang），以及丹麦的海泽比（Hedeby）均发展成为熙熙攘攘、生意繁荣的商业中心，大量工匠和商人在此定居生活。在沿不列颠群岛的区域也出现了几条繁忙的贸易路线，约克郡（York）和都柏林（Dublin）也发展为重要的商品贸易中心。随着不断繁荣的商品贸易，维京人的船队越行越远。他们穿越波罗的海，沿俄罗斯境内的河流深入内陆。他们在基辅（Kiev）和诺夫哥罗德（Novgorod）建立了更多的贸易城镇。这些维京商人甚至穿越黑海，远至对岸

的拜占庭帝国的首都。这种险象环生的旅程恐怕也只有维京人敢于尝试。他们闯过险滩急流，与当地土著激战。维京人继续深入内陆，将他们的货物运到耶路撒冷（Jerusalem）和巴格达（Baghdad）。丝绸之路的诱惑及东方的奇珍异宝实在美妙无比，难以抗拒，所以维京人会在位于俄罗斯的商品贸易中心与远东商人会面，用毛皮和奴隶换取丝绸和香料。

硬币是最常见的支付方式，但它与现在的货币不同之处在于，不同的硬币所具有的价值也不相同。交易时人们会用天平称量硬币的重量以确定其价值，这是因为大量的硬币是被熔化后再加工成既复杂精细又美丽的珠宝，然后再被人们拿来进行交易的。在瑞典曾经发现了大量铸于英格兰的硬币，使得今天的我们可以从中窥见维京人构建的规模巨大的贸易网络。更不用说在瑞典发现的4万枚阿拉伯硬币及3.8万枚德国硬币。所有这些均揭示出当时维京人商业贸易的兴盛繁荣。产自北欧的杯碗、地中海的丝绸及波罗的海的斧头，这些被埋入英格兰地下的维京人的宝藏都被发掘出来。这一庞大而辉煌的商品交易网吸引了大批富有激情且才华横溢的艺术家和工匠。维京珠子制造商们从西欧进口玻璃，将其制作成大量样式简洁的装饰珠子，以供富人们装扮。而那时来自波罗的海地区的琥珀由于货源充足，通常会被制成吊坠及棋子，这在当时非常盛行。技艺娴熟的维京工匠会将他们进口的青铜打造成精美的工艺品，也有的被批量加工成胸针。鹿角被制成精致且漂亮的梳子。

> 维京人的婚礼庆典场面宏大。整个典礼的持续时间超过一周。

消失的维京王国

从加拿大到君士坦丁堡,北欧海盗对世界展开了疯狂的掠夺和抢劫。他们到处搜刮财宝,开疆拓土。

作者:杰克·格里菲思(Jack Griffiths)

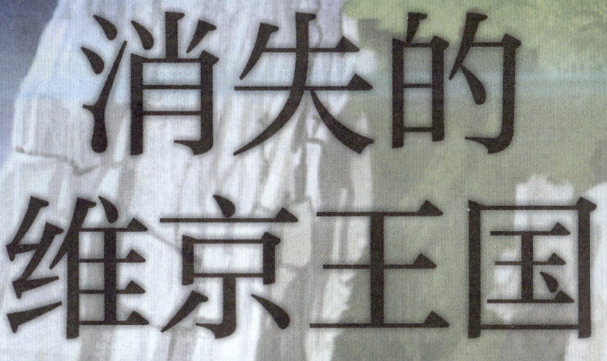

维京人经常被描绘成嗜血的劫掠者,中世纪早期的维京文明与其他任何文明相比,其游历世界的经验都更为丰富。他们起源于斯堪的纳维亚半岛,向欧洲大陆扩张,寻找食物,占领土地,掠夺财富,并在世界各地建立了王国。数百年来,这支在地平线上游荡的由维京长船组成的舰队令法兰克人、撒克逊人及拜占庭人等欧洲人惊心胆寒。然而,这些来自北方的人既是商人又是掠夺者,商业活动为他们漫长的探险之旅提供了丰厚的资金。维京人的船上装载着毛皮、羊毛及鲸须制品。他们用这些货物换来白银、丝绸和香料,然后再将它们卖掉。

维京人最著名的莫过于他们对不列颠群岛的攻击,强行建立丹法区(Danelaw)及与阿尔弗雷德大帝(Alfred the Great)的战争。不管怎样,他们驾驶着他们的长船穿越整个欧洲,将众多不同的国土纳入其统治之下。他们侵略的步伐甚至踏入了亚洲、美洲及非洲的部分地区。从西部的纽芬兰(Newfoundland)到东部的基辅,面对狂暴凶险的海洋及危险致命的敌人,这些勇敢的北欧人毫不畏惧。或许他们看起来更像是凶狠残暴的野蛮人,但是我们必须感谢这群北欧人,很多欧洲的王国均由他们建立并发展,而这些国家在维京文明衰落后才得以繁荣发展。

爱尔兰

200多年来，翡翠岛的大片土地都在维京人的控制之下。

8世纪末，来自挪威的北欧人第一次出现在爱尔兰。他们对拉斯林岛（Rathlin）或兰贝岛（Lambay）上的修道院发动了突袭，随后迅速撤离。这种小规模零星地偷袭沿海地区的情况大约持续了30年。尽管后来北欧人的袭击劫掠行为蔓延至爱尔兰的内陆地区，但实际上并未对爱尔兰人的定居点造成太大影响，因为战斗结束后一切都会归于平静，被损毁的定居点得以重建。在这一阶段，这些劫掠者满足于发动仅持续几天的袭击，随后他们会马上返回斯堪的纳维亚并将战利品卖掉。然而，到9世纪初，维京人越发自信，抢劫掠夺的行为也愈演愈烈。维京人在都柏林建立了船舶基

> 通过英文地名单词的后缀"by"和"-thorpe"，极易识别其在历史上是否曾为维京人的定居点，这两个词在古斯堪的纳维亚语中的含义为宅地和农场。因此，德比（Derby）、格里姆斯比（Grimsby）、惠特比（Whitby）及斯肯索普（Scunthorpe）等城镇均曾是维京人的定居点。

▼ 克朗塔夫战役中，维京人联合了来自奥克尼群岛（Orkneys）及马恩岛（Isle of Man）的盟友。但是这些海外援军数量有限，维京人最终没有取得胜利

地（longphorts，也被称为长港口），并以此为根据地，随意袭击，肆意践踏蹂躏村庄。不久，爱尔兰的国王们受够了维京人的暴行。塔拉国王（Tara，又称米思国王）玛拉基（Máel Seachnaill），在米思郡（County Meath）的斯克林（Skryne 或 Skreen）附近向维京人发起反击，一举歼灭至少 700 名北欧入侵者。

200 多年来，维京人持续对爱尔兰袭击，这对凯尔特人的爱尔兰王国产生了深层次的社会影响。当时，北欧人和爱尔兰人结盟的情况已经非常普遍，但到 10 世纪初，来自丹麦的维京人也加入了进来。为了加以区分，来自挪威的维京人被称为"洛克兰人"。而来自丹麦的这些北欧人则被称为"达尼尔人"（Danair）。最初维京人肆意入侵不列颠群岛并屡屡大获成功，但仅限于突袭频次的增加。直到大约 1000 年前，他们改进了战术，驾驶长船沿河逆流而上，将战火烧至爱尔兰内陆地区。最初，挪威侵略者占据主导地位。他们将袭击修道院时抢夺来的全部财物都用于对爱尔兰入侵，但是他们在战斗中缺乏组织性，这意味着在全部维京入侵者中，丹麦侵略者的权力范围在稳步扩大。

■ 英格兰领地　■ 丹麦或挪威领地
■ 凯尔特人的领地　■ 沼泽

不列颠群岛上的维京人

维京人征服占领的地区被称为丹法区。

维京人对不列颠群岛的第一次重大袭击发生在 793 年。当时维京人对林迪斯法恩岛上的修道院实施了野蛮残暴的袭击。在接下来的几个世纪里，维京人不时对英国海岸线发起攻击，让盎格鲁-撒克逊人和凯尔特人不堪重负，他们被迫向北欧入侵者交出了大片土地。

▲ 这个发掘现场显示了都柏林的一条由维京人修建的步道。都柏林是北欧人占领期间一个重要的维京人活动区域

爱尔兰方面，此时出现了一位抵抗维京人的领袖，即芒斯特（Munster）国王布里安·博卢（Brian Boru）。在爱尔兰南部各王国的支持下，布里安组建了一支统一的南部联盟军队，成为该地区抗击维京人的主要力量。布里安的军队摧毁了都柏林的堡垒，并与多支入侵的维京部落领袖结盟。他的实力强大到足以将入侵的几支挪威人部落完全驱逐出爱尔兰。布里安与在都柏林的挪威人结成联盟，并宣布为王，没有人敢挑战他的权威。他的统治一直持续到1012年。1014年，维京入侵者对爱尔兰发动的一系列袭击达到了高潮。布里安率领他的军队与维京入侵者在克朗塔夫（Clontarf）展开了决战。

克朗塔夫战役发生在1014年4月23日，由布里安领导的爱尔兰王国主力部队对抗由伦斯特（Leinster）国王迈尔·莫拉（Mael Morda）支持的维京联合部队。在之前的一场争执中，迈尔·莫拉已经反叛，转而效忠维京人。布里安手下大约有7000名士兵。他们向都柏林进发，与黎明时分登陆海岸线的4000名伦斯特人和3000名维京人展开了激烈的交战。随着战局的推进，双方军队相互厮杀。事实证明莫拉制定的战术非常有效，其部队在早期赢得了优势。

然而，当维京舰队的勇士布罗迪尔（Brodir）和西格德（Sigurd）被击败时，形势发生了逆转。到了下午，布里安的军队设法切断了维京人返回长船的道路。这对莫拉的部队是个致命的打击。附近有一条利菲河（River Liffey），他们逃往其上的一座大桥，以寻求安全之处。正当他们试图逃跑时，返回的玛拉基（Máel Seachnaill）及他率领的部队出现了，并切断了通往大桥的道路。维京人和伦斯特的叛军被困住，无路可退，旋即被击溃。

这场战斗是古爱尔兰历史上最血腥的一场战斗。布里安和他手下的4000名士兵最终倒在了泥泞中，一起战死沙场。但更为关键的是，6000名伦斯特人及维京人与他们一起葬身战场。这场大战结束了爱尔兰的这段大动荡时期，开启了爱尔兰历史上一段相对和平的时代。爱尔兰人与幸存下来的维京人共同生活在一片土地上。留在爱尔兰的北欧人逐渐被爱尔兰文化同化，双方开始通婚。在克朗塔夫战役之前，在都柏林的丹麦王国已经存在了200多年，但此役之后，仅仅过了52年，哈拉尔·哈德拉达（Harald Hardrada）在斯坦福桥战役（Stamford Bridge）中阵亡，不列颠群岛上的伟大的维京时代也宣告终结。

维京人海外扩张背后的原因探析

贫瘠的农业耕地

斯堪的纳维亚半岛自然景观多姿多彩，但缺乏利于农业生产的资源和条件。挪威境内多山；瑞典拥有广阔的森林；而丹麦的大部分土壤属沙质土。

对财富的渴望

提起维京人，人们通常会联想到一群探寻遥远的新大陆以实施掠夺行为的海盗。他们在海外大肆疯狂劫掠，并建立定居点以巩固他们对占领地区的统治。

过剩的人口

随着维京人口数量不断增长，很多人不得不寻求移居他处。在维京社会中，长子继承家族的土地，而其余的兄弟只能四处探险以寻找属于自己的领地。

▲ 这些来自北欧的劫掠者集中战斗力对各地修道院发起攻击，因为在那里抢到昂贵的战利品的机会最大

融入英语的古诺尔斯语单词

古诺尔斯语	现代英语
Sale	Sale
Klubba	Club
Beit	Snack
Rannsaka	Ransack
Fiall	Hill
Berserkr	Berserk
Hloppa	Flea
Burðr	Birth
Kalla	Call
Kasta	Cast
Krafla	Crawl
Hús bóndi	Husband
Leggr	Leg
Uggr	Ugly
Rotinn	Rotten
Renna	Run
Traust	Trust
Slœgr	Sly
Slatra	Slaughter
Lauss	Loose
Gervi	Gear
Kiþ	Kid
Knífr	Knife

狂热的旅行家

富于冒险精神是维京人的共同特质。即使宝藏枯竭，这些北欧人也热衷于探寻遥远的新大陆，例如美洲大陆和君士坦丁堡。

开辟新的贸易路线

随着基督教的普及，很多邻近的信奉基督教的王国拒绝与维京人开展商业贸易。这导致这些维京人要么入侵占领该地区，要么寻找其他贸易渠道。

北美洲

对北欧大部分地区进行大肆劫掠的同时,维京人将目光投向了大西洋彼岸。

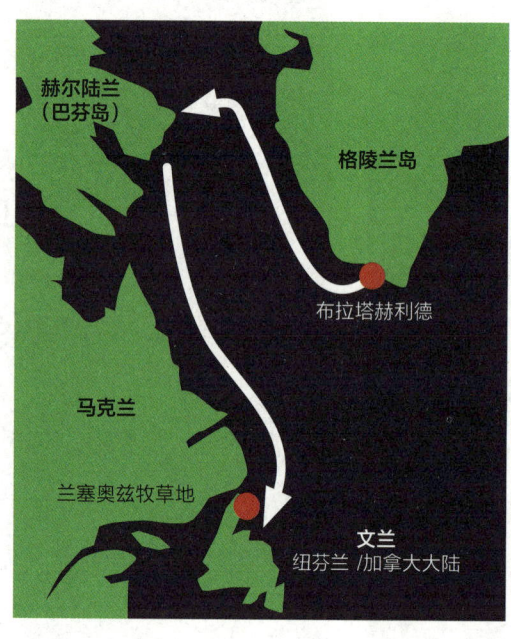

虽然人们对维京人登陆北美大陆之后准确的活动范围到底如何的问题一直争论不休,但它永远是人类航海史上的最伟大的成就之一。大约870年,这些来自北欧的维京人在冰岛定居。随后980年左右,臭名昭著的海盗"红发"埃里克发现并占领了格陵兰岛。在他的鼓动下,大批维京人从冰岛到达了格陵兰。波涛汹涌的大西洋上凶险异常,与之前北海中的航行相比,穿越大西洋的航行更为艰苦。为了克服艰难险阻,在横跨大西洋的航行中水手们使用了一种被称为诺尔船(knarr或knorr)的单桅帆船。这种商业运输船的长度比标准的维京长船长,可以装载更多的货物,而且能经得起大西洋上的惊涛骇浪,从而保证了维京人能够进行距离更长、成果及收效

更好的航行。截至1150年,大约共有7.2万名北欧人居住在冰岛,5000人居住在格陵兰岛。

探险仍在继续。大约985年,维京人第一次在北美大陆出现。冰岛人布亚尔尼·海尔约夫松(Bjarni Herjolfsson)在前往格陵兰岛的途中被大风吹离航道时,发现了一片未知的陆地。发现新大陆的故事鼓舞着人们,很多人努力找寻着这片神秘的土地。大约1000年,"红发"埃里克之子——莱夫·埃里克松(Leif Eriksson)成为第一个踏上这片处女地的人。埃里克松和他的35名船员极有可能是受挪威国王奥拉夫一世(Olaf I)指派传播基督教福音的。他们在圣劳伦斯湾(Gulf of Saint Lawrence)附近发现了三个地方。埃里克松将它们命名为赫尔陆兰(Helluland,平坦岩石之地)、马克兰(Markland,森林和木材之地),以及文兰(Vinland,温暖和藤蔓之地)。今天我们分别将这三处称为巴芬岛(Baffin Island)、拉布拉多海岸(the Labrador coast),以及纽芬兰(Newfoundland)。

初次北美大陆旅行之后,维京人西进的步伐并未停止。索尔芬·卡尔塞夫尼(Thorfinn Karlsefni)进行了最为深入的一次航行。他计划在这片新发现的土地上永久定居,于是带领100多人开始了探险之旅,并配备了一些工具和武器,还携带了一些家畜。他怀有身孕的妻子在新大陆上产下一子,这是第一个从从旧世界来到新世界的孩子。随着越来越多的维京人踏上北美之旅,

▲ 维京人于 982 年成功登陆格陵兰岛，并在东部和西部建立了定居点，总共建有大约 300 个农庄

▲ 北欧人的技术与当地原住民所掌握的技术相比，在先进性方面并无明显的优势。这意味着维京人难以维护其权威

▲ 到美洲的航程遥远，整个航线充满了艰难险阻，人员伤亡或偏离航线的情况时有发生

不可避免地会接触当地土著。这些来自北欧的人们将当地原住民称为斯克瑞林人（Skrælingjar）。他们相互交换商品，成为贸易伙伴，维京人获得了当地的动物皮毛。当时的斯克瑞林人还处于铁器时代之前的文明，他们很有可能是现代因纽特人（Inuit）的祖先。这些来自大洋彼岸的访客让他们第一次亲身体验了铁制武器和工具的威力。

维京人在北美大陆建立的定居点均为木制尖顶建筑，墙面覆盖着草皮。最著名的定居点为兰塞奥兹牧草地（L'Anse aux Meadows），那里也被视为维京人曾经占领北美洲的证据。该地区位于文兰岛的北端，据信大约有 75 人在此居住，并很可能是当时维京人建立的一处船舶维修基地。维京人曾尝试在此地建立殖民地，但两三年后，斯克瑞林人开始将维京人视为威胁，两者之间关系恶化，骚乱骤然爆发。冲突和暴力事件导致的直接后果是双方之间的贸易往来中止。在维京人看来，不顾危险地来到这片北美大陆已经毫无价值。维京人在北美的活动急剧减少。深入北美大陆的维京商团不断有人员和财产的损失，位于格陵兰岛的维京人定居点无力维持与北美地区的商贸活动。但其实格陵兰岛并不是一个功能齐备、能够独立运转的北欧殖民地。这些不利的经济条件使得前往北美的旅程越发困难。

北美地区恶劣的自然条件，加上在定居点遭到原住民的激烈抵抗，维京人在美洲建立长期殖民的计划最终失败了，然而这也从另一方面证实了中世纪早期通过海上航行开展殖民侵略的局限性。格陵兰岛到文兰岛的距离约为 3500 千米，对于任何一艘中世纪的船只来说，无疑都是一段充满艰难险阻的旅程。而且由于维京人口稀缺，抵达北美大陆后根本无法调配充足的士兵来降服当地土著。也许他们比哥伦布早 500 年发现了北美洲，但是对于如何在新大陆维持殖民地的稳定发展，维京人无能为力。

文兰变成什么样了？

专家简介：爱丽克丝·桑马克博士（Dr Alex Sanmark）是高地和群岛大学（University of the Highlands and Islands）北欧研究中心中世纪考古学的高级讲师。她对维京时代的专业研究涵盖了诸多方面，从宗教到法律，其研究范围既涉及斯堪的纳维亚半岛，也包括北欧人在北大西洋设置的定居点。

兰塞奥兹牧草地对帮助我们了解维京人在新大陆的定居点到底有多重要？

由于它是维京人在新大陆上唯一的定居点，所以极其重要。尽管关于维京人在北美的活动还有其他类型的考古证据。例如，在两部冰岛传奇中都有关于维京人从格陵兰岛和冰岛航行到文兰的故事。这些记载无疑激发了人们的想象力，很多人一直在寻找维京人涉足北美大陆更南端的证据，尤其是维京人是否到过美国的证据。但是有一些人竟然自己制作了一些古代北欧文字的碑文，伪造这方面的证据。维京人在美洲新大陆的定居是一个重要的政治问题，一些人热衷于表明欧洲人从很早期就开始在美洲大陆生活了。用这些传奇中的记载作为研究来源本身就有很多问题，因为这些故事成文较晚，大概可以追溯到公元13世纪以后，而且它们只不过是文学作品，并不一定能够非常确切地告诉我们到底发生了什么。我们不能依据这些文学记载作为研究证据，所以兰塞奥兹牧草地定居点对研究维京人在美洲大陆的活动具有非常重要的作用。

在美洲还有与兰塞奥兹牧草地相似的维京人定居点吗？

没有。但是近几年在巴芬岛上发现了一处遗迹，经鉴定极有可能是维京人的营地。来自加拿大的考古证据也越来越多，表明维京人曾在那里活动并与当地人进行商品贸易。很可能当时那里已经建立起了比较完善的商业贸易网，维京人在美洲大陆上的足迹或许比我们之前认为的更远、更深入。最重要的是，考古学家在遗迹中发现了一些当时北美土著居民并没有的手工制品，例如金属、打火器及粗纺毛织物。这些物品的发现可以大致勾勒出维京人在北美大陆存在的场景。这些发现非常重要，考古学家们不再仅仅依靠一些书面记载来想象维京人在北美的活动，而是用实物佐证了维京人和当地原住民之间曾经进行过一些友好的往来。

为什么维京人在格陵兰岛生活了几百年，却不能在资源更丰富、气候条件更优越的文兰定居呢？

维京人或许从未打算将兰塞奥兹牧草地的定居点建成永久性的殖民地，而仅仅是将其作为一个资源供应基地，以提供格陵兰岛上没有的物资，例如木材。维京人似乎只在那里待了很短的时间，因为在格陵兰岛上居住的北欧人本来数量就不多，而想要成功建立一个新的殖民地需要庞大的人口数量。而且，如果是用来提供格陵兰岛上缺乏的资源，兰塞奥兹牧草地并不是实用性非常强的资源供应地，因为为了获得所需物资，维京人不得不长途跋涉到内陆。格陵兰岛和加拿大之间路途遥远，可能需要一个月才能抵达，两个地区之间的日常往返自然相当困难。或许也有可能是因为与当地原住民之间关系恶化，最终导致维京人放弃了这个定居点，虽然并没有证据能够证明这一观点。

维京人与美洲原住民之间的关系如何？

我们对此知之甚少。一方面，这些传奇既向我们讲述了维京人与当地土著的商品贸易情况，同时也记载了他们之间的冲突与争斗。另一方面，越来越多的证据表明，这两个族群之间的交流互动及当时整个社会的全面情况，与传奇故事中留给人们的印象相比，更加积极正面。毕竟，这些传说是文学作品，对战争加以详细描述或许远比叙述商品交易更富有趣味性。鉴于最近关于维京人在美洲的考古发现，我相信将来一定会出现更多新的证据。

一艘维京长船或一艘诺尔船是如何穿越大西洋的呢？

维京人驾驶着这种甲板完全暴露、毫无遮蔽的船横渡北大西洋，在我们看来似乎有些不可思议，但我们需要了解一下历史背景。毋庸置疑这是一段极其漫长而充满艰难险阻的旅程，传说中也不乏船只在航海途中失踪的故事。然而，维京时代的人们非常习惯这种航行方式，并不是从横渡大西洋才开始使用这种船的。斯堪的纳维亚人从铁器时代早期就开始使用这种帆船，几百年间他们大力发展造船技术，航海技能也得到了长足进步和提高。他们是极具天赋的水手，他们懂得如何根据洋流情况及鱼和海鸟的行为来决定何时航行及如何航行。

维京人或许从未打算将兰塞奥兹牧草地的定居点建成永久性的殖民地，而仅仅是将其作为一个资源供应基地。

▲ 维京长船可以非常轻松地完成从斯堪的纳维亚半岛至法兰西的航行，其船身灵活轻快，可以穿越河流

法兰西

横渡英吉利海峡，维京人对诺曼底（Normandy）、布列塔尼（Brittany）及阿基坦（Aquitaine）的法兰克人构成直接威胁。

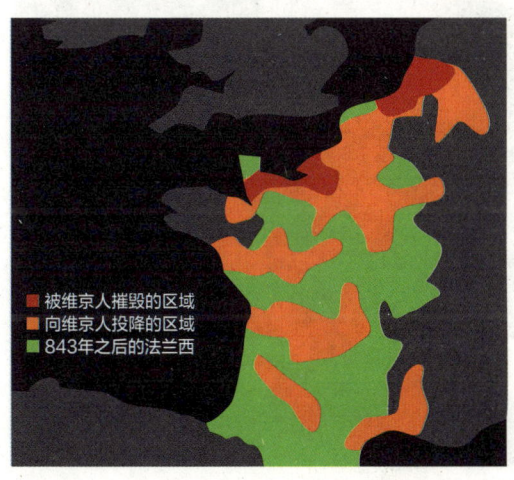

- 被维京人摧毁的区域
- 向维京人投降的区域
- 843年之后的法兰西

到9世纪末，来自丹麦的维京人对西欧沿海地区袭击的次数大幅增加。他们在诺曼底、布列塔尼及阿基坦等地定居。有人认为，维京首领瑞格内乌斯（Reginherus，也称拉格纳，Ragnar），即古代北欧诗歌中所描述的传奇人物拉格纳·洛斯布洛克（Ragnar Lodbrok），满怀着信心和勇气带领维京人在845年对巴黎发起围攻。

拉格纳率领一支由120艘长船和5000名勇士组成的军队——这些勇士点燃的战火已经将

整个欧洲的土地烧焦。在洗劫鲁昂（Rouen）之后，维京人于3月28日发起了对巴黎的围攻。虽然由于营地中瘟疫蔓延，使得维京人的进攻一度停止，但最终他们还是设法占领了这座城市，法兰克人最后被迫缴纳了7000磅白银作为赔款，巴黎才没有被夷为平地。

尽管当时的法兰西有很多地方被丹麦占领，但一位名叫罗尔夫（Hrölfr）的挪威首领出现了，他就是广为人知的维京人——罗洛（Rollo）。他的军队已经在攻打不列颠群岛的战役中积累了丰富的经验。他们包围了沙特尔市（Chartres），迫使法兰克国王查尔斯三世（Charles III）在911年签定了《埃普特河畔圣克莱尔条约》（*the Treaty of Saint Clair-sur-Epte*），将鲁昂及其周边地区割让给罗洛。

至此维京人所占领的土地从北部的诺曼底扩展到南部的阿基坦，这大片区域沦为维京人掌控的殖民地长达约200年。虽然他们的土地被外国侵略者占领，但其实对于法兰克人来说是十分有利的，因为这意味着北欧人可以为他们提供一个非常有效的缓冲地带，以抵御王国的其他敌人从沿海地区发动入侵袭击。

不久，基督教及法兰克人的风俗习惯开始替代北欧文化。罗洛接受了洗礼。1066年入侵英国的诺曼人即是诺曼底维京人的后裔。在中世纪法语中用"诺曼人"（Normand）这个词来表示斯堪的纳维亚人。后来这个地区被命名为诺曼底，居住在那里的人则被称为诺曼人。虽然哈拉尔·哈德拉达在斯坦福桥战役中被击败，但是"征服者"威廉（William the Conqueror）率领的大军在黑斯廷斯（Hastings）取得的胜利比许多人想象的更富有北欧风格。

7 个由其他迁徙者建立的文明

诺曼王朝

众所周知,作为维京人后裔的诺曼人在法国和英国都建有殖民地。10 世纪,他们在西西里岛及意大利南部地区建立了一个王国,还在北非甚至远东地区建立了国家,即现在的黎巴嫩。

腓尼基文明

就像维京人踏遍北大西洋地区一样,腓尼基人独霸地中海,建立了古代世界最繁荣的贸易文明之一。他们建造了两座最为坚固的城市——赛达(Sidon,又称西顿)和提尔(Tyre),连亚历山大大帝(Alexander)都无法攻克它们。

威尼斯共和国

威尼斯是有史以来最繁华的航海贸易强国之一,是中世纪晚期欧洲最大的海港。威尼斯人是出色的造船专家,这要归功于他们所居住的沼泽潟湖。伊斯特里亚(Istria)及达尔马提亚(Dalmatia)等地区均在威尼斯共和国的控制下,直至拿破仑时代威尼斯才衰亡。

热那亚共和国

作为威尼斯的主要竞争对手,热那亚的巨大发展得益于其是通往利古里亚海(Ligurian Sea)的一个天然港口。依靠蓬勃发展的航海商业经济,热那亚作为一个独立共和国长达 800 年。在十字军东征中,热那亚的贸易商积极帮助十字军。在热那亚被威尼斯打败之前,它与遥远的克里米亚(Crimea)都保持着联系。

卡尔马联盟(亦称卡尔马联合或卡尔马同盟)

在许多方面卡尔马联盟的人民不愧为斯堪的纳维亚半岛上维京人的继承者,他们堪称伟大的旅行家。卡尔马联盟是由丹麦、挪威和瑞典三国共同组成的一个王国,首都为哥本哈根。该联盟还包括冰岛和格陵兰岛。

室利佛逝王朝(后称三佛齐)

室利佛逝王国是另一个建立在海上贸易基础上的文明古国,在 7 世纪至 13 世纪期间极为繁荣。在其鼎盛时期,这个文明古国与印度、中国及马来群岛均有贸易往来。在遭到朱罗国(Chola,又称注辇国)及末罗游国(Malayu,又称末罗瑜国)的袭击后,室利佛逝的国力逐渐衰落。

阿拔斯哈里发王朝

750 年,在推翻了倭马亚哈里发王朝(the Umayyad Caliphate)后,阿拔斯哈里发王朝成为小亚细亚及北非地区最强大的帝国,直至 1258 年被蒙古大军攻陷后灭亡。哈里发统治时期,穆斯林商人在地中海及印度洋区域的贸易十分活跃,因此也被称为"伊斯兰教的黄金时代"。

俄罗斯和东欧

利用波罗的海的河流系统,维京人一直向东航行,开启更进一步的商业贸易及征服行动。

维京人最伟大的成就之一大概就是他们对东欧的深入探索。9世纪,俄罗斯和东欧的斯拉夫(Slavic)各个部落之间战争不断、纷争不止,导致其资源日渐耗尽,商业贸易停滞不前,无论哪方都因战争疲惫不堪。各部落联盟分崩离析之际,大批北欧海盗乘虚而入,驾船从芬兰湾(the

在维京人征服世界的过程中,进行商品贸易和谈判是必不可少的。这张图显示了一个挪威人和一个波斯商人就一个女奴的价格讨价还价

Gulf of Finland）驶来。以伏尔加河（Volga）、涅瓦河（Neva）及沃尔霍夫河（Volkhov）等大型河流为水路，这些来自北欧的劫掠者大肆扩张他们的势力范围。

位于伊尔曼湖（Lake Ilmen）岸边的诺夫哥罗德镇（Novgorod）成为北欧入侵者的主要据点之一，这些北欧海盗被称为"罗斯人"（Rus）。广袤的东欧平原拥有大量的森林和草原，这为维京人提供了非常理想的狩猎、捕鱼及农耕场地。稳定而充足的食物供应为维京人进一步将贸易路线向北延伸至拉多加湖（Lake Ladoga）、向南至第聂伯河（River Dnieper）提供了强有力的保障。罗斯人与当地斯拉夫部落进行商品贸易，并进入今天的俄罗斯境内。在这期间这个国家被称为俄罗斯，这个国名一直延续到今天。罗斯人的三位首领为瑞典的三位国王——留里克（Rurik）、西纽斯（Sineus）和特鲁沃尔（Truvor）。他们分别定居在诺夫哥罗德、贝耶卢热罗（Beloozerg）和伊兹博尔斯克（Izborsk）。留里克的儿子，来自诺夫哥罗德的奥列格（Oleg），在882年率兵南下600英里[①]，夺取了基辅的控制权，并继续向南掠夺大片土地，同时敲开了拜占庭帝国（Byzantine Empire）的大门。

与维京人定居的大多数地区一样，随着与原住民的不断融合，北欧文化的影响力逐渐下降，并被当地习俗同化。这种情况在东欧再次发生，俄罗斯人开始形成了与北欧人完全不同的文化特征。988年，基辅的一位国王弗拉基米尔（Vladimir）决定将希腊东正教作为该地区的宗教，这个举动更进一步降低了维京与俄罗斯的联系，并大大削弱了维京多神信仰的影响力。北欧人的文化逐渐向斯拉夫风俗习惯转变，俄罗斯王朝最终发展成为在西欧历史上可与加洛林王朝（the Carolingian Empire）相抗衡的强大王朝。俄国沙皇为留里克王朝（the Rurik Dynasty）的后裔。留里克王朝由维京人建立，而这个带有维京血统的王室是欧洲最古老的王室之一。

---

① 1英里≈1.61千米。

君士坦丁堡

维京人冒险来到了拜占庭帝国的大门前。

维京人不断将领土向南扩张。10世纪初,他们与拜占庭帝国之间的战争一触即发。860年,维京人对君士坦丁堡进行围攻,双方之间的战争达到了白热化。一支由200艘维京战舰组成的舰队在黑暗中一闪而过,驶向一座被他们称为"米克拉加德"(Miklagard,意即伟大的城市)的城市。此后,双方战事陷入胶着状态,但最有可能的结果是维京人仅仅占领了君士坦丁堡郊外,在缺乏攻城装备的情况下维京人无法侵入设防坚固的内城。维京海盗们对这座他们见过的最大的城市虎视眈眈,决心将其财富掠为己有,于是他们不断发动袭击。最终拜占庭帝国不得不与维京人在911年9月2日缔结了商业贸易和约。两国开始友好的贸易往来。跨越黑海的商品贸易频繁展开,从波罗的海往北及里海往南的伏尔加河贸易路线则完全在维京人的掌控之下。

奥列格的继任者,统治基辅的大公伊戈尔(Igor)于941年远征拜占庭帝国,但以失败告终。944年,两国之间的关系恶化。伊戈尔不得不与拜占庭的皇帝签定一项新的条约。该条约大大限

君士坦丁堡的城墙总长度达12英里,所以即使是维京人也毫无希望围攻成功

制了罗斯军队对克里米亚半岛上拜占庭国土的进攻，并全面禁止罗斯人在第聂伯河河口修建堡垒。随着时间的推移，过度扩张的维京人认为他们已经无法征服君士坦丁堡，于是很多人决定效忠拜占庭皇帝。

向南继续冒险之旅的维京人被称为瓦良格人（Varangians），这是希腊人给他们取的名字。在围攻君士坦丁堡失败后，拜占庭人对瓦良格人的战斗精神印象深刻，以至于皇帝巴兹尔二世（Basil II）在988年雇用这些瓦良格战士组成私人卫队，成为皇家卫队的一部分。拜占庭军队在本质上呈现出多元文化，所以维京人受到了热烈欢迎。这些新生代士兵在拜占庭的旗帜下远涉重洋，叙利亚、亚美尼亚及西西里等地均留下了他们作战的足迹。1043年罗斯－拜占庭的战争结束后，这些非拜占庭籍的瓦良格人也逐渐结束了他们雇佣兵的身份。这场战争的失败标志着瓦良格人向亚洲扩张进程的终结。这一地区要么属于斯拉夫人，要么属于拜占庭人，而不会属于北欧人。尽管如此，瓦良格卫队一直坚持到14世纪，以确保仍然有一些维京人在君士坦丁堡活动。

瓦良格卫兵解析

令人胆寒的勇士成为那个时代最凶残的护卫。

01 战斧
当瓦良格卫兵挥舞着带刃战斧赶到时，可以确信拜占庭皇帝正在战场上督战。

02 剑
没有战斧的情况下，或者根据战斗条件选择更有利于作战的武器时，他们通常可使用双刃剑和长矛。

03 盾牌
经典的维京圆盾。当战士需要双手挥舞武器时，盾牌可以背在后背。

04 头盔
瓦良格卫兵通常佩戴着铁制圆锥形头盔。虽然地中海的天气非常炎热，但是他们还是非常喜欢戴上冠巾。

05 战靴
坚硬结实的皮靴外再套上护胫甲或护腿，以保护小腿，避免被踢伤和砍伤。

06 服装
在铠甲里面穿上标准的束腰外衣，并在手腕和前臂处戴上金属护具，以免被砍伤。

07 铠甲
这支精锐部队穿戴的铠甲包括由铁甲片或铜甲片制作而成的札甲，或者锁子甲。

08 狂暴的骑兵战士
瓦良格卫队的士兵通常骑马作战，但是他们会下马徒步搏斗。在不同的战斗情形下，他们的重装盔甲各有利弊。

伊比利亚半岛

北欧人向西班牙北部的基督教地区及南部的伊斯兰教地区扩张。

在控制了比斯开湾（the Bay of Biscay）并在法国西海岸站稳脚跟之后，维京人向南深入来到了伊比利亚半岛。已知的第一次袭击发生在844年，100艘维京战船从阿基坦出发，向希洪（Gijon）和拉科鲁尼亚（Coruna）发起了袭击。在遭遇到顽强抵抗后，船员们调整了进攻策略，向现在的葡萄牙进发。与当时大多数北欧海盗发动的袭击一样，这群维京人起初只是发动偶尔的

▼ 当维京人开始袭击劫掠时，基督教的光复运动正在进行

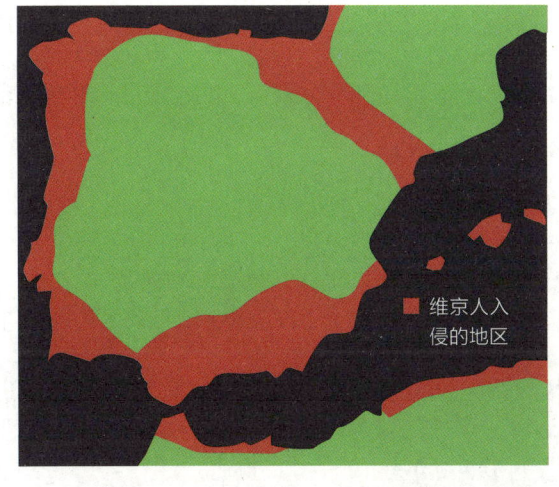

维京人入侵的地区

小规模袭击，沿海地区受到的影响最为严重。他们掠走俘虏，摧毁修道院。

最初的几次攻击主要集中在北部的基督教王国阿斯图里亚斯（Asturias）和加利西亚（Galicia）。西班牙南部伊斯兰教地区的安达卢斯（al-Andalus）也成为维京人的袭击目标。844年，塞维利亚（Seville）一度被维京人占领，长达6周，而里斯本（Lisbon）也被海盗们洗劫一空。对于穆斯林来说，维京人的袭击来得非常不是时候，因为他们正在忙于应对刚刚开

始的基督教光复运动。尽管这些维京长船有能力在一周之内从诺曼底出发起航，有证据表明他们确实建有船舶基地，但是对于这些北欧人来说，很快伊比利亚半岛便成了一处遥不可及之地。

随着维京人对伊比利亚袭击的减弱，很多土地从维京人手中被重新夺回。穆斯林领袖阿卜杜勒·拉赫曼二世（Abdal-Rahman II）夺回了塞维利亚，并将200名维京勇士的头颅送给了他的摩洛哥盟友。859年，维京人在"勇士"比约恩（Bjorn Ironside）及哈斯泰因（Hastein）的带领下卷土重来。他们环绕伊比利亚半岛航行，寻找法国南部和意大利的进攻点。事实证明，这个战略尤为精明，因为无论是穆斯林的定居点还是基督教教徒的定居点防御措施都过于强大，不值得花费时间和精力进行长期围攻。这一次维京人没能靠近塞维利亚。这些来自斯堪的纳维亚的北欧人重新回到了法国北部，但是他们的后裔，改宗基督教的诺曼人，将在几个世纪之后重新回到地中海地区。

维京文化遗产

在欧洲、亚洲甚至美洲，维京人的扩张都留下了永久的痕迹。

　　维京人对历史的影响比很多人想象的更加深远。从西部的诺曼人到东部的罗斯人，很多在中世纪晚期及现代仍然占据主导地位的文明都可以归因于维京人的扩张。在维京人的帮助下泛欧洲贸易的大门被打开了，都柏林、基辅及雷克雅未克（Reykjavik）纷纷建立起城市中心，而这几座城市几乎位于欧洲大陆的两端。由于维京人从未真正在丹麦南部定居生活，所以在那里北欧文化的影响受到了较大的限制。由于缺乏大规模的陆军及巨型城市，他们始终无法在自己势力范围之外的地区彰显权威性和领导力。他们根本没有任何建筑理念，无法修建像君士坦丁堡或罗马那样巨大或强大的城堡。此外，欧洲的基督教化进一步削弱了北欧文化的影响，12世纪，在斯堪的纳维亚半岛上奉行的宗教已经完全转化成基督教时，北欧人的文化习俗也随之消亡。

　　在欧洲以外的地区，维京人仅仅是在非洲和小亚细亚短暂定居，所以今天我们在该区域所看到的文化影响基本来自蒙古帝国和阿拉伯帝国。同样，北欧文化在美洲也面临同样的问题，这就是为什么人们一直将哥伦布视为第一个发现新大陆之人。维京时代持续了数百年，无论是英格兰北部地区的一座城市的名称、一种类型的斧头，还是法国一些姓氏的起源，对于这些维京人留下的文化遗产世人有目共睹。

什么是维京传奇

从航海到战争,从诸神到怪兽,从英雄事迹到胆小懦弱,维京传奇用宏伟华丽的篇章对所有主题进行了细致入微的探索。

作者:乔安娜·埃尔菲克(Joanna Elphick)

当人们在标题中发现"传奇"这个词时,自然对接下来的内容满怀期待。这样的故事应该具有史诗般的篇幅,涵盖了多个国家,涉及人类情感的方方面面。当然,人们也会被字里行间充满的英雄气概深深吸引,被反派恶行压迫得无法喘息。但是,维京传奇带给我们的远远不止这些。

"传奇"一词源于古诺尔斯语,意为"所言之事",清晰地反映出早期古斯堪的纳维亚的吟唱诗人在寒冷的冬季向如醉如痴的听众口述他们的故事的传统。从8世纪晚期开始在北部欧洲占据统治地位的维京人大多目不识丁,因此,大家聚集在一起口述分享这些传奇故事成为一种闲暇时的娱乐方式。在大型聚会上,人们通常会付费邀请专业的吟唱诗人讲述故事以愉悦宾客。活动中通常还会穿插一些音乐节目,并安排盛大的筵席。人们会邀请

维京吟唱诗人

吟唱诗人常常被描述为维京社会中最伟大的艺人，但实际上，他们对于其居住的社区更为重要。起初，这些专业的吟唱诗人通过口述将故事和诗歌进行传播。这些传奇故事被他们牢记于心，经过一遍又一遍地复述，一代接一代地流传下去。没有任何文字被记录下来。然而，随着维京人的宗教信仰从北欧多神教转变成基督教，著书立说变得越发普及。到了11世纪，受过教育的冰岛人开始着手将这些奇妙的传说故事记录下来。

在一些社群中，吟唱诗人扮演着很多重要的角色。作为在聚会上为大家提供娱乐消遣节目的人，他们也给孩子们传递了重要的经验教训。道德困境、历史事实和地理知识，这些内容在故事中交织在一起，点燃了人们对文学、神话及历史的热情。在社群中，吟唱诗人声情并茂地讲述着诸神的传说及维京英雄的英勇事迹，观众们被他们深深吸引。这些故事弘扬正直的行为、创新的精神及无上的荣耀。吟唱诗人会抓住每一次机会向年轻人传递勇敢顽强的信念。就这样，在漫长而阴暗的斯堪的纳维亚冬季，吟唱诗人既为人们提供了娱乐节目，同时也让人们得到了教育。尽管吟唱诗人凭借其高超精湛的演讲技巧备受称赞，但是也有很多人会对他们有所畏惧，因为从他们口中说出的一首讽刺诗极有可能会让他们声名狼藉。通常，吟唱诗人会与国王或当地领主保持密切的关系，向他们提出建议，让他们能够及时了解社会上的观点。通过这种方式，君主或领主们对社会的影响更加深远。国王们格外愿意善待服务于他们的吟唱诗人，因为正是这些人确保了他们的制度和政策得以延续。当某部法律通过时，有些吟唱诗人会负责将法律实施情况持续地加以记录。也有一些人会为教会工作，他们会将圣徒们的神迹书写下来并传与后人，同时进行基督教教义的传播工作。渐渐地，北欧人信仰的异教完全被吟唱诗人传播的故事中的基督教价值观所掩盖，由此，维京文化被他们永远地改变了。

▲ 斯诺里·斯图鲁松（Snorri Sturluson，1179—1241），冰岛诗人、历史学家和政治家

云游四方的吟唱诗人进入社区，他将来自远方的新闻及传闻带给居民们。吟唱诗人通常会以个人名义与某个国王、伯爵或酋长达成联合协议，将他们最新的丰功伟绩加以详尽传播。同时，由于维京人非常注重家族的血统传承，所以一家人会围坐在炉火边，一遍又一遍地讲述与家族历史密切相关的故事。

维京人的社会由奴隶、雇佣劳工、有不动产所有权的农民、贵族及统治者组成。虽然格陵兰岛和冰岛都是民主共和国，但大多数维京王国都崇尚武力。而且，尽管以权力为基础的政治环境对女性严重歧视，但在维京人的社会中，女性确实具有一定程度的影响力。她们可以拥有自己的财产，甚至拥有土地所有权。今天，我们对他们的生活方式和社会规范了解得如此详细，完全得益于这些萦绕在他们心中的挥之不去的传奇故事。这些故事最终被记录在牛皮纸上，几个世纪以来代代相传。

维京人是一个一直在迁徙的群体。他们起源于丹麦、瑞典和挪威。这些移民、劫掠者、战士及精明的商人将他们的文化传播到世界各地，并留下了他们独特的印记。但同时，他们也将探险途中所遇到的其他民族的生活习俗、宗教信仰及生活方式吸收采纳。在传奇中，经常会出现一些穿插在文字中间的织锦画。这些画色彩丰富，融合了多元文化，他们的探险历程无疑对其形成产生了巨大的影响。这点在早期的斯堪的纳维亚文学作品中尤为明显。维京传奇中涉及大量的北欧

▲ 吟唱诗人讲述有关剑神提尔的传说，生动的叙述让听众听得如醉如痴。他们用这种方式提醒人们有义务尊重阿尔庭，并遵守当地的法律

和西欧的自然地理知识，令人印象深刻，显然这得益于北欧人巡游各地的经历。在传奇中，860年左右，由于维京人的船只偏离了航线，他们发现了冰岛。次年，他们向爱尔兰、英国、西班牙、法兰西等地发起进攻，其劫掠的足迹甚至远至北非和阿拉伯半岛。维京人是第一批从旧大陆到达美洲新大陆的人，在美洲留下了相当重要的印记。哥伦布只不过是踏着他们的脚印前行罢了。

因此，几个世纪以来，维京传奇通过当时的吟唱诗人流传开来。这些传奇故事涵盖了最新战况，来自远方的全新思想理念及信息等，应有尽有，从成年人到孩子，人们口口相传。成年人从中了解到社会现状，而孩子们则被潜移默化地熏陶成为坚强而勇敢之人，同时也被教导成为对国王和亲属高度忠诚之人是如何重要。然而，随着

▲ 古诺尔斯语字母表。尽管维京人使用的是拉丁字母而不是如尼文，但他们坚持用他们自己的语言来书写他们自己的故事

时间的推移，新的传奇故事不断涌现，最初的故事则会黯然失色。

人们渴望了解最新的消息，想知道已经发现的陌生的异国土地的情况。年长的吟唱诗人去世后，年轻的会取而代之。这些新手第一次有机会得以展示技艺，薪火传承，因此这些奇妙的传说故事永远不会消失在历史长河中。正是来自海外的另一种影响使它们免于灭绝。

1000 年，人们摒弃了许多信仰和习俗，转而信奉基督教。来自西欧的传教士教冰岛人学习写字。在此之前，如尼文字虽然存在，但仅用于简短的注释。此时在欧洲其他地方，受过良好教育的人正在学习用古拉丁语写作。作为中世纪的习惯，人们用古拉丁语重现了基督教的理念和当时的法律，但是维京人从心底更愿意用冰岛语写作。吟唱诗人们再也不用将全部的维京文化完整无缺地记在脑海里了。

整个 11 世纪，受过教育的冰岛人开始记录他们的神话、历史、诗歌和故事，一直持续至 15 世纪末甚至更久。在当时的欧洲国家中冰岛尤为与众不同，因为那里的人们中有大量拥有不动产所有权的农民。这些人有一定的经济实力，他们能用自己的语言出版书籍和手稿。与史诗故事相比，维京传奇所涉及的题材更为宽泛，在某

种程度上来说，是有点类似小说的现代文学。史诗，顾名思义，是以叙述伟大的英雄事迹为主题，但是很多维京传奇并不完全是这类题材。有些传奇花费了相当大的篇幅去歌颂一些平凡之辈的小善小义，而这类题材是不可能出现在长篇史诗叙事诗中的。维京传奇独具特色之处在于，虽然讲述了一些伟大的事迹，但并非必须是英雄事迹，一个平凡而朴实的冰岛人的事迹也会被广为传颂。无论是小说还是传奇都是按时间先后顺序来讲述，但是与典型的小说不同，传奇往往会将许多故事交织在一起。如果一部小说采取多条故事线同时展开的方式，那么作者通常会在书的结尾

将全部故事线汇总在一起。但是在传奇中却并非如此。如果这条故事线不再需要，那么它很可能会逐渐淡出读者的视野。故事中的一个角色如此令人困惑般地消失了，对此有些创作者会在书中加上注释，标明某个特定的角色现在已经"走出传奇"。一位挪威作家将这种创作风格比作流动的水。虽然水的源头有很多，但是它们终将汇集在一起，流入一个地方，那就是大海。

小说家会花费大量笔墨来塑造人物，让读者可以窥见他（或她）的内心想法及动机。而吟唱诗人们则很少会花时间研究这种技巧。传奇是通过角色人物的行为向人们直接显示其行为动机，而不是让读者们直接看到一个设定好的角色的内心世界。例如，如果一个角色的着装颜色从浅色系换成了深色系，那么应该是为了提醒读者，这位男主角很愤怒，打算采取暴力实施报复行为。对于将要发生的事情他们通常会以梦境或其他超自然事件的形式来提醒读者注意。在一部传奇中，读者很难看到叙述者自己的观点。

随着吟唱诗人们不断书写更多的传奇，不同类型的传奇开始呈现，并以不同的群体形式保存下来，并流传至今。有一个亚群体，被称为"古代的萨迦"（the Sagas of the Old Time），或"福纳达尔古尔"（Fornaldarsögur），主要集中叙述基督教时代之前在斯堪的纳维亚半岛发生的传奇故事。这些充满传奇色彩的故事将古代神话与遥远的历史事件完美地结合在一起，令人读罢欢欣愉悦。其实传奇重点在于娱乐大众，所以对于所述历史事件的准确性并不过多关注。一些信奉基督教的吟唱诗人甚至会用调侃的方式来讲述故事，但是人们仍然能够从他们的讲述中汲取到重要的经验教训。孩子们会理解"做正确的事"的概念，同样它们仍然可以激发起年轻人的勇敢和斗志。因为冰岛

人一直对其过去所崇拜的北欧多神教引以为豪，所以在传奇中有关北欧诸神的故事格外受人青睐。过去，在传奇口口相传的时代，奥丁和索尔深受人们尊敬和崇拜，但是后来，信仰基督教的读者只会将这些当作一个生动有趣的故事，仅此而已。信奉基督教的吟唱诗人将传奇叙述的重点从真实事件转移至趣味性更强的寓言故事。例如一部流传最久远的古代传奇——《沃尔松格萨迦》（Völsunga saga），其故事取材于记叙英雄事迹的短歌或诗篇，内容涉及勃艮第人西格德（Sigurd, the Burgundians），以及东哥特国王乔穆列克（Jormunrekr, the Ostrogoth King）。

国王传奇，或《挪威王列传》（Heimskringla）中涵盖了从史前时代到14世纪挪威诸王的历史传记。很多早期的传奇是由挪威人书写的，但真正让后人详细了解这些国王的生平事迹的是冰岛人。在散文中经常会植入一些繁复的诗歌段落，这种体裁被称为颂诗。这些诗歌通过一代代的讲述者口口相传，至今已流行200余年。这些传奇大多是由很多年前与某个国王密切合作的吟唱诗人书写的。几乎可以肯定其目的多是将其作为历史资料供后人参考，或是教育后代并向他们展示前人的英雄事迹，有时还作为礼物送给国王。据说，绘制得十分壮观精美、图文并茂的《弗拉泰之书》（Flateyjarbók）就是为国王献礼而创作的。它融合了鼓动冰岛人民接受基督教信仰的挪威国王奥拉夫一世特里格瓦松（Olaf I Tryggvason），以及另一位国王圣奥拉夫（St Olaf）的传说。当时这部传奇作为礼物送给尚处童年的年轻国王奥拉夫四世（Olaf IV）。这一创作流派中其他广为流传的某些传奇标题名称格外怪诞，例如《锦皮书》（Fagrskinna），字面意思是漂亮的皮肤；还有《腐皮书》（Morkinskinna），字面意思是腐烂的皮肤。

凡夫俗子和平民百姓的日常生活被记录在《联盟者萨迦》（Bandamanna saga）中。而在另一些传奇中，主教和圣徒们沉浸在新基督教英雄的荣耀中，这充分体现了叙事诗与传奇之间的显著差异。有关传教士及圣徒的生活点滴深受人们喜爱，人们满怀着尊重和敬畏之情阅读这些文字，其尊敬程度远远超过那些如今已不复存在的奥丁、弗雷（Freyr）、巴德尔（Baldr）及索尔等众多北欧神。现在的冰岛人更向往天堂，而不是瓦尔哈拉英灵殿（Valhalla）。

诗人传奇讲述了著名吟唱诗人的痛苦虐心的爱情生活。他们狂暴的性格及跌宕起伏的职业生涯让阅读过程充满了乐趣，因为对普通人们来说，他们似乎是异类，拥有令人振奋的能力，具备着鼓舞人心的技巧和力量。就像我们今天津津有味地读着有关电影明星的生活故事一样，维京人希望能够更多地了解那些他们熟知的吟唱诗人的生活。

浪漫传奇，也被称为骑士传奇，是在挪威国王哈康·哈康松（Haakon Haakonsson）的鼓励下根据欧洲大陆的爱情故事翻译而成。起初，挪威人对这类故事表示出浓厚兴趣，随后很快被传播到冰岛，并日渐风靡。虽然这些遵循着古老的冰岛传统的人们对这类故事并没有表示出深信不疑，但其在冰岛仍颇受人们喜爱。在过去，赞美女性的诗歌是被绝对禁止的，因为有可能有损家族声誉，一些事情也不想被广为人知。另外，大家也担心这类诗歌中的某些词语有可能是某种咒语，能产生某种约束力。维京人相信诗歌是来自奥丁的神圣礼物，奥丁是至高神，诸神之王，因此具有特殊的力量。虽然基督教的渗入已经基本上抹去了北欧多神教思想的影响，但这种异教的宗教理念仍然以迷信和民间传说的形式存在。最早的浪漫传奇很可能是1226年书写的《特里斯特罗姆传奇》（Tristrams），改编自《特里斯坦和伊索尔特》（Tristan and Iseult）的爱情传说。接下来出现了更多的浪漫传奇，包括《卡尔曼萨迦》（Karlamagnús saga）、《拉克斯戴拉萨迦》（Laxdæla saga）及《格雷蒂萨迦》（Grettis saga）。最终，冰岛人不再局限于翻译法国浪漫文学作品，他们开始尝试创作属于自己作品，并最终形成了具有本土特色的浪漫主义叙事文学。

当代传奇，被如此称呼是因为它们是在事件发生之后不久写成的。与其他传奇不同，它们不是基于早期吟唱诗人的口头传播，而是叙述最近发生的历史事件。当代传奇中记叙的大多数故事发生在12世纪至13世纪的冰岛，描述了这个时期极为动荡的冰岛社会状况。在这个时期，冰岛在政治上丧失了独立的地位，被挪威统治。这些故事的大部分出现在《斯图隆萨迦》（Sturlunga saga）中，一小部分在《阿伦斯萨迦》（Arons saga）中有所涉及。

在传奇中，经常会出现一些穿插在文字中间的、色彩丰富、融合了多元文化的织锦画。

▼ 挪威斯塔万格郊外的岩中之剑纪念碑，是为纪念哈夫斯峡湾战役而修建的。在传奇中吟唱诗人对这类事件引以为荣

但是，在所有传奇中流传最广、最著名的当属《冰岛人萨迦》（the Sagas of Icelanders），或称家族传奇。在冰岛语中被称为"Íslendingasögur"，主要叙述了生活在9世纪至12世纪的冰岛人的扣人心弦的故事。这些故事涉及的人物涵盖了各行各业，从农民到地区首领，通常按照家族发展世代顺序来编排。因此，《冰岛人萨迦》所叙述的内容跨越了整个冰岛殖民时代，直至冰岛历史上的联邦时期。显然，由于传奇中所记载的历史事件被记录下来的时间要晚于真实发生时间，故书中所呈现的场景与真实场景会有所偏差，尤其许多历史关键时刻均被渲染了基督教文化色彩，但冰岛家族传奇仍然是记录维京社会及北欧文化的波澜壮阔的回忆录。

早期的《冰岛人萨迦》展现了北欧人至关重要的理想，即忠诚和英勇。通常认为大多数故事来自早期每个村庄的本地吟唱诗人之间的口头传播。这种方式确保了家族历史能够被后人铭记在心。当受过教育的吟游诗人信奉基督教并接受书面创作这种形式后，他们开始拿起笔将所叙之事书写成文。他们全身心投入，将所有故事倾注在那些牛皮纸上，最终这些书面传奇得以保存至今。虽然"家族传奇"中描绘的大部分英雄出身于农民家庭，但也不乏一些当时的名人。前面提到的浪漫传奇中的《拉克斯戴拉萨迦》及《格雷蒂萨迦》通常也被归于家族传奇，因为其中有些内容与当

▲ 在维京传奇中，北欧神话被证明是深受人们喜爱的故事素材。这张图片展现了奥丁正在迎接英雄们来到瓦尔哈拉英灵殿的场景

地居民有关。《拉克斯戴拉萨迦》是一部感人至深的悲剧，它一反常态地对吟唱诗人周围的美女大加赞美，可谓是独树一帜。《吉斯利萨迦》（Gísla saga）创作于13世纪中叶之前，展现出了高超的艺术技巧，以表现诗人吉斯利·苏尔松（Gísli Súrsson）的天赋和才华为主题。

随着时间的推移，《冰岛人萨迦》逐渐演变为更富有浪漫主义色彩的文学作品，并添加了一些在传奇故事出现之前闻所未闻的魔幻素材。在故事中精心植入民间传说，将事实真相与奇思异想交织在一起。《强者格雷蒂萨迦》（The saga of Grettir the Strong），或称为《格雷蒂萨迦》，充满了稀奇古怪的图画，描绘了英雄勇士与挪威传说中可怕的幽灵及巨型妖魔英勇搏斗的场景。在这部传奇中，创作者重新使用了一些古老的异教主题图案。

毋庸置疑，在后期的《冰岛人萨迦》中，最伟大的一部作品当属1280年完成的《尼雅尔萨迦》（Njáls saga）。整部书的故事发生在10世纪冰岛人的宗教信仰转变为基督教的历史大背景下。尼雅尔（Njál）无疑是那个时代的英雄。他机智聪明、体贴周到又十分谨慎。同时他也被神灵眷顾，具有感知预言的天赋。这些人物设定再次为作品增加了某些早期基督教故事中所缺乏的超自然元素。在这部引人入胜的传奇故事中，作者将勇敢、坚强及忠贞不渝，所有这些传统意义上挪威人所推崇的优秀品质赋予了他笔下的这位英雄主人公。但是他又巧妙地添加了现代基督教的观念以取悦当时的读者。像任何一名基督教殉道者一样，当面临要被烧死时，尼雅尔向命运屈服了，这一描述将传统故事中的旧思想与新思想统一起来。在维京时代，将仇人烧死是极为常见的复仇方式。通过这种方式，《尼雅尔萨迦》试图取悦老一代人。这些年长的人对书中引用一些旧时代的元素往往会大加赞赏，而且这类内容也能够激发起对基督教文化接受度更高的社会中年轻群体的兴趣。因此，这部传奇被认为是一部精心创作的文学巨作。

在很多维京传奇中，关于北欧人从信奉北欧多神教转变成信奉基督教的叙述均占据了极为重要的篇幅。显而易见的是，如果不是通过在书写传说故事时引入这段有关宗教文化的变迁，大部分历史都不太可能留存下来供后人翻阅。事实上，根本不存在原创的故事，几乎所有的故事都是为了供人们娱乐消遣才通过口耳相传的方式得以流传下来。当然，对于现代读者来说，今天我们能够看到这些被篡改过的故事版本，应深感知足。这些传奇在很大程度上都是被信奉基督教的吟唱诗人重新修改过的。所有现存的手稿都是在故事最初被记录下来之后，过了很久才出现的。许多早期和晚期的手稿据推测应该讲述的是同一个故事，但是在文字表述上却存在着巨大的差异。就像多年来很多童话故事在一遍接一遍的复述过程中发生了彻头彻尾的变化一样，传奇也是如此。随着时间的推移，基督教的理念和观点变得更加突出，这点完全可以理解。传说中曾经被视为人们的精神指导的众神，变成了一个与朋友和家人分享的奇谈趣事，仅此而已。勇敢和荣誉慢慢被虔诚和美德所取代，但是对战斗、土地掠夺及在家族争斗中获胜的欲望从未消失。虽然有时会有所缓和，但是贯穿于整个故事中的维京人的激情仍然异常活跃。

《基督教萨迦》（Kristni saga）是一部用冰岛语书写的传奇，作者不详。据说写于14世纪，描述了冰岛改宗基督教的过程。有趣的是，在这部著作中将这种信仰转变的过程归因为政治上的改变，而非人们内心精神上的转变。这一基调让很多吟唱诗人在创作中试图找到一个能让两个宗教派别都接受的平衡点。某些异教仪式，例如对着指环宣誓，许下神圣的誓言，以及对索尔、弗雷或尼约德献祭，几乎可以肯定均会被人们私下里关起门来悄悄地继续进行。这种根深蒂固的、狂热激昂的信念不可能如此轻易地被完全消除掉，特别是这种宗教变革背后的理由是需要与其他国家缔结联盟。在这种情况下，宗教的转变更不可能是完全而彻底的。

早期的历史学家认为这些传奇所记录的事件是真实发生的——尽管它们是神话虚构的产物。人们普遍认为，历史上战争的展开、国家的建立、王朝的瓦解或多或少都是真实发生的。然而，后来的学者们拒绝接受传奇所叙述的历史事件是准确存在的这一观点。相反，他们为这些传奇贴上了虚构文学作品的标签。在他们看来，这些作品仅仅是为了娱乐民众而创作的。

今天，历史学家所持的观点更加趋于平衡。一方面，这些传奇极富浪漫主义色彩。故事中的英雄豪杰，无论是男主角还是女主角，无论他们出身于贵族还是农民，都具有强壮的体魄、出众的智慧，并掌握娴熟的技能。至少可以说，在现实生活中这种情况发生的可能性微乎其微。虽然在传奇中有关超自然现象的描述经常出现，但对此可以解释或理解为神迹或是施加魔法的结果。当然，这个神有可能是北欧多神教中的诸神，也有可能是基督教中的上帝。国王传奇中的很多故事特别关注那些令人深刻印象的人物或极其邪恶的人物。而事实上，这些描写都是不可信的，因为这些故事的写作风格采用的是对宗教的大言不惭的鼓吹。同样，对基督教的过度粉饰让这部作品看上去乱得一团糟。与任何历史文献一样，这部作品也是站在获胜方的角度来书写的，而且，很多传奇都是在事件发生后的某个时候撰写的。我们必须承认，这些流传下来的故事对帮助我们理解维京人的生活具有重大意义，这一点我们无法忽视。

通过这些传奇，历史学家对北欧社会的复杂性逐渐了解掌握，包括有关离婚的规定、法律争端及阿尔庭（Alþingi，地方议会）的影响力、异教转化、驱逐流放，以及他们养育后代的习俗等。他们对亲情、社区关系及家族荣耀极为重视，在传奇中这些描绘被加以浓重的色彩，以便我们能够更加深刻地理解。这并不是一个由野蛮人组成的好战的民族，而是一个善于思考、充满激情的民族。

考古学证明，很多这样的故事充满着现实色彩，它们甚至被用来确定真正的维京人定居点到底在哪里，如位于纽芬兰的兰塞奥兹牧草地遗址。伟大的军队及后来的群体所进行的探险之旅在现代地图上均有迹可循。这些人是真实存在的，他们的生活是真实的，他们的故事流传至今。感谢维京传奇，让我们领略了一个真实的古代世界。

> 维京人从心底更愿意选择用冰岛语写作。

吟唱诗人口述的宫廷诗歌

吟唱诗有可能起源于挪威,但在9世纪至13世纪期间被冰岛诗人发扬光大。与埃达诗歌(Eddic poetry,古冰岛神话宗教诗)不同的是,吟唱诗人可以为自己的吟唱诗命名,在内容上更加注重描述,并根据表演场合为诗歌设置主题。吟唱诗在主音章节上讲究韵律,语言充满诗意,随性洒脱,大量使用"同义词"(heiti)和"隐喻"(kennings)。这种复杂的诗歌通常是为了向当时的国王或某位令人钦佩的人物表达敬意而创作的,而且几乎可以肯定的是,诗人在表演时是庄重地朗诵,而不是吟唱。吟唱诗多采用隐喻,例如用"波浪马"(wave-horse)表示船,或者用"剑汁"(sword-liquid)表示血,而且经常与北欧神话中的主题融合在一起。这些比喻在当时是众所周知的常识,但这些字谜在今天可能会给我们造成极大的困扰。尽管如此,有些比喻的意思还是比较清晰的——"赠与指环的人"(ring-giver)表示国王;"哈基的蓝色土地"(the blue land of Haki),意思是"大海"。这类隐喻通常让很多新读者感到非常困惑。曾经使用过的吟唱诗格式大约超过100种,但到目前为止,最流行的韵文格式为宫廷韵律或"drottkvoett",它注重音节数量,讲究谐音、内韵和头韵。另一方面,埃达诗歌的作者几乎都是匿名。吟唱诗作品主观目的性较强,形式和内容较为复杂性,但埃达这种文学作品与之完全不同,相比而言,埃达诗歌在结构和内容上更为简单,观点表达得更加直接。吟唱诗常用的格律有三种,通常由三部分组成,分别为演说小节、史诗小节和歌曲小节,而且并没有严格的小节设置规则。吟唱诗描写的大多为英雄事迹、史诗般的战斗、神话传说及爱情故事,而埃达诗歌所涉及的题材涵盖方方面面,甚至淫秽或幽默的话题都可以。而且埃达诗歌的表达语气经常有些尖锐刻薄,有时甚至是极具侮辱性的——由于作者身份不明,所以他们并不害怕遭到报复。最著名的冰岛中世纪诗歌《埃达》的手稿被称为《王者之书》(Codex Regius),由大量匿名作者创作的古诺尔斯语诗歌组成,其主题包括大量神话方面的律诗以及关于日耳曼英雄传说的诗歌,同时还有一些语言诙谐、俏皮、篇幅短小的作品。

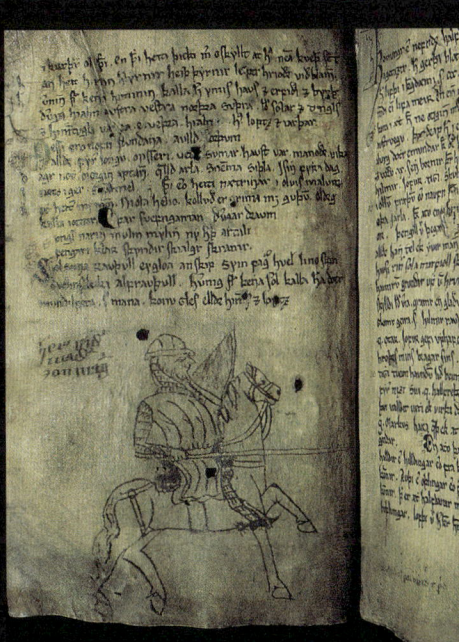

▲《王者之书》,大约著于1270年,内容为古诺尔斯语诗歌

神 话

古代北欧宗教教义及信仰详介。

58 维京神话
信奉基督教之前北欧人信奉的诸神及宇宙观

74 《诗体埃达》
古斯堪的纳维亚吟唱诗人所传唱的吟唱诗

62 女巫的预言
女巫被奥丁从坟墓中召唤出来，她预言了世界末日

86 《散文埃达》：一段真实的历史
维京最著名的诗人为 13 世纪信奉基督教的人们改写的古老神话

斯诺里对语言技巧、文字游戏及象征主义的喜爱渗透在他作品的每一个部分中。

维京神话

在信奉基督教之前,维京人的原始民间信仰为多神宗教。他们所信奉的神祇数量众多,多彩而丰富。

大多数神话和宗教故事都讲述了本民族创世的故事。但是早期的维京神话尤为与众不同,他们的故事中还包含了世界是如何毁灭的。在基督教席卷斯堪的纳维亚大陆之前——这一过程始于8世纪——挪威、瑞典和冰岛都拥有供奉自己本土诸神的万神殿,其中一些神祇我们至今仍然可以从漫画、电影及电视中得以认知。事实上,你可能对北欧宇宙论的核心思想更为熟悉——"世界之树"(Yggdrasil),又称宇宙树——多亏了漫威电影《雷神》(Thor)中的英雄索尔绘制的一张图让我们认识了这棵北欧神树。

世界之树,是一棵极为高大粗壮的梣树

（欧洲白蜡树）。它的树根被恶龙尼德霍格（Níðhöggr）啃食，而树冠上有一只不知名的老鹰，树下有四只鹿——达因（Dáinn）、杜华林因（Dvalinn）、杜内尔（Duneyrr）和杜拉斯罗拉（Duraþrór）在尽情地享用它鲜美的枝叶。一只名为拉塔托斯克（Ratatoskr）的松鼠在世界之树上下奔跑，在树顶的老鹰与树下的毒蛇之间挑拨离间。北欧宇宙学将宇宙分为九个领域，这九个领域分别与世界之树的树根和树枝相连接。尽管在古籍中它们并不都有准确的名称，有些称谓并不一致，但是直至今天，人们基本达成共识，倾向于认为它们包含：米德加德（Midgard，地球人类的家园）、亚尔夫海姆（Alfheimr，精灵之家）、尼达维勒（Niðavellir）或瓦特海姆（Svartalfaheimr，侏儒之国或"黑暗精灵"之国）、约顿海姆（Jötunheimr，霜巨人之国或巨人之国）、华纳海姆（Vanaheim，华纳神族的居所）、尼福尔海姆（Niflheim，冰与雾的国度）、穆斯贝尔海姆（Muspelheim，火焰之国）、海姆冥界（Hel，死之国，由女王海拉统治），以及阿斯加德（Asgard，最强大的神族居住的家园）。这棵世界之树由诺恩三女神（the Norns）守护照料。她们不仅掌握了人类的命运，甚至也能决定诸神的命运。

阿萨神族（aesir）的众神领袖是奥丁，有时也被称为众神之父。在中世纪后期，这个聪明而狡猾的国王通常被描绘成一位老当益壮、精神矍铄的战士，在位于阿斯加德的大殿上行使着他的王权。有时他也会头戴一顶宽檐帽，将帽檐拉低，遮挡住眉毛，看起来像是一名单纯无辜的乞丐在米德加德的人间闲逛。这大概是为了掩盖了一个事实，那就是他只有一只眼睛，另一只眼睛被他换取了智慧。这绝不是奥丁在他无尽的求知之旅中所做过的最具戏剧性的事情——为了解开如尼符文及其著作中的秘密，他还在世界之树上把自己倒吊了整整九天九夜。

我们知道，奥丁最著名的儿子是雷神索尔，他是一个与橡树和雷声密切关联的战士守护神。然而，尽管他是（现在仍然是）北欧众神中最受欢迎的神，但他同父异母的弟弟巴德尔（Baldr）却被尊为"最好的"神。巴德尔是被洛基施以诡计杀死的，而洛基根本不是一位神，而是一位霜巨人，或自然巨人。他决非唯一一名万神殿中非阿萨神族的成员——女神丝卡蒂（Skaði）从血统上讲也来自霜巨人家族（事实上，奥丁也是霜巨人）。而洛基的女儿，冥界女王海拉，则是由霜巨人安格尔波达（Angrboða）所生。双胞胎弗雷（Freyr）和弗蕾雅（Freya）及他们的父亲尼约德（Njordr）则来自华纳神族（vanir），北欧神话中的另一个神族。有关阿萨-华纳（Aesir-Vanir）两大神族之战的神话故事，讲述了世界混沌初开以来第一场战争及最终双方是如何和解的，两个神族又是如何成为盟友的。

> 诺恩三女神不仅掌握了人类的命运，甚至也能决定诸神的命运。

大多数神都有多个伴侣及子女。他们有些是阿萨神族，有些是华纳神族，有些则是霜巨人，年轻一代的神族成员通常展现出的超能力为他们父母神族所拥有能量的结合。其他一些并不知名的万神殿的成员有独臂战神提尔神（Týr）、青春女神伊登神（Iðunn），以及她的丈夫诗神布拉基（Bragi），还有洛基的一大群孩子（有些十分骇人，有些则不是）及大海的统治者埃吉尔神（Ægir）和澜女神（Rán）。埃吉尔和澜生了九个女儿，名为海浪之女，她们共同生下了海姆达尔（Heimdallr）。这位拥有敏锐预见力的神注视着"诸神的末日"（Ragnarok）大幕徐徐拉开。

"诸神的末日"，或称"诸神黄昏"，是北欧宇宙学中所预言的世界末日。这是一场伟大的战斗，火焰之国穆斯贝尔海姆（Muspelheim）的居民在他们的国王苏尔特尔（Surtr）和洛基的带领下与诸神展开了一场恶战。在北欧神话中仅有少数几位主要男性神祇在这场冲突中存活下来。他们的名字预示了这个结局——在预言中表明只有奥丁和雷神索尔的一些子女，与大部分女神（值得注意的是有一个例外，太阳女神索尔在死前不久生下了一个女儿来继承她的任务），逃离了火海，并在宇宙的毁灭中存活下来。他们和两名人类一起重新建立了新世界。这两位名为利布（Líf）和利普特拉西尔（Lífþrasir）的人类将在米德加德重新繁衍生息。但这些神话故事并没有告诉我们这个循环是否会重新开始。

北欧神话中的来世

在斯堪的纳维亚半岛基督教化的过程中，新的信仰融合了旧信仰的语言文字，如"地狱"（Hell）一词即来源于古诺尔斯语中的"Hel"。基督教徒以前曾用希腊神话中冥界之神的名字——哈迪斯（Hades）来指代他们在神学上受惩罚的地方，或者用"Inferno"一词，意为"地狱之火"。然而，据一些史料来源，诺尔斯语中所指的冥界（Hel）并不是一片充满痛苦和折磨的荒原——实际上远非如此。冥界，这片由同名女神海拉统治的地方，是那些因疾病、衰老或意外事故而死亡之人的最终去处。虽然人们经常将它描述为极为枯燥乏味的地方，但在有些故事中，尤其是那些有关巴德尔（Baldr）之死的故事，描绘了海拉将她的大厅装饰一新，为奥丁最优秀的儿子举办欢迎宴会的场景。同时，战死沙场的战士会分别由奥丁神和弗蕾雅女神带走；一半人被带去了奥丁神的瓦尔哈拉英灵殿，其余一半人则由女神弗蕾雅领到了她的牧草地弗尔克范格（Fólkvangr）。在那里他们受到了热情的款待，享受着丰盛的食物。白天，他们享受着实战操练的乐趣，晚上则欢宴狂饮。这就是他们的来世。

▲ 一幅作于19世纪的描绘女神海拉的插画

女巫的预言

一名女巫不仅预见了宇宙的创造,也预言了当众神倒下之时的宇宙末日。

作者:迪·迪·钱恩尼(Dee Dee Chainey)

Völuspá,意为"女巫或女先知的预言",是《诗体埃达》(the Poetic Edda)的第一卷,通常被视为最重要的一卷。它被完整地保存在《王者之书》(Codex Regius,著于1270年)中,其中包括13世纪和14世纪书写在牛皮纸上的一些口耳相传的故事。这些故事后来被人编辑整理,也有一部分内容出现在《豪克之书》(Hauksbók,大约著于1334年)的手稿中。事实上,《女巫的预言》(Völuspá)并不像人们主观认为的那样是一首文字枯燥乏味、内容晦涩难懂的诗歌,它更像是在描述一场狂暴激烈的战斗。在这首叙事诗中充满着惊心动魄的冒险,随处可见死亡、毁灭及令人撕心裂肺的痛苦。整首诗歌讲述了诸神及英雄的传说故事,描述了一个疯狂的女智者,或称女巫——通常被称为"völva",为取悦奥丁神,向他讲述其所预见的创世之初的景象,以及世界末日的悲惨故事。在北欧神话中,这个故事被称为"诸神的黄昏"。在故事中,众多神祇会死亡,地球将被全部毁灭,人类将再次重建家园,而在新世界中仅有少数几位神祇存活下来。

一些学者认为,《老埃达》(Elder Edda)是日耳曼人神话故事中尤为珍贵的知识宝库;而《女巫的预言》则是对曾经在地球上发生过的创造及毁灭的最为复杂和详细的描述。众所周知,无论是冰岛诗人还是挪威诗人,他们的作品都格外复杂,通常对于那些并不熟悉这类诗歌形式和风格的人来说,其所述内容令人十分费解。这种形式由大约60个遵循"古叙事格律"(古诗)的诗节组成——意为"古语格律"——通常每节为二至八行,最常见的为四行。《女巫的预言》中的一些故事也被斯诺里·斯图鲁松(Snorri Sturluson)在他所编著的《散文埃达》(Prose Edda)中保存了下来,但是《诗体埃达》中故事的叙述更为生动传神,其对细节的描绘手法令人赞叹不已,一层层的神话象征意义等待着被读者们发掘。如果我们再往下深挖一点,就会发现这些故事交织在一起,构成了一幅错综复杂的画卷,就像世界之树那繁杂交错的树枝一样,每个故事都可以延伸出关于神族的更深的故事,而这些神祇在书中栩栩如生。在不同来源的版本中诗文的前后顺序会有所不同,现代的译者对这种差异已经习以为常,他们会根据自己对这首诗的理解对诗节的前后顺序进行调整,但是大多数学者认

▲ 弗里德里希·威廉·海涅(1845—1921)创作的《天神之战》,展现了在"诸神的黄昏"中,奥丁将长矛刺向巨狼芬里尔的场景

为《王者之书》中的顺序对于全面理解这个故事是最为适宜的。

要理解埃达诗歌的含义，首先必须对故事发生的神话世界了解并熟悉，而《女巫的预言》则将故事整体背景完美地呈现在读者面前。这首神话诗以一位女巫呼吁全体人类都来聆听她的发言为开场。传说诸神的守护者海姆达尔（Heimdall）装扮成一位流浪汉，并化名为里格（Ríg）。他挨家挨户寻求帮助，先后在3个家庭住宿，最终成为人类这3个阶级——奴隶、自由民和贵族的祖先与守护神，这个类似于人类社会等级制度的发展脉络，由此将海姆达尔视为人类之祖。

女巫很好地营造了这个场景。她告诉听众，她是很久以前由远古时代的霜巨人或巨人族抚养长大的，然后详细描述宇宙在创世之初的景象。她描述了北欧宇宙学中的9个世界，人类所居住的土地仅为其中之一。首先，世界是从一片空虚混沌之中开创出来的，有些人后来将这个虚空的世界称为金伦加鸿沟（Ginnunga gap）。起初世界上并没有陆地与海洋，没有天地乾坤，当然也是寸草不生。万物俱寂，混沌一片。在这片远古时期的混沌之中诞生了一个庞大无比的巨人，名叫伊密尔（Ymir）。这片虚无的太空中生活着勃尔（Bur）的3个儿子——奥丁、威利（Vili）和维（Vé），他们就是阿萨神族（Æsir）的第一批成员——他们将天空升起，创造了大地和岩石。将一切都布置好之后，天上的太阳洒下光芒，照耀着大地，小草和植物萌发生长，大地第一次披满了绿色。

诸神认为在这样的世界中，天空和星体也必须组成一体。于是阿萨神族召开了一次神圣的会议，决定将太阳、月亮和星星放在一个地方。这样他们就创造出了早晨、中午、下午和晚上。从月亮的阴晴圆缺，到太阳的升起落下，时间这个词被赋予了真实的含义。一年接一年，岁月开始流逝。

接下来是一段相对充裕平静的时间，阿萨神族跨越伊萨沃尔（Ithavoll）平原来到一片土地。他们在那里修建了高大宏伟的庙宇和祭坛，还有可供诸神举行会议的大厅。同时，还建造了一个冶炼炉。他们采矿、锻造，铸成了各种武器和必需的工具。诸神沉浸在欢乐之中。他们围坐在桌边玩着游戏，打发着时光，并获取了大量充足的黄金。此时对他们来说什么都不需要了。

> 在这片远古时期的混沌之中诞生了一个庞大无比的巨人，名叫伊密尔。

然而这种欢乐的生活并没有持续多久。不久，从巨人之国约顿海姆（Jötunheimr）来了3位女巨人。诸神再次召集会议以决定如何应对。有人宣称必须要创造侏儒来应对，诸神于是用海洋巨人布里米尔（Brimir）的血液和骨骼做出了侏儒。也有人说布里米尔就是伊密尔，在《散文埃达》中描述了奥丁、威利和维将他杀死，然后用他的肉身塑成了大地。因此，与人类极为相似的小矮人从地球上诞生了，摩索尼尔（Môtsognir）是世界上第一个出现的侏儒，也是最伟大的一个，随后还有很多小矮人诞生，《女巫的预言》中也列出了"侏儒目录"。这里面很多小矮人的名字都被托尔金（J.R.R.Tolkein）用于他所著之书中。这些小说描述了霍比特人及中土世界其他生物的处境。其中最著名的名字是"甘道夫"（Gandal），据说这个词的意思是"魔法精灵"（magic elf）。其他名字的含

洛基和女巨人安格尔波达的子女

巨狼芬里尔

洛基的儿子芬里尔是一只体形巨大的狼,由诸神喂养长大,诸神希望能够驯服他,以尽量降低日后他肆意报复对世界造成的混乱和破坏。后来,他和他的兄弟姐妹们被奥丁召唤,因为有预言说他们会给诸神带来灾难。芬里尔是注定要在"诸神的黄昏"中将奥丁吞噬毁灭的,正是由于这个预言,他被一根名为"格莱普尼尔"(Gleipnir)的锁链缚住,这条锁链由侏儒用六种世上几乎不到的物质锻造而成:猫的脚步、女人的胡须、山的根、熊的力量、鱼的呼吸及鸟的唾液。在擒服这头巨狼的过程中,芬里尔为了报复咬掉了战神提尔的一只手。这条锁链将会一直牢牢地束缚住芬里尔,直至世界末日,正如预言中那样,当诸神黄昏来临之日,他将最终挣脱束缚去完成自己的使命并杀死奥丁。恶狼芬里尔有两个凶狠的狼儿子,斯库尔(Skoll)与哈提(Hati),他们在"诸神的黄昏"到来时成功地吞噬了太阳和月亮。

冥界女王海拉

海拉通常被认为是掌管冥界的女神,在《女巫的预言》中,传说洛基的这个女儿统治着与她同名的一个地方。"Hel",意为冥界,是死亡之人所在之处,常被视为一座具有很多厅堂的雄伟的大厦,恶人在那里会受到酷刑折磨。通常人们认为,海拉是在被奥丁流放到尼福尔海姆之后,被任命为冥界的统治者,同时被赋予了对九个世界的控制权。在这里,她接受了一部分死者——即那些因疾病或年迈衰老而安详死去的人——而那些英雄以及死于战场上的勇士们有一部分则会去奥丁的那座富丽堂皇的大殿,瓦尔哈拉英灵殿,另一部分则被女神弗蕾雅迎到了弗尔克范格,即"勇士的战场"(the Field of the Warriors)。海拉通常被描述为一半身体腐烂呈黑色或蓝色,另一半则是健康的呈肉色,她举止冷酷,被称为"魔女"或"巨魔",极其凶狠残暴。

尘世巨蟒耶梦加德

耶梦加德(Jörmungandr)也被人们称为尘世巨蟒,米德加德巨蛇,这条巨蟒的命运是在"诸神的黄昏"到来时杀死他的对手雷神索尔。耶梦加德被奥丁扔进了环绕着米德加德的大海里,这条巨蟒个头非常大,大到可以环绕整个世界,甚至可以用喉咙含住自己的尾巴,首尾相接。在北欧神话中有一个故事讲述了雷神索尔有一次与巨人西米尔(Hymir)出海钓鱼,他用一个巨大的牛头做鱼饵,当鱼饵被放到海洋深处后,巨蛇咬住鱼饵,被索尔拉出海面,这时候,索尔拿起巨锤想要击杀巨蛇,但是西米尔却因惧怕将鱼线割断了。在另一次会面中,巨人乌特迦·洛奇(Utgarða-Loki)将耶梦加德伪装成一只猫,他要求雷神索尔凭借自己力大无比的力量举起这只猫。索尔仅成功地举起了猫的一只爪子——尽管如此,这仍是一个伟大的壮举,因为不管怎么说,他成功地举起了这条环绕世界的巨蛇。

义有"强大的小偷"（mighty thief）、"风精灵"（wind elf）及"橡木盾"（oak shield）。女巫告诉大家，这些小矮人来自岩石和山脉，他们穿过沼泽之地，直至他们在沙漠中找到一处平原安家。

这首诗似乎在这里发生了转变。诗中写道阿萨诸神中的三位神祇来到世界，于是第一个男人和第一个女人被创造出来了：他们就是阿斯克（Ask）和恩布拉（Embla），意为"梣树"和"榆树"。他们这时还不曾拥有天命，也没有任何意识和精神。（奇怪的是，斯诺里并没有在《散文埃达》中给出第一批人类的名字，但他指出这两个人是由树木做成的，这点证实该作品确与《女巫的预言》有着某种联系。）诗中描述这两个人既没有血，也无法行动，又毫无气色，直到这三位神来到他们身边赐予了他们生命，并赠送了礼物给他们。奥丁赐予了他们灵魂，霍尼尔（Hoenir）送来了理智，而洛德（Lothur）则赋予他们血性与气色。也有学者认为洛德是洛基以前的一个古老的别名，这位北欧神话中的谎言和欺骗之神常常与火和火焰有着密切的联系。

在这首神话诗中，女巫描述了神秘的世界之树，这是一棵巨大的常绿梣树（欧洲白蜡树），矗立在九层世界的中心。它浸透着闪亮的土壤，从那里流淌出来的雨水和露水洒落在大地上的山谷中，屹立在命运之井之上，扎入乌尔达之泉（Urðarbrunnr）中。这口井由诺恩三女神——乌尔德（Urd）、薇儿丹蒂（Verthandi）和诗蔻蒂（Skuld）——亲自守卫。她们主宰着人类的命运，司掌着人类的法律，掌控着人们的现在，决定着人们的未来，这点与其他神话中的命运三女神十分类似。

接下来，女巫直接与奥丁展开了对话，告诉他自己对一切都了如指掌，包括奥丁为了解自己的命运所愿意付出的努力能达到何种程度，甚至对奥丁那只失去的眼睛到底在哪里都极为清楚。这里所提到的典故即奥丁神为了喝上一勺密米尔（Mimir）井里的泉水而不惜牺牲自己的眼睛的故事。虽然这段话在《女巫的预言》中充满了神秘色彩，但是在《散文埃达》中对此进行了解释：这口井中的泉水蕴含着智慧和聪明，负责看护它的巨人密米尔每天早上都会喝这智慧之泉中的水，他的知识和智慧正是来源于此泉。因为女巫无所不知，故她对第一次神界大战的场景记忆犹新。当时古尔薇格（Gullveig）被阿萨神族用长矛刺杀，然后在哈尔（Hárr）或奥丁的大厅里被火反复烧了三次，也只有三次才能重生复活。在这场火刑之后，她被人们称为海达尔（Heiðr），或者海蒂（Heidi），成为一名伟大的女巫。她无所不晓，拥有魔法般的智慧，所有看到她所拥有的这些令人不可思议的特异功能的人都会为之着迷，她甚至能够将恶狼驯服。但是，还要补充一点，所有看见她的邪恶之人都非常喜欢她。据说这个女巫向大家表演了"西德尔魔法"（seiðr magic）。考古学家们认为这种魔法本质上具有萨满教的特性，它能通过让人神志恍惚及其他巫术来对人施加魔咒。一些学者提出的观点认为这位女巫实际上就是女神弗蕾雅。她是华纳神族中第一位来到阿萨神族居住地的神祇，由于阿萨诸神对她虐待施暴，导致了阿萨－华纳两大神族之间的大战，并在《女巫的预言》中描述了接下来发生的这场战役。的确，根据《伊林格萨迦》（Ynglinga saga）中的记载，正是女神弗蕾雅本人向阿萨神族展示了"西德尔魔法"，其实这种魔法仅仅是华纳神族的一个稀松平常的小把戏而已。

奥丁掷出长矛之时，战争开始了。好战的华

纳神族攻破了阿萨神族居住地的防护城墙。诸神不得不再次召集议事大会，以决定阿萨神族是否该支付一定的赔偿金以求和，或者两大神族并列一起接受人类的顶礼膜拜。最终大家决定采纳第二种建议——阿萨神族和华纳神族地位同等，共同受到人类的最高崇拜。这里还提到了另外一个故事：在诸神之家园，阿斯加德的城墙被华纳神族攻破后，一个巨人被派去重建被摧毁的阿斯加德城墙。作为回报，他将会得到太阳和月亮，以及让女神弗蕾雅做他的妻子。然而诸神却指控洛基拖延工期，以至于整个城墙修筑工程不能如约在规定时间内完成，对于当初许诺的回报，诸神也不会再履行，于是巨人威胁诸神。雷神索尔极为愤怒。他站起来，杀死了巨人，彻底违背了他们对巨人的承诺，从而导致两族成为死敌。看到这里，读者们对接下来发生的故事格外熟悉，并会联想到诸神之间的最后一场战斗——"诸神的黄昏"。在这场战斗中，巨人族将成为诸神敌人中的一派。女巫插入了更多关于诸神的秘密来支持她的预言：这一次，海姆达尔会吹响藏在世界之树底下的号角——加拉尔号角（Gjallarhorn）。这是守望者用来警告诸神世界末日即将来临，毁灭世界的灾难正在到来的。当彩虹桥（Bifröst）被攻破时，海姆达尔吹响号角召唤众神投入战斗。在《老埃达》的《格里姆尼尔之歌》（Grímnismál）里，这座桥被称为彩虹桥，是用来将诸神所居之地阿斯加德与人类居住的王国分隔开。

对奥丁所带领的听众来说，接下来女巫道出了有关他们的一些真相：她对未来，即诸神的命运做出了预言。首先，她指出的是奥丁和女神弗莉嘉（Frigg）所生之子巴德尔——光明之神遇害的事。虽然在这里并没有详细叙述这个故事，但是在传说中讲述到弗莉嘉。这位忧心

当世界之树的枝条弯曲并发出痛苦的呻吟声时，约特纳之火燃烧了起来。

忡忡的母亲让地球上所有的东西都发誓不伤害她的儿子——除了小小的槲寄生，因为这个寄生木实在是太柔弱了，一定不可能对巴德尔造成什么损伤。从此以后，众神都很高兴，便经常游戏消遣，大家把各式各样的武器都向巴德尔掷去。然而，女巫说，她预见到经常搞恶作剧的洛基会将一根槲寄生树枝交与巴德尔的兄弟——霍德尔（Höðr），一位盲眼的神。一切都是命中注定，霍德尔将这根树枝投向了巴德尔，杀死了他。诸神为了报复洛基，用他儿子的内脏作为绳索将他捆绑在一块大石头上。他们将一条毒蛇缚在洛基头顶上方的岩石上，蛇的毒液滴下来，刚好落在洛基的脸上。洛基的妻子西格恩（Sigyn）忠实地站在旁边。她用碗接住滴下来的毒液，但每当碗中接满了毒液时，她就必须得去把碗倒空，所以每次她离开时毒液就会滴落在洛基脸上，这时这位恶神就会痛得扭动身体，奋力挣扎，大地都会被其震动。据说地震和震动就是这样产生的。

此后，诸神将被他们的仇敌征服，即居住在冰冷的斯利特河（River Slith）岸边的巨人族、来自黑暗丛林中的金色大厅里的侏儒族，以及居住在冥界的亡灵。女巫向奥丁神讲述了她所看到的冥界，即死亡之人所居住的地下王国中那座宏伟的大厅里的场景。地上爬满了毒蛇，或是由毒蛇的脊刺筑成的墙壁。在那里，那些最坏的人，即背信弃义之人，陈述虚假证言之人、谋财害命之人，以及卑鄙欺骗之人，都要在水流缓慢呆滞的河里艰难跋涉。这里也隐藏着尼德霍格

▲ 来自18世纪冰岛手稿中的插图，描绘了盲眼神霍德尔用洛基递给他的一根槲寄生树枝杀死了他的亲兄弟巴德尔

（Níðhöggr），意为"恶意的打击者"，一条啃食世界之树树根的蛇形恶龙，是世上所有的邪恶的代表。在这里，它吮吸着死尸上的血，而凶狠的恶狼则对人类肆意撕咬。

现在，这位女预言家列出了预示"诸神的黄昏"的一系列征兆。首先，太阳日渐式微，世界将不再有阳光。强大的暴风雨将席卷大地，三只公鸡将长鸣，发出战斗即将开始的警告。埃格瑟（Eggthér），这位巨人族的巡夜者，坐在他的竖琴边开心地弹奏着。而此时，巨人国的红色小公鸡法亚拉（Fjalar，意为骗子）从约顿海姆的森林中发出第一声啼叫，唤醒巨人族投入战斗。接下来听到的将是雄鸡古林肯比（Gullinkambi）从瓦尔哈拉这座雄伟的大殿内传出的啼叫声，众神将在那里响应他的召唤。第三声，即最后一声啼叫，则来自阴间深处的冥界女王海拉的那只锈铁红色公鸡。接下来，守护地狱之门的魔犬加姆（Garmr）会大声嚎叫。它挣脱了束缚它的锁链，一路狂奔出去。海姆达尔将吹响他的加拉尔号角，召唤众神进行最后的战斗，而奥丁则在密米尔那颗被华纳神族砍下的头颅中寻求知识和智慧。传说，奥丁将这颗头颅进行防腐处理并施以法术，赋予它说话的能力之后，就一直随身携带着它，当他遇到疑难和困惑时它能给他提供建议和意见。当世界之树枝条弯曲并发出痛苦的呻吟声时，约特纳（jötnar）之火燃烧起来。尘世巨蟒耶梦加德在大海中翻滚，它那巨大的身躯挣扎着，扭动着掀起巨浪。海面上波涛汹涌，一个浪头冲断了纳吉尔法船（Naglfar）的缆索。巨人赫列姆（Hrym）驾驶着这艘船从东方起航——这是一艘用死人的手脚指甲造成的船。这艘船满载着霜巨人的军队，准备在世界末日的最后一战中与众神决一死战。另一条大船则由洛基掌舵，载着来自冥界的亡灵从北方驶来。

据说，在这段混乱之中，手足相残，父子成仇，无人能够幸免。在这个处处充斥着暴虐与罪恶的世界中，刀斧横飞，肆意杀戮，甚至家族亲情都无法继续维系人们之间的友好关系，连大地也为之战栗发抖。很快，整个世界即将沉没。最后一次会议后，诸神面对他们的敌人展开了惨烈的血战，他们命中注定要遭此一劫。奥丁将被洛基的儿子恶狼芬里尔活活吃掉。雷神索尔经过激烈战斗最终击败了他的宿敌——尘世巨蟒（the World Serpent），但他早已深中耶梦加德所喷出的毒气，以致无法呼吸，在摇摇晃晃地走了九步之后就倒在了地上气绝而亡。弗雷将被统治着火焰之国穆斯贝尔海姆的巨人勇士杀死。太阳日渐昏暗，整个天空漆黑一片，璀璨的星辰从苍穹中坠落至地面，火光冲天，满目苍夷的大地缓缓向海底中沉去。

不知经过多少时候，女预言家看到大地再次从水下浮现，一只孤独的老鹰盘旋在山顶，时而从瀑布中捕抓活鱼。

侥幸存活下来的诸神聚集在他们居住的平原上召开了一次会议。这个世界上到底发生了什么？他们陷入了深深的沉思中。大家谈论着这场伟大的战斗，那条尘世巨蟒，以及蕴含在如尼符文中的智慧。最后的时刻，据说那张黄金制成的诸神围坐嬉戏的游戏桌将再次矗立在苍翠欲滴的草地上，象征着新的世界将会更加光明美好！

末日之劫过后，巴德尔和他那盲眼的兄弟霍德尔，将从黑暗的冥界归来，再次与诸神共同生活在一起。大地重新恢复生机，肥沃富饶的土地无需播种就长出了更为茂盛的庄稼。奥丁神的这两个儿子将居住在这个崭新的世界中——神宫津利（Gimlé）。在"诸神的黄昏"劫后的世界中，它将会成为闪耀着金色光芒的最高神宫，正义的

《老埃达》

　　至今我们仍然不能确定《女巫的预言》的原作者究竟是谁，作于何处，或者说事实上到底是谁编辑整理了包含有这篇诗歌在内的全部《老埃达》（*Elder Edda*），很多学者认为这部《诗体埃达》是由冰岛早期学者，智者塞蒙恩德·弗鲁德（Sæmund the Wise，1056—1133）收集整理。整篇《女巫的预言》中透露出过于丰富的异教意象，彰显出空前强大的信仰力量，文字无比形象生动，所有这些特性均缘于这首诗是由一位意图用古语创作这些神话故事的基督教徒所著。对此很多学者一直争论不休。但是大多数学者认为，毋庸置疑这部书是由一位异教徒编写而成的。然而，现在大多数人也接受了流露在这首诗的字里行间中的基督教思想，特别是在最后一节中所提到"统治一切的强大的主"。正因为如此，这首诗被认为可以追溯到斯堪的纳维亚半岛的宗教信仰从北欧多神教逐渐转向基督教的年代——大约在 10 世纪的某个时候——而作者应该是一位对基督教有所了解的冰岛人。

　　另一个版本的《女巫的预言》则出现在《豪克之书》（*Hauksbók*）手稿中，这部手稿通常被认为是由多人共同撰写的，但主要由冰岛的一位法律讲述官、挪威骑士豪克·埃伦德松（Haukr Erlendsson）于 14 世纪撰写和编纂。最初只有一份《豪克之书》手稿，现在我们看到的这部手稿共分为三个部分，其中很多章节已经丢失。同其他目前仍然留存在世的手稿一样，学者认为在这份手稿中同样包含了一些来自古代文献的片段，这些片段描述了一些神话故事，但是这些古籍早已不复存在。

▲ 虽然这些诗歌保留了当时作者创作的原貌，穿越时间长河向我们诉说着古老的神话故事，但是我们却永远也无法亲睹他们的真容

统治者从此过上了幸福无忧的生活。

然而，在这里，我们最后看到了幽灵般的毒龙尼德霍格再次窜了出来。只是这一次，当它飞过大地时，那黑色的翅膀上挂满骸骨。很多人认为恶龙尼德霍格是预示世界末日即将到来的征兆。但是在这里，因为世界重建，开启了新的一天，它是否象征着万物更新呢？讲到这里，女巫倒下了。她的预言宣告结束。

尽管有些人可能会说，《女巫的预言》所讲述的故事只不过是由一群想象力丰富的人精心杜撰的罢了。但有人认为，对华纳神族的崇拜起源于波罗的海及北海周围，后来向北传播到斯堪的纳维亚半岛。当两种不同的信仰体系首次对阵时，有人或许认为一定会发生冲突，许多学者以此来解释神话传说中"阿萨－华纳两大神族之战"发生的原因。只有当信仰体系及泛神论融合成一个神话时，摩擦才会平息。事实上，据说只有当双方最终成功交换人质时，战争才正式结束。众多学者认为，这个神话所描述的与日耳曼的生育信仰体系被一种更为血腥的宗教信仰入侵极为相似。例如对于印欧人的入侵，与神话中所描述的华纳神族与阿萨神族相对抗的情形极为相符。对于《女巫的预言》中所描述事件的历史真实性——甚至对整部埃达作品中的内容真实性——学者们仍然争论不休，但人们普遍认为，隐藏在这些神话中的故事很可能是对真实历史事件加以虚构的小说化描述。

当来自一个部落的人质被带到另一个部落并遭受虐待时，一场与其他部落相抗衡的战争旋即开始。历史上是否真实发生过类似的文化冲突事件呢？我们永远不会知道这些事件的真相，相反，我们只能将这些代代相传的诗歌残片与那些仅为我们想象中的考古记录中的残片进行比对。留存

下来的史料实在是太少了，以至于我们不能完全确定历史的真相到底如何。然而，通过这些牛皮纸书页，透过这些关于死亡和毁灭的黑暗故事，我们可以洞悉古人的思想；可以让时光倒流，带我们回到那个对于战争人们早已习以为常的、由神灵及巫术统治的时代。大海中翻滚的巨蟒拍打着吱吱作响的船板，在这片洪荒海域中穿行的那

▲ 《诸神的黄昏》，作者路易斯·莫伊，描绘了世界末日之时，毒龙尼德霍格从高处俯冲向下发起突袭、巨浪淹没了地球、雷神索尔注视着尘世巨蟒的场景

些被击打得几乎解体的船只任由狂风巨浪抛起又摔下。这些故事通过古代诗人间的悄声传颂流传下来，使今天我们能够了解他们的秘密。在雷雨交加的黑暗日子里，当惊涛骇浪拍击着海岸，宛如尘世巨蟒耶梦加德，那强有力的尾巴似脱缰般的野马疯狂摆动。我们也可以仔细聆听三只孤独的雄鸡那打破寂寥的啼叫。接下来，从那遥远的看不见的王国传来了决定诸神命运的加拉尔号角之音……

刀斧横飞，肆意杀戮，连大地也为之战栗发抖。

《诗体埃达》

在一个充满神祇、妖怪及英雄的世界里，《诗体埃达》向我们阐释了宇宙运行的规律。

作者：本·加祖尔（Ben Gazur）

> 请保持安静，我请求这神圣的家族
> 请求海姆达尔的儿子们，无论高低贵贱；
> 你愿意的，奥丁神，
> 让我把我所记得的
> 关于远古时期人类的传说
> 讲述给你们听

诗歌就这样开始了。《女巫的预言》开启了《诗体埃达》的精彩篇章。在开篇这首神话诗中，一位斯堪的纳维亚的女巫师与北欧诸神的首领奥丁神展开了直接对话。她讲述了宇宙的创造及即将到来的世界末日。这段时期诸神的战绩和故事，都会在《诗体埃达》的其余篇章中加以描述。

重要的是，我们要知道《诗体埃达》并不是指一部主题著作，其实它是由很多不同的人，在不同的时间创作的斯堪的纳维亚诗歌集，其作者也是来自各个地区。这些诗歌主题多样，涵盖神祇、宇宙的本质及英雄事迹等各个方面。没有人知道这些埃达诗歌的作者到底是谁。很可能，这些神话故事是由那些通过口耳相传使其流传了几个世纪的吟唱诗人，于14世纪前将其记录下来，再编纂成集。当时的一份手稿被称为《王者之书》，其中包含了很多诗歌，尽管不是全部，但通常人们认为它是《诗体埃达》的一部分。

埃达中的诗歌大致可以分为两部分：一是关于北欧诸神的诗歌；二是关于北欧英雄事迹的诗歌。因为神是第一位的，所以在埃达中首先要叙述关于神的传说。

创世界

最初，世界上仅有霜巨人伊密尔。他住的地方没有天地，混沌一片；没有沙子，没有大海；下无大地，上亦无天堂。传说告诉我们那里甚至没有草。从伊密尔周围的冰川中诞生了神族，他们孕育了奥丁及他的兄弟姐妹。杀死伊密尔的是奥丁和他的兄弟们。他们将他的肌体筑成大地，他的鲜血成为狂暴汹涌的大海，他的骨胳化成延绵的山脉，他的毛发成为陆地上翩翩摇曳的树木。

众神将伊密尔的头颅高高悬起作为天穹，并将太阳和月亮安置在其中。伊米尔的大脑仿佛是天空中飘浮的朵朵白云。奥丁和他的兄弟们为人类建造了米德加德——我们的世界，并让大地上长满植物迸发出勃勃生机。现在，有了一个可以统治的王国。众神举行了一次会议，他们赋予了每一样东西名字，并将它们放置在应有的位置上。这是众神的黄金时代，一切都是那么美好。但随着三位女巨人的到来，仅仅是她们三个，这世界就变得混乱不堪。

有一天，众神在沙滩上发现了两个人——两个没有生命、没有命运的人。他们是由浮木做成的。诸神赋予他们灵魂和意识，并赐给他们唤发出生命的热血。他们即是第一批人类，阿斯克（Ask）和恩布拉（Embla），这世上其他的人全部都是他们的后裔。

在宇宙之上矗立着一棵高大的梣树，名为世界之树，它是这世上最高贵的树。这棵树的三条粗大的树根与冥界、霜巨人所居之地及人类的世界相连。世界之树的底下盘踞着你根本无法想象的蛇，包括巨大的毒龙尼德霍格，它不断地啃蚀着世界之树的树根。树顶上栖息着一只能看到世间一切的老鹰。还有一只饶舌的、喜欢搬弄是非的松鼠，在毒龙和老鹰中间上下蹿动，挑拨离间。

雷神索尔的意想不到的婚礼

一天清晨，雷神索尔醒来时发现他的大锤姆乔尼尔（Mjölnir）不见了。他愤怒之下四处寻找，遍寻天地之间也未见其踪迹。为了帮助他寻找，狡猾的洛基从女神弗蕾雅那里借了一件猎鹰羽毛斗篷，可以让他飞越众多王国。

在巨人之国，洛基找到霜巨人索列姆（Þrymr），他看上去非常高兴。他告诉洛基，他已经把姆乔尼尔埋在 8 英里深的地方，如果他受到任何伤害，就再没有人能够找到它了。而索尔取回他心爱的大锤的唯一方式就是让掌管爱情与美丽的女神弗蕾雅成为霜巨人索列姆的妻子。

听闻此话，索尔立刻冲到弗蕾雅面前，命令她穿上婚纱，跟他走。可以理解，弗蕾雅当然希望对她未来的丈夫有更多的了解。当她被告知她要嫁的是一个霜巨人时，她的愤怒震动了整个天庭。众神马上召集会议以解决这个难题。既然弗蕾雅不会用自己去换锤子，雷神索尔就必须代替她去结婚。众神将新娘的面纱戴在索尔长满胡须的脸上，把珠宝项链挂在他的胸前，用一件女式长袍礼服遮住他粗壮的腿。索列姆惊讶地看到他的新婚妻子到达举办婚礼盛宴的大厅。他从未见过一个"女人"如此大快朵颐：一整头公牛转眼就消失在面纱后面，一桶接一桶的蜂蜜酒从口中直接灌下。当索列姆撩开面纱打算偷吻他的新娘时，发现她那双怒目而视的眼睛是如此令人胆寒，吓得他跳了起来。尽管这位霜巨人心存疑虑，但他还是将大锤姆乔尼尔放在了新娘的膝盖上，作为他们婚礼的神圣献礼。

索尔撕下了伪装，他的雷神之锤重新回到了他的手里。参加宴会的巨人无一幸免。他抡起大锤挨个砸向他们。没有一位巨人日后会有机会夸耀自己看见了穿着新娘服装的雷神索尔。

众神的盛宴

北欧诸神和北欧人一样，酷爱喝酒。一天，他们决定与海巨人埃吉尔（Ægir）一起吃顿大餐。唯一的问题是，埃吉尔没有一口足够大的锅可以用来酿造为这场不同凡响的酒宴所准备的全部蜂蜜酒。战神提尔记得他的父亲西密尔（Hymir）有一口深达 1 英里的大锅，即使是最饥渴的神祇也能满足他对酒那无尽的需求。

众神、英雄及勇士国王

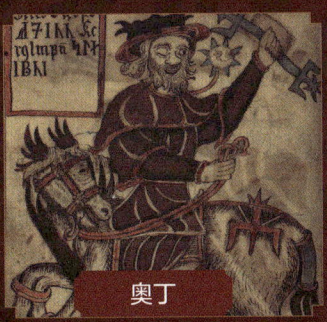

奥丁

洛基

索尔

奥丁是北欧诸神的领袖。他拥有广博的学识与智慧，以及在战斗中令敌人胆寒的超强技能，备受人们尊敬。他手下的渡鸦胡金（Huginn）和穆宁（Muninn）穿越在神界及人类所居住的世界之间，将所发生的一切讲述给他。奥丁统治着英灵殿，所有在战斗中英勇牺牲的勇士最终会被带到那里。在"诸神的黄昏"中，这些战士与众神并肩作战。

洛基是北欧诸神中的谎言之神。他的狡诈奸猾既帮助了众神又欺骗了他们。因为他施诡计杀死了光明之神巴德尔，所以受到众神的惩罚，被锁在了地下。他极力挣扎引发了地震。他是冥界女王海拉、恶狼芬里尔及尘世巨蟒耶梦加德的父亲。在"诸神的黄昏"中，芬里尔杀死了奥丁。耶梦加德则是一条环绕世界的大海蛇。

索尔是当今北欧神话中最著名的神祇之一。他是雷霆与力量之神，也司掌丰饶。水手们会呼唤他平息海上的狂风暴雨。雷神索尔用他那把名为姆乔尼尔的强有力的大铁锤保护着众神免遭任何威胁。虽然他拥有令人恐惧的强大力量，但在北欧诸神中他并不是最优秀的神，所以他总是以一个充满喜剧色彩的形象出现在神话传说中。

西格德

古德伦

阿特利

西格德是一位颇具传奇色彩的北欧英雄。他的事迹贯穿于众多北欧传说及艺术作品中。他是杀死巨龙法夫纳的威猛战士。他妻子的兄弟设计夺取他从巨龙巢穴中所拿走的那批被诅咒的宝藏，并将西格德杀害。在随后的几个世纪中，西格德成为在艺术领域展现德国民族主义的重要角色，包括在瓦格纳的歌剧《指环》（Ring cycle）系列中。

古德伦是西格德的妻子，但是在西格德被她的兄弟杀死后，她嫁给了匈人领袖阿特利。阿特利密谋设下致命的陷阱，将她的兄弟们引诱杀害。古德伦为了复仇，设计将阿特利及他们的儿子杀死，并放了一把大火烧毁了阿特利的宫殿。她试图溺水自杀，但被救起，并嫁给了另一位国王，俩人一起共同抚养了多个儿子。

阿特利是一位外表强悍但毫无教养的国王。他娶了古德伦，满怀希望能够得到西格德的宝藏。而当古德伦的兄弟们拒绝告诉他金子藏在何处时，他杀了他们。古德伦为了报仇也杀了阿特利。阿特利的人物原型是历史上的真实人物——匈人阿提拉（Attila the Hun），这位匈人领袖确实是死在自己的婚礼上，但不太可能是遭到他的新娘的疯狂报复。

然尔，西密尔并不愿意将他心爱的大锅借出，他还强迫雷神索尔证明自己的实力。西密尔与索尔一起划着船去钓鱼，西密尔钓起了两条巨大的鲸鱼。为了击败他，雷神索尔用一个公牛头作为鱼饵。结果身体环绕着整个地球的尘世巨蟒耶梦加德被鱼饵勾住。索尔没能将这条凶猛的困兽拖上渔船，他的这条巨蛇猎物最终跑掉了，于是被西密尔嘲笑了一番。但是为了证明自己的力量，索尔将渔船、鲸鱼及所有的东西都运回了西密尔的大殿。但是，西密尔仍旧不肯将他的大锅借给索尔，除非索尔将一只精美的玻璃高脚酒杯砸碎。

雷神索尔将这只被施了魔法的玻璃杯砸向了柱子、屋梁，并用他的大锤敲击它，但是玻璃杯毫发无损。只有一件东西比这只高脚杯更坚硬——西密尔的头。于是索尔将它用力掷向西密尔。玻璃杯碎了。索尔背着大锅拔腿就跑，仿佛一只带壳的乌龟。

这场盛宴一切都非常顺利，直到洛基，这位谎言之神来到现场。所有参加庆典的客人均受到了众神的仆人费玛芬格（Fimafeng）和埃尔迪尔（Eldir）的热情招待。洛基受够了众神对忠心耿耿的两位仆人的溢美之词，于是杀了费玛芬格。但是他没有得到他所渴望的赞美，反而被众神扔进了黑暗的森林里。当他再次返回时，埃尔迪尔试图阻止他进入大殿，洛基大怒，并威胁要杀了他。

洛基发现众神悠然自得地坐在金色大殿里，平静地谈论着他们的丰功伟绩。洛基大声斥责诸神，责骂他们未行待客之道，并要求加入宴席一起喝酒。他发现没有人回应他的提议，便转而对每位神祇流露出轻蔑贬损。他指责诸神中的一些神胆小懦弱，其余一些神祇也被洛基精心编造的谎言所中伤。雷神索尔不太善于言辞争辩，碰到这类恶言恶语他就会挥出大锤教训一番，于是洛基被赶出大殿。洛基落荒而逃，他变成了溪流中的一条鲑鱼。但是，即使他躲在那里，诸神仍然发现并捉住了他。没有一位神会忘记洛基在筵席上说过的那些污言秽语。

巴德尔的噩梦

巴德尔，奥丁和神后弗莉嘉的爱子，深受诸神喜爱。巴德尔开始陷入可怕的梦魇之中时，诸神召集了一次会议——诸神之梦不可忽视。没有一位神祇能够解释这些恶梦所隐含之义，于是奥丁骑着他的八足神马斯莱普尼尔（Sleipnir）来到了薄雾弥漫的冥界大厅。

他发现了一个女巫的坟墓，于是就用咒语将她强行唤醒。奥丁用尽各种诡计，绞尽脑汁让她说出她所知道的关于巴德尔恶梦的一切信息，以及其所预示的含义。女巫感知到了在巴德尔的葬礼上所摆设的蜂蜜酒及盔甲。巴德尔注定要死去，这是一个诸神都无法改变的宿命。女巫说出了杀死巴德尔的凶手——他的双胞胎兄弟霍德尔。霍德尔会被洛基哄骗，将一根锋利的槲寄生小树枝掷向巴德尔。唯一能够伤害到巴德尔的东西，在他的兄弟手中。这根小树枝会刺穿他的心脏，他会被杀死。

奥丁对这个预言感到极为不安，这是可以理解的。然而，更为糟糕的事情已经被预示。巴德尔之死仅仅是世界末日——"诸神的黄昏"的前奏。

诸神的黄昏

一切都如女巫所预言的那样发生了。由于施诡计致巴德尔死去，洛基被众神锁在了地下。诸神将一条可怕的毒蛇放在他正上方的洞穴中，毒

> 对于信奉多神教的北欧人来说，在他们的世界中这些旧神是真实存在的。

蛇口中所吐出的毒液正好能够滴入他的眼睛里。洛基的妻子非常忠诚，她尽责地坐在被缚住的洛基身旁，用一个罐子来接住从上方滴下来的毒液，但是每当罐中的毒液满了要溢出来时，她必须站起来将毒液倒掉，这时洛基脸上的皮肤就会被毒液灼烂。在痛苦中洛基浑身颤抖，疯狂挣扎，引起了地震。就这样，只有当宇宙被"诸神的黄昏"从根本上动摇时，洛基才能挣脱桎梏。

《诗体埃达》暗示了世界末日来到之时，诸神与恶魔代表之间进行搏斗的场景。在那段恐怖的日子里，手足相残，诸神的家园会被鲜血染红，连太阳都失去了光芒。更为糟糕的是，接下来北欧神话中所有的妖魔鬼怪开始联合起来对抗诸神。芬里尔，洛基的儿子，一只巨大的恶狼将会吞食奥丁。雷神索尔将与身体环绕着整个地球的尘世巨蟒展开激烈的战斗。最终索尔会将这条巨蛇杀死，但是随后，他还未迈出九步就会死去。当世界之树摇摇欲坠时，熊熊烈焰会腾空而起，贯穿天穹，最终将整个天空吞没。

然而，一息若存，希望不灭。一对人类男女，利布（Líf）和利普特拉西尔（Lífþrasir）在"诸神的黄昏"中存活了下来。从宇宙的灰烬中，将诞生一个富饶的新世界，人类的子孙也将在这片崭新的大地上繁衍生息。《诗体埃达》所描述的诸神的故事就这样结束了。然而，对北欧人来说，神灵在这世上是真实存在的。虽然接下来我们会进入英雄传奇部分，但诸神在事件发展中仍然扮演着重要的角色。

海尔吉的英雄事迹

休瓦兹国王（King Hjorvarth）曾经许下过誓言，他要迎娶世界上最漂亮的女人为妻。于是他四处找寻，发现世上最美丽迷人的女人当属斯瓦弗尼尔国王（King Svafnir）的女儿西格林

▼ 由于她的兄弟们都被杀死了，因此古德伦向匈人领袖阿特利展开了疯狂可怕的报复。她杀死了阿特利，并放了一把火将他的宫殿夷为平地

（Sigrlin）。但是斯瓦弗尼尔国王既不想将西格林许配给休瓦兹，也不愿意她嫁给另一位一直追求她的国王赫罗斯玛（Hrothmar）。于是赫罗斯玛一怒之下，洗劫了斯瓦弗尼尔，烧毁了森林，并谋杀了国王。在弥漫的烟雾笼罩下，混乱之中，休瓦兹将西格林偷偷带走，让她成为自己的妻子。

他们在一起生活并生了一个儿子，但他们并没有给这个男孩起名字。男孩长大了，但生性沉默寡言，不善与人交往。一天，他站在山上向下观望，看见九位瓦尔基里（女武神）骑着骏马经过，这些女战士是奥丁的侍女。她们负责将挑选出来的英勇善战的阵亡战士带到瓦尔哈拉——奥丁接待死者亡灵的殿堂。这时，一位名叫斯瓦娃（Svava）的女武神向他大声喊道："海尔吉（Helgi），如果你再不开口说话，你就永远不会拥有成堆的金子！"于是，男孩接受了"海尔吉"，这个女神赐予他的名字，并大声回应了斯瓦娃，表达了对这位女武神的感激和爱慕。自那之后，斯瓦娃在战斗中保护着海尔吉，使他免受伤害。

女武神斯瓦娃许诺赐给他一柄具有魔力的宝剑。海尔吉得到这柄剑后用它将赫罗斯玛国王杀死，然后带着从那处原本属于他外祖父的大殿中偷来的金银财宝返回。后来，他又多次征战沙场，用这柄宝剑杀死了很多巨人，屡建奇功。他成为一位受人尊敬的英雄和国王，于是他向斯瓦娃求婚，他同时也得到了斯瓦娃的示爱。

英勇无比的海尔吉又出征了。在一次决斗当中，他遭受了致命一击。命在旦夕之际，他叫来斯瓦娃前来见最后一面。海尔吉告诉她，他的兄弟将成为她的新婚丈夫，但是斯瓦娃发誓她永远不会将一个没有名望的男人揽入自己的怀抱。在两人相拥深吻中，海尔吉死了。斯瓦娃倒下了，像死了一样睡了过去。

然而，死亡并不能埋葬一个好人。一个名叫海尔吉的男孩在西格蒙德（Sigmund）的家里出生了。他一出生便受到命运三女神的守护，注定将成为功勋卓越的英雄。孩提时代，海尔吉就手持长剑，成为一名勇猛的战士。15岁时，他杀死了匈人统治者。于是匈人首领的儿子们向其索要金子作为赔偿金。海尔吉断然拒绝，并带领他的士兵与匈人首领的儿子们展开了血战，并最终将他们全部杀死。战斗结束了，海尔吉站在血流成河的战场上，查看着胜利的战果。这时，他看见一群骑着骏马的女武神披着耀眼的光芒来到战场上，将那些光荣的战死沙场的勇士招集起来并接走。

其中一位女武神从她的马上跳下来，跑向海尔吉。她的名字叫西格露恩（Sigrun），她就是曾经的斯瓦娃。她向年轻的海尔吉透露了他前世的生活往事。西格露恩的父亲曾将她许配给另一个男人，但海尔吉已经爱上了她，非她不娶。于是海尔吉召集军队，杀死了那个王国里所有反对他俩结婚的人。只有西格露恩的兄弟达格（Dag）幸免于难，但是他向奥丁祈求，请求帮助他复仇。

海尔吉和西格露恩的婚姻注定是短暂的。为了向海尔吉发起反击，奥丁送给了达格一支被施了魔法的长矛。达格用这支长矛杀死了海尔吉，并将他的尸体丢弃在烂泥里。西格露恩诅咒她的兄弟，但是任何东西、任何事情都不能让她的丈夫起死回生。西格露恩安葬了海尔吉，并为他建造了一座坟墓，而海尔吉的英魂则被奥丁迎接到了瓦拉哈拉英灵殿。

一天晚上，一个女仆看见海尔吉骑着马回到他的坟墓，就像还活着一样。一听到这个消息，西格露恩马上奔向坟墓。在那里，她找到了她的丈夫，两人获准在一起过了一夜。第二天早上，海尔吉不得不离去，他骑着马进入逐渐泛红的天空中。但是西格露恩再也不能离开他了，于是她在坟墓里放了一张床。她躺在那张床上，悲痛而亡。但是传说海尔吉和西格露恩再一次得到了重生。

被诅咒的黄金

在北欧神话中，复仇是不会轻易消失的。谋杀了匈人首领及其儿子的海尔吉，有一个同父异母的兄弟，名叫西格德。虽然海尔吉已经故去，他的灵魂已经被带到了瓦尔哈拉英灵殿，但是匈人仍然有一些家族成员活在世上，他们极其渴望复仇。于是一些匈人集结起来并对海尔吉的家人发起了袭击，他们屠杀了所有的男人，除了被母亲转移到了一个安全地方的西格德。匈人已经谋杀了西格德的父亲和祖父。家族仇恨激励着西格德一定要成为一名高贵且能够夺人性命的战士。家人所遭受到的不公在他心中挥之不去，这一切驱使他成为一名更具杀伤力的复仇者。

为了进一步提高运用武器的能力以及魔法方面的知识和技能，西格德来到侏儒雷金（Regin）的门下，在他的指导下学习技艺。雷金向他的这位学生讲述了自己的父亲和兄弟们的往事，以及毁掉他们的那块黄金的故事。雷金的兄弟欧特能够变成一只水獭，经常在他们家附近的小溪里游泳捉鲑鱼。一天，奥丁和洛基路过这里，看到了这只光滑的水獭。洛基扔了一块石头，将它砸死了，众神剥去了它的毛皮。接下来，他们来到了赫瑞德玛（Hreithmar）的家，他是雷金、欧特及法夫纳（Fafnir）的父亲。侏儒们看到自己家人的毛皮在众神手中，于是将众神抓了起来，并索要足够的赎金才能将他们赎回：金子的数量要能够填满水獭皮，并足以将它完全盖住。

于是众神派洛基去找金子。洛基捉住了富可敌国的侏儒安德瓦利（Andvari）。他夺走了这个小矮人的金银财宝，同时他注意到了安德瓦利

▲ 勇士西格德杀死了恶龙法夫纳，并无意中尝到了它的鲜血，从而获得了智慧。在北欧艺术中，这件雕刻作品深受人们喜爱

将一枚金戒指藏了起来。这枚戒指非常神奇，它竟然能将其余的黄金统统吸引到小矮人的身边。洛基一把就将它抢了过来，然后返回赫瑞德玛那里将奥丁赎了回来。但是，安德瓦利已经对这些黄金下了诅咒，没有人能够安逸快乐地享用这些被洛基窃取的财宝。

洛基将金子塞满从欧特身上扒下的毛皮中，然后又在上面堆了更多的金子，直到毛皮被完全掩盖起来。但是那枚金戒指，他却私藏了起来。赫瑞德玛注意到了金戒指上露出的一根胡须，于是便命令洛基将金戒指拿出来，放在金子堆上面。洛基告诫这些侏儒们，无论是赫瑞德玛本人，还是他的儿子们，虽然得到了这些金子，但谁也无法因这笔新获得的财富而享受到富贵荣华。

等诸神一离开，赫瑞德玛的儿子们，雷金和法夫纳就向他索要各自应得的那份金子。这位老矮人断然拒绝。于是，趁他熟睡之时，法夫纳偷偷溜进他的卧室，手持一柄利剑向他的父亲刺去。法夫纳

王者之书

《诗体埃达》中大部分诗歌的原稿均来自《雷吉乌斯经典》（"雷吉乌斯经典"为拉丁语，意为《王者之书》）。这部手稿大约成篇于 1270 年，很多无从考证、在他处也无记载的北欧神话传说均被认为源自此手稿。丹麦国王派来寻找旧手稿的主教布伦约尔弗·斯文森（Brynjolf Sveinsson）发现了这部手抄本。他认为斯诺里·斯图鲁松在编写《散文埃达》时使用了手稿中的大量内容。目前我们并不清楚主教是在哪里发现了这部手稿。《王者之书》中共收录了 10 首关于北欧诸神的诗歌，以及 19 首涉及西格德传说故事的诗歌。书中有一大部分内容不知何时被遗失。这段空白被人们称为"大空档"，遗失的手稿数量相当于大约 16 页的西格德诗歌。幸亏在其他手稿中这部分内容被复录了下来，我们才有可能将遗失书稿中的很多内容重新编写，呈现在读者面前。目前尚不清楚《王者之书》中的诗歌是创作于何时。这些诗歌的内容与写作风格表明，有一些作品大约早在 900 年即被创作完成，而另一些则是后来撰写的。由于这部《王者之书》年代久远，对研究和解读北欧历史极为重要，故在 1971 年，丹麦决定将这部手稿归还给冰岛时，没有采取空运的方式，而是将这部伟大的维京著作通过航运的方式，由军舰护送回冰岛。各界人士在港口热烈欢迎它回归故土。

▲《王者之书》是一部手抄小型书稿，没有任何插图，由此推测，它极有可能仅供私人使用，并不对外展示

将全部财宝据为己有，并拒绝将雷金合法继承的那份遗产给他。为了保护他的不义之财，法夫纳将自己变成了一条长有凶狠、锋利的牙齿和爪子的巨龙。在他的头上，即龙头上戴着一顶头盔，所有看到它的人都被吓得瑟瑟发抖。

将所发生的一系列家庭悲剧讲述给西格德之后，雷金拼尽全力为他的这位学生锻造出了宝剑格拉姆（Gram）。这柄剑锋利无比，当它被扔进莱茵河（Rhine）里时，居然斩断了漂在河面上的一缕羊毛。格拉姆极为坚硬牢固，西格德用它将雷金的铁砧劈成两半。宝剑已经铸好，于是雷金唆使西格德用这柄剑杀死巨龙法夫纳，但是西格德拒绝了。在他心中仍然满怀向那些杀害他父亲和祖父的匈人复仇的冲动。然而，等到西格德在战斗中将那些匈人仇敌杀死后，雷金又再次怂恿西格德去杀死他的兄弟——巨龙法夫纳。

屠龙英雄

虽然法夫纳最害怕的是失去他的财宝，但是为了填饱肚子、觅食喝水，他不得不离开他的巢穴。侏儒雷金带着西格德来到法夫纳看守宝藏的地方。西格德留意到，这条巨龙每天拖着庞大的身躯从洞里出来并爬到河中喝水时，会在地面上留下一条沟痕。于是，英勇的西格德就在他每天的必经之处挖了一条壕沟，并藏身其中。当法夫纳从盘踞的洞穴里出来并越过壕沟时，西格德将宝剑格拉姆奋力刺进他的腹部。

恶龙怒吼着，痛苦地扭动身躯，试图挣脱刺入身体的宝剑格拉姆，但是它越是挣扎剑刃就刺得越深。垂死的法夫纳有话要和杀死他的人讲。他问是谁杀了他，但西格德始终不肯说出自己的姓名，就像恶龙贪婪地保护着他的财宝一样。奄奄一息的法夫纳告诉西格德，那些金银财宝将成为他的祸根。巨龙奉劝西格德赶快骑上马回到家中，过属于自己的平静生活。法夫纳最后警告说，他的哥哥雷金会为了这些金子出卖西格德。但是英雄们往往并不那么轻易听人劝告。

在确定法夫纳真的已经被杀死后，雷金回来迎接西格德，并夸赞他是所有勇士中最勇敢的一位。然而，这位狡猾的侏儒补充道，他在这场决斗中也扮演了重要的角色，因为杀死恶龙的那柄利剑格拉姆正是由他亲手锻造出来的。眼见本应属于自己荣誉要被雷金抢走，西格德十分不悦。他对雷金说，在残酷的战斗中，一颗勇敢的心远比武器更为重要。小矮人听后竟然将巨龙法夫纳的心脏挖了出来，然后把从伤口处流出来的鲜红的血喝掉。随后雷金让西格德将这颗心烤熟，他要去打个盹，等他醒来要把它吃掉。于是西格德照做了。当他认为心脏已经差不多烤熟时，就用手指触摸了一下。他的手指竟然被灼伤了，慌忙之中他把手指放到口中吮吸，于是这条被他杀死的巨龙的鲜血进入了他的体内。

突然，鸟儿们那叽叽喳喳的叫声变成了能听懂的语言，西格德听懂了鸟类所说的话。鸟儿们警告他，隐藏在雷金内心深处的是背叛。于是，西格德立刻将熟睡中的那个企图杀他的侏儒斩首。随后他吃掉龙心，喝了那个死去的小矮人的鲜血以及汲取他们的智慧。西格德将黄金等宝藏取走，还有恶龙戴过的那个令人胆寒的头盔也一并拿走了。鸟儿们告诉他，在某座山上，他将遇到一个沉睡的女武神，她可以帮助他成为更加勇猛的战士。

古德伦和尼芬隆人

西格德骑着马来到鸟儿们所说的那座山。那里被熊熊烈火包围着，疯狂燃烧的火焰呼啸着冲破天穹，但是他毫不退缩，一直向前冲，冲破了层层烈焰。在那里，他居然发现了一位熟睡中的女武神，安静地躺在一堆盾牌下。

原来这位女武神由于违抗了奥丁的旨意，拒绝嫁给奥丁为她指婚的男人，所以被诅咒一直沉睡不醒。她已经睡了很久，以至于身上穿的护甲都陷进了肉里。只有将这些铠甲切除解开，西格德才能将她唤醒。最终女武神醒了，为了感谢西格德，她教会了他如何阅读并理解神秘的如尼符文，并教授他大量有用的知识。

尽管女武神赐予了西格德智慧，但是他的生活并不是那么轻松惬意。甚至保留着有关他的传奇故事的那本书也遭受到了损害。在《王者之书》中，很大一部分相关的叙述在某个时候被人为删除了，只留下了西格德很少的一部分功绩，然后有关他的描述就直接跳到他死亡的那一刻。

西格德与一位名叫古德伦的女人结婚了，但他被派去帮助古德伦的哥哥贡纳尔（Gunnar）向布伦希尔德（Brynhild）求婚。但是布伦希尔德发现她并不爱她的丈夫贡纳尔，而是越发迷恋上了西格德。她的这份爱恋导致了她的丈夫对西格德极为憎恨，同时也嫉妒他拥有那些黄金。古德伦的兄弟们，尼芬隆人密谋杀害西格德。他们派其中最年轻的一位去执行谋杀计划。西格德被刺伤了，但他在最后时刻将那柄寒光四射的神剑格拉姆奋力掷出，将前来刺杀他的人劈为两半。身负重伤的西格德返回家中后，永远地倒在了床上，死在了古德伦的身边。在死前，他告诉她，布伦希尔德在这场谋杀中所扮演的角色。布伦希尔德听到古德伦那悲痛欲绝的哭声在整座宫殿里回荡，她大笑起来。她的丈夫贡纳尔痛骂她，但她却说自己只爱西格德一个人，并引以为荣。语罢，她将自己的佩剑拔出，用剑尖刺穿了自己的心脏，布伦希尔德追随着她心爱的西格德一起走向了那条漫长的通往死亡的道路。

匈人阿特利

布伦希尔德是强大的阿特利国王的妹妹。慑于阿特利的威怒,尼芬隆人决定将古德伦嫁给他。阿特利极为贪财。他知道西格德拥有一些黄金,他想当然地认为他的新娘一定会带着一部分财宝过来。但是,古德伦却什么也没有带来,手上只戴着那枚洛基试图藏匿起来据为己有的金戒指。

阿特利邀请古德伦的兄弟霍格尼(Hogni)和贡纳尔参观他的王国,并赐给他们丰厚的奖赏,授予他们土地。阿特利认为他们会带着那些黄金过来,便计划将他们杀死后把金子据为己有。古德伦知道这是个陷阱,于是将她戴的那枚金戒指摘下,然后在上面系了一根狼毛,以向她的兄弟们发出警告。兄弟俩看到了潜在的威胁,但还是去了阿特利的宫殿。

霍格尼和贡纳尔一进入大殿内,古德伦就朝他们大喊,让他们赶快跑,但为时已晚。贡纳尔一下子就被守卫们围住了,霍格尼手持利剑奋力抵抗,试图冲破8名卫兵的围困杀开一条血路。但最终寡不敌众,还是被俘虏了。阿特利毫不掩饰自己的目的,他直截了当地质问贡纳尔,那些黄金到底在哪里,只有这些金灿灿的金子才能换回贡纳尔的性命。但是贡纳尔却对这位至高无上的国王发出了轻蔑的嘲笑。他提出,如果阿特利真的想杀死他们的话,那么请让他在死之前先看一看他兄弟的心脏。国王听罢叫人出去将一个怯懦胆小之人的心脏割了出来,并拿给贡纳尔看。贡纳尔看罢冷笑道:"看,这颗心颤抖得多么厉害,可见那不是我兄弟的那颗勇敢的心。"于是阿特利命令将霍格尼处死,霍格尼笑着看着这群残暴之人挖出了自己的心脏。贡纳尔认出了那颗心,得意地欢呼起来:"现在除了我,再也没有人知道那些金子的下落了。"贡纳尔的顽固抵抗令阿特利大怒。他下令用绳子绑住贡纳尔,并将他扔进一个爬满剧毒的毒蛇的深坑里。古德伦扔给贡纳尔一把竖琴,让他弹奏曲子使这些蛇安静,但是他的手被绑着,于是只能用脚趾弹。所有的蛇都睡着了,除了一条蝰蛇,正是这条毒蛇将贡纳尔咬死了。

现在,古德伦的兄弟们都死了。她开始疯狂地报复阿特利。她杀死了为这位匈人国王所生的两个儿子,并将他们的心脏烤熟。然后她将烤好的心浸在甜甜的蜂蜜里,一口一口地喂给她的丈夫,并看着他吃下去。古德伦向阿特利透露,他刚吃下去的东西是他孩子们的心。阿特利勃然大怒,用剑将古德伦砍倒在地。她奋力将一支火把扔进他和他的部下举行宴会的大殿,点燃了整座建筑物。古德伦将大门堵死,一直等到阿特利和他的手下被烧成灰烬。

诸神与英雄

古德伦复仇的故事并没有就此结束,《诗体埃达》中所讲述的诸神与英雄的故事也没有到此终结。这些故事被改编成各种类型的神话故事,在很多国家广为流传。这些传说故事为人们揭示了古代北欧人的生活方式。埃达中所叙述的英雄故事围绕着为了家族荣誉所展开的杀戮与复仇,周而复始。

有关西格德的神话故事的起源已经消失在时间的长河中。一些学者将他看作一个完全虚构的人物,而另一些学者则认为他的故事与有证据证明历史上真实存在的人物事迹有着相似之处。有一种理论认为,西格德这个虚构的人物原型即是西格伯特一世(Sigebert I),这位国王娶了来自奥斯特利亚(Austrasia)的布伦希尔德为妻,最终由于他亲哥哥妻子的唆使,被杀手杀害。但是,并非所有的学者都赞同此观点。可以肯定的是,有关西格德的传说故事深受人们喜爱。在很多曾经被北欧人统治的地方,都发现了刻有描绘关于西格德英雄事迹图文的如尼文石碑。非常典型的绘画描绘了西格德屠龙的场景——他手持利剑向上直刺入巨龙的腹部。同样,在北欧地区的教堂中,以及教堂墓地的基督教十字架上也发现了一些关于西格德的雕刻品。有些学者认为,从西格德用神剑杀死恶龙法夫纳的过程中,这些北欧的基督徒们仿佛看到了耶稣最终战胜了恶魔。或许仅仅是因为他实在是一位深受人们喜爱的民族英雄,以至于在这些神圣的场合中他是不可或缺的。

在埃达中有这样一个人,几乎每位学者都认为他是历史上真实存在的人物,他就是阿特利,或者说埃达中所描述的他即是今天大多数人所了解的历史上的匈人领袖阿提拉(Attila the Hun)。5世纪,阿提拉从东方迅速崛起,随后他率领军队穿越了西欧大部分地区。阿提拉在欧洲历史中颇富传奇色彩,他激发起欧洲人对他无限的想象力,以至于每当他们的作品中需要一个敌人时,匈人就成为最强大的敌人。

至于北欧诸神,他们的名字至今仍在人们的脑海中回响。洛基的狡诈总是会受到惩罚,而索尔的蛮力总是能最终胜出。但是,在北欧神话中拥有智慧并备受推崇的奥丁因追求知识用自己的一只眼睛来换取敏锐的洞察力。这些古老的赞美北欧众神的诗歌得以在斯堪的纳维亚半岛的基督教化中幸存下来,足以说明它们对北欧文明发展的影响力。即使在基督教传入冰岛之后,人们仍然以某种方式信奉着这些旧神。知名的维京海盗海尔吉·伊文达松(Helgi Eyvindarson)曾经说过,他在陆地上信仰的是耶稣,但航行在大海上时他相信的是雷神索尔。

▼ 在"诸神的黄昏",即世界末日中,北欧诸神将与妖魔怪兽及巨人展开激烈的战斗。这幅画描绘了奥丁与巨狼芬里尔搏斗的场景

《散文埃达》：一段真实的历史

尽管埃达是维京神话传说与英雄故事汇编，但是在斯诺里的这部著作中，到底有多少是真实发生过的冰岛人民的古代历史故事呢？

作者：迪·迪·钱恩尼（Dee Dee Chainey）

让我们回到1220年的冰岛。部族首领斯诺里·斯图鲁松端坐在桌旁，他也是一位学者。支离破碎的神话故事由神秘的吟唱诗人娓娓道来……他的脑海中不断掠过这些场景。这种神秘之美令他痴迷。贯穿在这些经过几个世纪、代代传颂的诗歌中的神话式的象征闪耀着智慧的光芒。他给自己设定了一项从未有人敢做的任务：将这些碎片整理编辑，并赋予它们一个动人的名字。他的梦想是将这些传说片段以某种方式串连在一起，为北欧众神、女神及传奇英雄们的故事打造出具有连贯性的背景，以一种与他同时代的基督徒能够理解和接受的方式讲述本民族古老的维京时代的传说。从最渺小的定居点中的铁匠，到最伟大的贵族首领，他要让这些故事进入千家万户，人人都能读到。为了完成这一壮举，斯诺里将这些神话故事加工润色，试图将这些口耳相传的故事线索串联起来，包括一些更为古老的手稿——这些手稿据信已经遗失在时间的长河中。他编著的《散文埃达》已成为研究北欧神话及在基督教到达这些寒冷的北方群岛之前维京人早期信仰的最重要的一部著作。对于任何一位想要磨炼技能的吟唱诗人来说，这部著作堪称一本完美的指导手册。他们致力于用最形象生动、令人如醉如痴的方式让读者们感受到维京神话与传说的魅力。

我们所知道的大部分北欧神话——关于诸神和英雄的传说故事——大约著于 800 年至 1400 年之间，贯穿整个维京时代及中世纪。那时斯堪的纳维亚人正在积极开展航海探险活动，开辟新的定居地，并进行大肆劫掠和殖民扩张。

《散文埃达》包括四个独立的部分：一篇激动人心的开场白，以及三个深入展开的部分。

▼ 欧德姆布拉，这头远古时期的母牛从白霜中舔食出了一个男人，而此时伊密尔正在吮吸着它的乳汁。丹麦画家尼克莱·阿比尔高（Nicolai Abildgaard, 1743—1809）绘制

《散文埃达》中的旧神

奥丁

雷神索尔

洛基

奥丁是众神之父，北欧诸神的领袖，同时他也是英勇的战士和诗人的保护神。他是死者之神、权力之神。他为了获得这些神力甚至不惜牺牲掉自己的一只眼睛。他的坐骑为一只八条腿的骏马，名为"斯莱普尼尔"（Sleipnir）。他们手下还有两只渡鸦——胡金（Huginn）和穆宁（Muninn）。它们每天都会环绕整个宇宙飞行，将所有看见和听到的一切讲述给他。据说奥丁既不需要水也不需要食物，因为他只靠酒来维持生命。

在《散文埃达》的第一部分开场白中，雷神索尔实际上是特洛伊王子，后来成为色雷斯国王，然而北欧话中的他却是能掌控风暴的天神奥丁的儿子。作为一名司掌战争之神，当奥丁神因轻信他人而被蒙骗时，索尔就会挥舞着他那把著名的大锤姆乔尼尔，将类似尘世巨蟒这样的敌人杀死。索尔经常驾驭一辆由两只山羊——坦格乔斯特（Tanngnjóstr）和坦格里斯尼尔（Tanngrisnir）拉着的战车，雷神可以沿途宰杀它们充饥，然后再让它们复活。

洛基虽然被指明是阿萨神族的成员之一，但也被描述为"诸神与人类的耻辱"。作为巨人之子，他被视为谎言之神。洛基经常为众神制造各类恶作剧和麻烦，但他也经常运用他的智谋拯救众神。他与女巨人安格尔波达生下了外貌可怕的三个孩子：巨狼芬里尔、巨蟒耶梦加德，以及冥界的死亡女神海拉。海拉掌管病死之人和老死之人死后所居住的地方。

光明之神巴德尔

诗歌之神布拉基

巴德尔是奥丁的另一个儿子，是阿萨神族中最聪明的神，传说他可以永远放射出明亮的光芒。无论是他本人还是他的母亲——女神弗莉嘉都曾在恶梦中预言他的死亡。弗莉嘉遍访地球上所有事物，请求它们下誓言永远不伤害光明之神巴德尔。万物皆发誓，唯独一棵槲寄生除外。最终由洛基亲施诡计，导致他死于槲寄生之矛，而巴德尔也是导致"诸神的黄昏"最终发生的第一支催化剂。

布拉基是奥丁的另一个儿子，在《埃达》中被描述为长着长胡子的智慧之神。他是青春女神伊登（Iðunn）的丈夫。伊登负责掌管神奇的回春苹果，诸神年老之时，只要尝一尝这个苹果就能返老还童。布拉基非常擅长舞文弄墨，是一位优秀的作家，同是也是一位颇有成就的吟唱诗人。正因为这位诗歌之神，人们将诗歌标为"brag"，以赞美他的口才。任何追随他的足迹的诗人都会被称为"bragr"。

这个属于国王和英雄的世界被设定为以古代神话为背景。这些古老的传说大多是关于英勇的任务、神奇的魔法、不朽的誓言,以及富有传奇色彩的生物种族。它们引起了许多人的共鸣,甚至在今天,这些故事也被用来创作激励人们积极向上的文学、电影及音乐作品。例如最著名的一部作品为托尔金的史诗级巨作《指环王》(The Lord of the Rings)。这部作品大量借鉴了斯堪的纳维亚的神话传说。

有时,斯诺里·斯图鲁松的这部作品也被人们称为《小埃达》(Younger Edda)、《斯诺里埃达》(Snorra Edda),甚至仅称之为《埃达》(Edda)。斯诺里的这部叙事性散文神话故事并不会与另一部著名的北欧神话作品相混淆,那部作品现在被称为《老埃达》(Elder Edda)、《诗体埃达》(Poetic Edda),或者《王者之书》。这些诗歌手稿是从已经流传了几个世纪的早期吟唱诗人口头传颂的神话和传说故事转录而来,在斯诺里死后,大约1275年,通过一代人的努力收集整理完毕。《诗体埃达》记录了早期冰岛人和斯堪的纳维亚人在改宗基督教之前的宗教神话和宇宙观,通常被认为是研究古代北欧文化的唯一最重要的来源,而《散文埃达》则紧随其后。至今学者们仍然不能确定"Edda"一词的起源。有一些学者认为这个词的意思是"诗歌艺术",而另一些专家则指出它表示的含义为"收集的古代知识",因为在古冰岛语中,这个词的原义为"曾祖母"。《散文埃达》包括四个独立的部分:一篇激动人心的开场白,以及三个深入展开的部分——《欺骗吉尔菲》(Gylfaginning)、《诗的语言》(Skáldskaparmál),最后一部分是《韵律实践》(Háttatal)。

《散文埃达》取材于早期的北欧神话,在基督教到达北方大陆海岸之后很久才被编纂成书。

斯诺里对语言技巧、文字游戏及象征主义的喜爱渗透在他作品的每一个部分中。

这个神圣的神话传说正式开启之前,以亚当和夏娃的故事作为开场白,描述了上帝为了惩罚违背了他旨意的人类,而下令用一场洪水将整个地球淹没。书中描述,只有8个灵魂存活了下来,因为挪亚亲自安排他们安全、秘密地登上了方舟。这为人类世界重新建立创造了良好的基础,同时北欧人的创世界神话将在下一部分继续展开:"Gylfaginning",意为"欺骗吉尔菲"。这部分内容采用了人物对话的叙述方式,为甘格勒利(Gangleri)——传说是吉尔菲国王(King Gylfi)乔装改扮而成,与三个超自然生物之间的对话,即高、同样高和第三高。其实所有这三个形象都是奥丁,是这位北欧神话中至高无上的神的另一种表现。爱情与灾祸、喜剧与悲剧接踵而至,当吉尔菲提出世界的本质是什么这个问题时,书中通过讲述古老的神话来回答:包括诸神的故事、著名的英雄传说及他们的理想与追求。

幸存下来的人类讲述了天地创造的过程。当炽热的空气将原始世界的冰霜融化时,滴落下来的白霜幻化出一个体形庞大的巨人——伊密尔。他是第一位巨人,是霜巨人之祖,属巨人族。夜晚熟睡的他会流下很多汗液,然后从他的腋下诞生新的一代。与此同时,还有一头神奇的母牛——欧德姆布拉(Auðumbla),它持续不断地分泌乳汁喂养着霜巨人族,它分泌出的牛奶汇流成河。母牛以舔食冰上的白霜为生。不久,一次母牛开始舔食白霜时居然露出了一个男人。这个男人后来娶了一位女巨人为妻,并生有三子:奥丁、威利和维。这三位神祇合力杀死了巨人伊密尔。他

▲ 伊密尔，巨人族的祖先，被奥丁、威利和维杀死于金伦加鸿沟之中。洛伦兹·佛洛利西（Lorenz Frølich，1820—1908）绘制

那庞大的身躯倒下了，鲜血喷涌而出变成一片血海，巨人族全部溺死在血海中，除了一对男女巨人。最终他俩又在一片新的巨人族领地上繁衍生息。三位神祇将巨人的尸体放入金伦加鸿沟中，那是一处无形的虚空世界。然后他们用他的肉体创造了大地，用他的骨胳塑造成高山，将他的头盖骨覆盖在大地之上，位于地球上四个角落的点被四名侏儒撑起，形成了天空。欧德姆布拉，这头母牛的名字，经常被学者们作为证据之一，被用来证明斯诺里所记载的这些神话的真正源头已不再存在，因为至今没有找到有关这个名称的其他任何记载与出处。贯穿于这些故事之中的是，幸存者在暗示着诸神的最终命运：注定悲剧的"诸神的黄昏"——一场灾难性的战斗。众多神祇终将逝去，世界将被毁灭，人类将再次重新繁衍生息。

《散文埃达》接下来的部分为《诗的语言》，意为"诗歌的语言"，以海神埃吉尔（Ægir）与诗歌之神布拉基之间的对话为开场，进一步讲述这些北欧神话。接下来，作者迅速带领读者进入了"隐喻语"（kenning）领域，即对人物、地点和事物进行更富有诗意的隐喻。书中列出了一份清单，以及这些隐喻语的神话起源。例如，把火焰称为"木头的毁灭者"，把船称为"大海的骏马"，而黄金则被称为"希芙的头发"——暗指洛基将女神的头发剪掉的故事，后来洛基为了赔偿女神，让小矮人杜华林（Dvalin）用最好的金子为她制作了一副假发，但这些假发非常神奇，长得就像真的一样。斯诺里对语言技巧、文字游戏及象征主义的喜爱渗透在他作品的每一个部分中。他花了大量的篇幅来解释在诗歌中应当如何运用这些技巧。他在书中讨论了特定的语言概念，例如"同义词"（heiti）。这是用单一一个词来指代一个事物，其实这部分内容就像是为那个时代的"准诗人"配备的一本同义词词典。当你听到"钢铁"，就会联想到"武器"；"风暴"的含义即为"攻击"。这是一种将远古神话中诸神和英雄的魔法世界，以及他们所参与的战斗和任务带入普通人生活的一种方式。

《韵律实践》意为"韵文形式一览"，是《散文埃达》的第四部分。斯诺里通过一位学生与大师之间对吟唱诗进行讨论的形式，来阐释正确书写诗歌的技巧，以及传统诗歌表现形式的复杂性和多样性。分散在第二部分《欺骗吉尔菲》及第三部分《诗的语言》中的诗歌是从早期的挪威诗人和冰岛诗人那里流传下来的原始的吟唱诗片段，与古冰岛诗集中的诗歌部分一样，内容涵盖了一些古老的神话故事。这些内容片段被保存在只有最初的创作者自己才懂得的原始诗文中，与那些为了赞美歌颂那些早期北欧诸王的英雄事迹及丰功伟绩的庄严宫廷诗一样。可以说，《散文埃达》是现在唯一留存下来的关于古代北欧文化和历史的文字记录。

冰岛的历史让我们更清晰地了解到《散文埃达》的创作背景及其表现形式。与邻国挪威不同的是，这个地处欧洲边缘的岛国实质上是由广大移民建立起来的殖民地国家，所以当时基督教也并不是强行让冰岛人民信奉的，而是在1000年冰岛阿尔庭议会召开会议决定正式接受新宗教的。回顾历史，这些古老的北欧多神教及神话故事成为激发冰岛人创作灵感的源泉。特别是对于当时在整个欧洲极为流行的诗歌和戏剧，他们极为珍视并投入了巨大的精力。他们格外重视本民族文化在人类艺术领域内的贡献。丰富多彩的历史及讲述本民族传奇的古老的神话故事，这些构成了冰岛文化特色的经典传奇与诗歌，让他们引以为豪。

斯诺里·斯图鲁松

斯诺里·斯图鲁松是13世纪冰岛的一位部族首领，被认为是《散文埃达》的作者。1178年或1179年，斯诺里出生于一个富裕家庭，是冰岛西部部族首领斯图拉（Sturla）之子。为了平息两个家族的世仇，当斯诺里两岁时，该地区最有权势的人之一、冰岛南部奥狄（Oddi）的统治者、挪威王室近戚约恩·洛夫松（Jon Loftsson）主动提出将这个小男孩斯诺里当作自己的养子来照顾，并让其享受最好的教育。当时的奥狄为欧洲重要的教育中心之一，这给斯诺里带来了超乎想象的机会。他凭借自己的能力获得了部族首领这一崇高的地位，并与一个非常富有的家族联姻，成为其家族一员，并两次当选为冰岛议会阿尔庭的主要法律讲述官——这是冰岛唯一的公职人员，是当时最高荣誉之一。

▲ 斯诺里·斯图鲁松肖像，克里斯蒂安·克鲁格（Christian Krohg，9世纪90年代）绘制

1199年，斯诺里迎娶了贝尔西·弗蒙达松（Bersi Vermundarson）的女儿海尔迪斯（Herdís）为妻，但是这段婚姻并没有持续太久。在经历了许多风流韵事之后，斯诺里于1206年移居至雷克霍特（Reykholt），成为一名房地产经理，这时的他已与妻子离婚。后来，他在1224年再婚。这次他娶了将他抚养长大的恩人的孙女哈尔维格·奥姆斯多蒂尔（Hallveig Ormsdottir）。此后，他成为冰岛最杰出的部族首领。然而他接下来的政治生涯却动荡不安，他一心想投靠挪威王室，力图将冰岛献给挪威国王哈康四世（Haakon IV），他的名声渐坏，为了达到自己的目的，他招募军队，不惜发动战争，成为一名不断制造麻烦的人。与挪威之间建立了这种危险的联盟关系之后，他亲眼目睹了自己的孩子与其他冰岛部族首领家族之间联姻失败。他感受到自己的统治受到了威胁，而他的敌人也日渐壮大。在挪威短暂停留了一段时间以后，斯诺里失去了哈康国王的宠信，他被禁止返回冰岛。然而，斯诺里无视这一命令，于1239年返回冰岛。一年后，挪威国王哈康四世指使两名男子去杀掉斯诺里。最初他们并没有成功，但不久之后一场谋杀发生了。1241年，斯诺里在位于雷克霍特（Reykholt）的家中遭受袭击，而偷袭他的正是他的前女婿，他在挪威国王的授意下带人杀害了他。

传奇

传说中的维京英雄开启令人难以置信的冒险，与神话中的怪物和现实中的军队展开激战。

94 维京英雄
维京人如何看待他们的英雄

98 赫尔薇尔、海德里克国王和被诅咒的宝剑
魔剑提尔锋

118 维京之子，索尔斯坦
维京之子的冒险传奇

126 勇者弗里乔夫传奇
弗里乔夫为什么是最勇猛的维京人

134 魔戒之谜
魔戒的传说

148 终极维京海盗
终极海盗英雄

164 强大的拉格纳·洛斯布洛克之子
被载入史册的传奇故事

错综复杂的情节预示着像《权力的游戏》这样的奇幻作品问世。

维京英雄

尽管维京传奇试图将古代的神灵及真实存在的国王联系在一起,但这些故事所描述的英雄人物均是虚构的。

作者:本·加祖尔(Ben Gazur)

一位瓦尔基里(女武神)照顾一名生命将逝的勇士。她准备将他的灵魂带到神秘的瓦尔哈拉英灵殿

将早期神话中的众神与后期传奇中的真实国王紧密联系在一起的正是这些北欧传奇故事中的英雄豪杰。他们以真实存在的历史人物形象出现在人们面前，通常拥有超人般的战斗能力，能够对抗超自然生物。但是所有这些更像是一篇篇童话故事，而不是史实。这些英雄人物的原型极富传奇色彩，他们拥有神秘的宝剑和魔戒。然而，他们的行为往往更为符合中世纪信奉基督教的勇士所崇尚的侠义精神，而与过去的北欧多神教大不相同。传入斯堪的纳维亚半岛的基督教一旦扎根，就永远改变了传奇的面貌。

现在，这些占主导地位的信奉基督教的作家们，迫切渴望保护他们的文化遗产以避免与新信仰相冲突。同时受到那些游历甚广的维京人带回斯堪的纳维亚半岛的奇闻逸事的影响，在这里，这些旧神变成了半古典的英雄。奥丁被重新塑造成特洛伊年轻的君主——一位强悍的战士、老谋深算的法师。这就需要一些能够通过口头流传的令人信服的宗教故事，包括对一些旧神术语的解释，如阿萨神族，翻译过来即为"亚洲人"，很快，这一为旧神编撰的新宗谱被运用到故事中，仿佛它一直是存于世上的真理福音。伟大的吟唱诗人斯诺里·斯图鲁松甚至声称，谎言之神洛基实际上就是荷马史诗中的希腊英雄奥德修斯（Odysseus）。他解释说，这就是为什么尽管他足智多谋，但亚细亚的"特洛伊君主"仍然特别讨厌他。

即使是奥丁，尽管对其各方面的描述有所修改，但他作为众神之父的角色仍被原封不动地保留了下来。一个预言告诉他，"他的名字在世界的北部应该得到无上的尊崇，获得的赞美之声远远高于其他所有国王的名声"。受此启发，这位如今的特洛伊王子动身，出发前往斯堪的纳维亚半岛，他的故乡。在撒克逊（德国），他的几个儿子建立了沃尔松格家族的法兰克王朝（the Frankish dynasty of the Völsungs）。在日德兰半岛，另一个儿子建立了斯塞尔丁王朝（the Scylding dynasty）。据说，后来他也成为丹麦国王，并传承下去。在瑞典，另一个儿子成为国王，建立了伊林格王朝（the Yngling dynasty）。同样，这些事情也发生在挪威。奥丁现在已不再是众神之父，而是古老的北欧女王维多利亚（Queen Victoria），所有斯堪的纳维亚诸邦王室的先祖。北欧神话中伟大的男女主人公就诞生在这些传说中。他们踏上了征程，前往那些遥远的国度，与巨龙和矮人面对面周旋，在猜谜游戏中一赌输赢，与敌人展开殊死搏斗，获取那些法力无边的珍宝。

有一个理由可以解释为什么这些故事得以流传几个世纪。这些故事最初出自一群极富冒险精神的北欧人。他们生活在冬季气候寒冷的地方，通常围坐在火炉边度过漫长的冬夜。由于他们游历四方，足迹遍布各地，故对那些来自遥远地方的新奇故事日渐熟悉起来。在物质方面，故事中所描述的地方往往比他们的故乡更为富庶舒适，听着这些口耳相传的传奇故事长大的一代人，这些英雄传奇的忠实听众非常渴望听到更多令人激动的充满天地神明、妖魔鬼怪及神奇的自然力量的战斗及探险故事。

穿越维京世界的探险

维京文明对欧洲北部的影响范围到底有多大呢？读罢发生在斯堪的纳维亚半岛上的这些英雄故事，让我们不禁想一探究竟。虽然大部分英雄故事均发生在陆地上，包括现在的挪威、丹麦和瑞典的主要领土，但也有的故事发生地更偏南，包括英格兰北部、勃艮第（现在法国和德国之间的一个地区）及伦巴第（今意大利北部）。同时，由于大部分故事本身都是在冰岛被人记录下来的，所以这些故事也会因发生地不同而产生一些微妙的变化。例如，最为明显就是不同版本的《沃尔松格萨迦》（*Völsunga saga*）对故事的表述不尽相同。在更为传统的北欧人的领地，书中的一位女主人公的名字为古德伦，这是一个典型的北欧人的名字。而流传在日耳曼地区的版本中，她的名字则听起来更像撒克逊人，为克里姆希尔德（Kriemhild）。

女战士赫尔薇尔从她父亲的坟墓中取出了那柄被诅咒的宝剑

赫尔薇尔、海德里克国王和被诅咒的宝剑

史诗般的家族传奇，因一柄被诅咒的宝剑而引起的跨越六代人的对抗、谋杀、复仇及征服的故事。

作者：杰里·格洛弗（Jerry Glover）

斯瓦弗尔拉梅王（King Sigrlami）统治着加达里基（Gardariki，城市之国），这是横跨俄罗斯的拉多加湖及第聂伯河之间的一片土地。一天，这位国王骑马外出狩猎，不知不觉中与他的手下走散了。黄昏时分，他偶遇一块超级大的巨石，旁边竟然站着两名侏儒。于是他用铁剑指着他们，不让他们躲入这块栖身的岩石中，并命令他们向他求饶。他知道了他们的名字叫杜华林（Dvalin）和杜林（Dulin）。

"既然你们两个是侏儒中最灵巧的，"国王说道，"那么就为我铸造一柄你们能造出的最好的剑吧。我要这柄剑的腰带装饰及剑柄都是用金子做成。而且要削铁如泥，永不生锈。它无坚不摧，无论谁使用它都能百分之百获胜。"两名小矮人被迫同意，并如期将剑铸造出来送给了他。这的确是一柄华丽壮观的宝剑。小矮人杜华林站在门口慢吞吞地诅咒道："只要剑一出鞘必带走人命。这柄剑将会导致三件极为可怕的事情，同样它也会杀死你的至亲之人，斯瓦弗尔拉梅。"听闻此话，国王震怒，举起宝剑向两名小矮人猛砍过去。他俩迅速逃进岩石中，身后的石门关闭了。宝剑完全斩入了岩石中。斯瓦弗尔拉梅王将这柄称为提尔锋（Tyrfing）。如果被它砍伤，无论伤口多么轻微，人或野兽都活不过一天。它的攻击力始终如一，战无不胜。

亚伦格林（Arngrim）是一位非常出名的维京人，曾在加达里基与斯瓦弗尔拉梅王一起住过一段时间，最终成为他手下的首领将军，并与他的女儿埃芙拉（Eyfura）结婚。后来，亚伦格林夫妇去了北方，在博尔姆岛定居，并在那里生育了12个儿子。最年长和最出名的儿子是安根提尔（Angantyr）。接下来依次为是赫约瓦德（Hjorvard）、赫瓦德（Hervard）、赫拉尼（Hrani）、布拉米（Brami）、巴里（Barri）、赖夫尼尔（Reifnir）、泰德（Tind）、塞明（Saeming）、布伊（Bui），以及两位哈丁斯（Haddings）。他们都是最出色的狂战士，战无不胜。几乎所有的国王都不敢拒绝他们的任何要求。

一个圣诞节前夕，这些男人们与部族首领聚会狂欢，他们纷纷举杯盟誓。赫约瓦德发誓要娶瑞典国王英乔德（Ingjald）的女儿为妻，否则他就死在求婚的过程中。国王听闻后陷入思考中，此时英勇彪悍的耶尔玛（Hjalmar）站了起来，他提醒国王，是他给国王带来了众多荣誉，而且他多次冒着生命危险为国王战斗。作为回报，他向国王的女儿英厄堡（Ingeborg）求婚，他认为比起那些在他的王国里惹事生非的狂战士，自己更有资格做国王的女婿。国王想了想，认为这两个人都是如此伟大和高贵，所以他会让自己的女儿亲自挑选她所喜欢的人。英厄堡表示她未来的夫君应广受人们赞誉，而不是一个恶名昭彰之人。

赫约瓦德向耶尔玛发起了挑战，约他在萨姆索岛（Samsey island）决斗，并诅咒耶尔玛说，如果他在双方决斗结束前娶了这位女士，就会被众人唾弃。耶尔玛表示没有什么事能够阻止他迎娶英厄堡，于是亚伦格林的儿子们回到父亲身边，告诉他所发生之事。这位父亲回答道，对于孩子们所行之事他从未担心过。

于是弟兄们来到部族首领比耶玛（Bjarmar）处，比耶玛设宴款待了他们。那天晚上，安根提尔向首领提婚，想要迎娶他的女儿斯薇法（Svafa），首领同意了，他们成为夫妻。后来，安根提尔告诉首领，他做了一个梦，梦中他和他的兄弟们在萨姆索岛上杀死了很多鸟。他们走在另外一条路上，又碰到两只老鹰朝他们飞来。安根提尔对其中一只发起了攻击。他们经过一番大战，但是在大家停手之前那两只老鹰都已经掉落在地上了。但是他的11个兄弟又与第二只老鹰进行搏斗，那只老鹰似乎打败了他们。首领听罢说道，此梦毫无意义，不必在意。但是其实他明白这梦预示了勇士们的没落。

安根提尔和他的兄弟们来到了萨姆索岛。他们在芒威湾看到了两艘船，以为是耶尔玛和他的朋友"远游者"奥瓦尔·奥德（Orvar Odd the far-traveller）的船。12位狂战士怒发冲冠，其中6位拔出利剑，用牙齿啃咬着盾牌，登上了那两艘船。船上那些非常强悍的战士，纷纷拿起所有的武器，毫不畏惧地将武器紧紧地抓在手里。见此情景，狂战士们依次上去，轮番与他们展开了搏斗，最终将他们全部杀死。随后12名狂战士沿着海岸怒吼着继续前进。

此时的耶尔玛和奥瓦尔已经登上了萨姆索岛，他们去打探狂战士们的情况。可当他们返回到船上时，狂战士们已经提着他们那沾满鲜血的

死于斩裂剑下之人

小矮人的诅咒竟然成为流传下来的恐怖故事。

安根提尔

三个人物都用了这个名字,前后跨越了一个家族的几代人。第一位是一名狂战士,亚伦格林的长子。他娶了首领比耶玛的女儿斯薇法。在某种情形下,他从斯瓦弗尔拉梅王那里得到了那柄被诅咒的剑——提尔锋,当时的具体情形我们不得而知。后来,他被他的女儿赫尔薇尔从坟墓中召唤出来,逼迫他将这柄宝剑交与她。他的外孙也名为安根提尔,是霍芬德与赫尔薇尔的长子,后被他的弟弟海德里克意外杀死。第三位安根提尔是海德里克与海尔格之子。有一段非常离奇的情节是这样描述的,有人报告说他暴毙而亡,但是他的遗体居然被一只狗替换了。最终他幸免于难,为报父仇,将杀害他父亲海德里克的几名奴隶杀死,并夺回了宝剑提尔锋。

赫尔薇尔

在这部同名的传奇中,出现了两位赫尔薇尔。第一位是安根提尔(与斯薇法所生)的女儿,由她的外祖父首领比耶玛抚养长大。她不喜欢传统的女性家务工作,更愿意驰马试剑、舞枪弄刀,立志成为一名像女武神般的斗士。当一个奴隶揶揄她为乱伦所生,血统卑贱时,赫尔薇尔怒不可遏,这促使她决定前往那座岛屿探险。这段描述是传奇中最古老、最著名的一段情节。她将自己装扮成一个男人,勇敢地面对自己祖先坟冢中燃烧的熊熊烈火,命令她那死去的父亲站起来,将那柄被诅咒的魔剑提尔锋赐予她。第二位赫尔薇尔是海德里克的女儿,由首领佛罗德玛尔(Frodmar)在英格兰抚养长大。她也是一名英勇的斗士,在哥特人与匈人的战役中与她的兄弟安根提尔一起战死沙场。

海德里克

海德里克,这个人物可谓是一个英雄与反英雄的复杂混合体。他是霍芬德与第一位赫尔薇尔所生之子。他的叛逆和好斗的天性导致他在误杀了他的哥哥安根提尔之后成为一名亡命徒。作为提尔锋的持有者,他在日德兰战胜了哈拉尔国王(King Harald)的敌人,在攻打胡兰国(Hunland)的战役中也取得了胜利。然而,这些赫赫战功为他赢得的荣誉和声望却不幸被悲剧所取代。他不仅因拥有提尔锋而受到诅咒,连众神之父奥丁也诅咒他,因为他在输掉一场猜谜游戏后,胆敢用剑攻击奥丁。随着他的养子和情妇都死于他之手,最终他也被人谋杀。他的悲剧一生既应验了魔剑的诅咒,也验证了违背父亲的劝告是会受到惩罚的。

被诅咒的一代
这个错综复杂的故事到底源于何处？

《赫尔薇尔和海德里克萨迦》属于古代传奇，是冰岛殖民时期之前的北欧传奇。现代译本是将三个原始来源的版本融合在一起：两个版本是书写在牛皮纸上的，可以追溯到 14 世纪和 15 世纪初；还有一个版本是于 17 世纪中期书写在纸上的手稿。较早的版本来源于《豪克之书》，主要由冰岛的一位法律讲述官——豪克·埃伦德松（Haukr Erlendsson）撰写、编纂。据《斯图隆萨迦》（Sturlunga saga，著于 1300 年左右）记载，1119 年，在冰岛西北部举行的一场婚礼上，一位吟唱诗人，名叫赫罗尔夫（Hrolf）的农场主讲述了《赫罗蒙德·格里普森萨迦》（Saga of Hromund Gripsson）。在这个故事中，维京海盗赫隆维德（Hrongvid）闯入了瑟莱恩（Thrainn）的坟墓。他是一位能够死而复生的巫王，曾用他的魔法剑米斯特汀（Mistleto）杀死了 420 人。这个情节预示了这部传奇中最古老、最著名的场景之一——赫尔薇尔在燃烧的坟家中唤醒了她死去的父亲安根提尔。这点证明了这个故事的最初原始版本是如何在在宴会上流传了近两个世纪（一些学者认为，至少在写这本书之前的一两个世纪，这个故事就在丹麦广为流传），然后才被记录下来的。类似情节还有萨姆索岛之战。这场在耶尔玛与安根提尔及他率领的狂战士之间展开的大战在另一部古代传奇《阿罗-奥德萨迦》（the saga of Arrow-Odd）中有所呈现，同样这个故事也出现在另一部由丹麦人萨克索·格拉玛提库斯 Saxo Grammaticus）于 12 世纪晚期所著的书中。目前已知的史料来源错综复杂，流传下来的《赫瓦拉尔和海德里克萨迦》版本各不相同。这表明在无数次宴会中及无数个人们围坐在火炉边的夜晚里，通过无数位吟游诗人们的娓娓讲述，故事不断融合发展，最终在几个世纪前，有人决定要用笔墨将这个波澜壮阔的故事记录下来。

▲ 斯诺里·斯图鲁松肖像。克里斯蒂安·克鲁格（Christian Krohg，9 世纪 90 年代）绘制

▲ 赫约瓦德和耶尔玛在宴会上同时向英厄堡求婚。雨果·汉密尔顿（Hugo Hamilton，1802—1871）绘制

武器离开了船。随着愤怒渐退，两人就像得了一场大病，极度虚弱。奥瓦尔承认，当他看到12名狂战士从长船上下来，咆哮着冲过来时，他感到极度惊恐。耶尔玛询问他是否看到所有人都被杀死了，同时也表示他有种不祥的预感，他感到今晚他们俩将会成为奥丁的瓦尔哈拉英灵殿的客人（这是他唯一说过的一句充满恐惧的话）。奥瓦尔提议他们逃入森林中，因为两个谁也打不过那12名狂战士。但是耶尔玛表示他更愿意奋起反抗，与他们决战到底。因为他看到了那柄斩裂剑提尔锋，它就握在安根提尔的手里，散发出像太阳一样闪亮的光芒。"你是愿意单挑安根提尔，还是愿意对付他其余的兄弟？"耶尔玛问道。"我愿意与安根提尔进行决斗。"奥瓦尔答道，"他肯定会用提尔锋发起猛烈的进攻，相比你的装备，我更信任我那坚固的防护服。"耶尔玛说："你什么时候在战斗中领先于我？你只是为荣誉而战！而我才是这场决斗的领导者。我也从来没有答应过瑞典公主让任何人代表我决斗。我将与安根提尔血战到底。"说着，他拔出剑，向安根提尔走去。两个人迅速挥剑相互攻击。奥瓦尔则负责引开其余11位狂战士，随后和赫约瓦德交手。奥瓦尔身穿的防护衫由爱尔兰丝绸制成，非常光滑，任何武器都砍不开它，但是他的宝剑却削铁如泥，能够轻松将对手的铠甲划开。没过几个回合，赫约瓦德就被打杀死了。接下来是赫瓦德，然后是赫拉尼，一个接一个，都倒下了。奥瓦尔的猛烈攻击将11名狂战士都打倒在地。而耶尔玛则身受16处伤，安根提尔最终倒地身亡。但不可思议的是，耶尔玛竟也意外死去了。奥瓦尔将所发生的一切告诉了瑞典国王。闻听噩耗，公主自杀身亡。安根提尔和他的兄弟们被安葬在萨姆索岛，他们的武器与遗体一起被埋葬起来。

比耶玛的女儿斯薇法生下了一个异常美丽的

女孩。她的名字叫赫尔薇尔。大家建议她不要到外面抛头露面,若像她父亲的亲戚那般行事,根本不是一位娴淑的女子所为。她在首领家中长大,身体格外强壮,就像男人一样。等到她可以独立生活,不受羁绊时,就开始练习使用弓、盾牌及剑,而不是像其他女孩那样学习女红。她做的恶事远多于善事。当她被关起来禁足时,居然跑到了森林里,干起了杀人抢劫的勾当。首领无奈,只能将她带回家,从这之后她就一直住在那里。

一次,赫尔薇尔家附近来了几个奴隶,她像对待其他人一样辱骂并虐待他们。其中一个奴隶对她说:"你只想做邪恶之事,而邪恶只会在你身上出现。首领禁止你谈论你的父母,因为他羞于让你知道这件事,因为他的女儿和一位最底层的农民睡在了一起,才生下了你。"赫尔薇尔听后勃然大怒。她走到首领面前,说道:"即使我母亲得到了佛罗德玛尔的宠爱,我也不能以我们高贵的名字为荣。我认为我的父亲是一个大英雄。但是现在有人告诉我,他就是个猪倌!""你听到的是一个毫无依据的谎言。"首领答道,"你的父亲在所有英雄中备受推崇。安根提尔的大殿就坐落在南萨姆索岛上,上面覆盖着泥土。"赫尔薇尔说:"我亲爱的养父,我非常想找到那些被杀害的亲人。埋葬他们的地方肯定有宝藏。如果我活下来,这些财宝就会属于我。我会用亚麻布将头发扎起来,然后再上路。若你们为我缝制好一件斗篷和衬衫,那表明我得到了你们的鼓励。"她要求母亲将她精心装扮得像个男孩子一样,然后独自离开家,前往维京人的定居处。她化名为赫瓦德(Hervard),一个男性化的名字,与这群维京人一起开始了海上大冒险。

很快,她就当上了维京人的船长。当他们来到萨姆索岛时,她告诉大家应该登上岛,宝藏肯定就在岛上的古墓里。船员们对此表示坚决反对。他们说那里经常有恶灵出没,而且那里白天的情况比大多数地方晚上的情况还要糟糕。但是最终还是赫尔薇尔占了上风。大家将船划向了岸边,并于日落时分在穆纳瓦格(Munarvag)登陆。上岸后,一位牧民对她说道:"这世上有谁会来这个岛?快滚回你的庇护所去!"她答道:"我不会逃到庇护所去的,因为我并不认识这岛上的人。在我们回去之前请告诉我赫约瓦德的坟墓在哪里。"这位牧民回答说:"不要问我。这位维京朋友,你非常不明智,你会输得很惨。你们还是能跑多快就跑多快吧。这岛上的人都是邪恶的。"她说:"即使整座岛上燃起熊熊烈火,我们也丝毫不会惧怕。这些人不值一提,根本吓唬不了我们。让我们来谈谈吧!"牧民反驳道:"一个人在黑夜里独自前行是非常愚蠢的。大火正在蔓延,坟冢正在打开,田野和沼泽正在燃烧。赶快逃命去吧!"说着他急匆匆地逃回家中。

赫尔薇尔看见了坟冢的火光。虽然一个个坟冢挡住了她的去路,但她仍然勇敢地朝着它们走了过去。她走进这些火堆中,仿佛只是穿越了一层薄雾,直到站在狂战士们的古墓前。她大声哭喊道:"出来,安根提尔!是我,我是赫尔薇尔,斯薇法的孩子,你唯一的女儿。请你把带到墓穴里的那柄锋利无比的宝剑赐给我,就是那柄侏儒们为斯瓦弗尔拉梅王铸造的宝剑。赫瓦德、赫约瓦德、赫拉尼、安根提尔!我要用头盔和衬衫、锋利的武器、甲胄及发红的长矛从树根中唤醒你们所有人。亚伦格林的儿子们,当埃芙拉的儿子们没有一位可以用穆纳瓦格语（Munarvag）与我交谈之时，那些邪恶之人，几乎都已化为尘土。赫瓦德、赫约瓦德、赫拉尼、安根提尔，如果你们不肯放弃杜华林的宝剑，或许你的胸腔里很可能会爬满一堆蚂蚁。活死人不适合携带如此昂贵的武器。"安根提尔的尸体回答道："为什么叫我，我的女儿，赫尔薇尔？邪恶充斥在你的身体中，你正在一步一步走向灭亡。你疯了，脑子里一片漆黑。一个失去理智的人试图唤醒一个死去之人。我的父亲或是宗亲，他们之中没有一个人将我埋葬。那场决斗最终只有两名幸存者，耶尔玛和奥德。他们拿走了那柄宝剑提尔锋，其中一个人最终时刻曾使用了它。"赫尔薇尔哭喊道："你骗我！如果你没有提尔锋，那么就只有上帝才能让你在地下安息。你根本不愿意将这个传家宝传予你唯一的孩子。"

　　墓室的门打开了，整座古墓仿佛是一大片烈焰翻腾的火海。安根提尔说道："地狱之门已经打开了，坟墓的大门也开启了。这个岛屿的四周已经被烈火包围。看看你的周围吧，外面的景象触目惊心！快回到你的船上吧，姑娘，尽你所能！"赫尔薇尔毫不退缩，回答道："即使是夜晚燃起的篝火也吓不倒我。即使是看到墓室门口站着已经死去的人，我这个少女的灵魂也不会恐惧颤抖。" 安根提尔说："让我来告诉你接下来该怎么做，赫尔薇尔。听我说完，我聪明的女儿。提尔锋会诅咒你所有的后代，让他们灭亡。你将会生下一个儿子，他会持这柄宝剑战斗。他的名

▼ 赫尔薇尔，海德里克国王的女儿，在哥特人与匈人之战中牺牲。彼得·尼可莱·阿部（1831—1892）绘制

▲ 英厄堡公主目送耶尔玛离开去和狂战士进行决斗

字叫海德里克,将成为全天下最强大、最出名的勇士。"赫尔薇尔则称:"在我决定去找寻你的墓地之前,我似乎是一个女人。请将那柄憎恨一切盔甲、无坚不摧、终结耶尔玛性命的宝剑从你的坟墓中拿出来,赐予我吧。"安根提尔回答:"杀死耶尔玛的凶手就躺在我的肩膀下,它被火焰完全覆盖住。据我所知,这世上还没有一个女人敢把这柄宝剑握在手里。"赫尔薇尔坚定地答道:"如果我能够得到这柄利剑,我会将它保留在我身边并握紧它。我丝毫不惧怕这就要熄灭的燃烧的烈火。"闻听此话,安根提尔说道:"赫尔薇尔,你真是个大傻瓜,但是你却勇敢地冲进了火场。我非常乐意将宝剑从我的坟墓里拿出来送给你。姑娘,我不能拒绝你的请求。"赫尔薇尔说:"我至亲的人,将坟墓里的那柄剑赐给我吧,这里将是你正确的决定。在我看来,它的价值超过整个挪威王国。"安根提尔大声喊道:"你不明白!你在这件事上受到了诅咒。你这该死的女人。提尔锋会毁掉你的家庭,你最好相信这一点。"赫尔薇尔回复:"我要去找我的海上战马(暗指船)

了，作为首领的女儿能拿到这柄宝剑我非常开心。我才不在乎我的儿子们以后会陷入何种冲突中。"安根提尔只好说道："它将属于你，你会一直喜欢它的。但是对于它是如何杀害耶尔玛的，一定要保守这个秘密。千万不要碰剑刃，它比瘟疫还要恶毒。永别了，我的女儿，我愿意将12个人的生命，将亚伦格林的儿子们死后所留下的所有能力和力量，都赐予你。"最后，赫尔薇尔说："愿你长眠于此，我必须走了。当火焰在我周围燃烧时，我仿佛置身于两个世界之间。"

赫尔薇尔返回到船上。天亮的时候，那些船好像都不见了，这群维京人听到雷声大震，岛上火光冲天，吓得四散奔逃。赫尔薇尔最终逃离萨姆索岛。之后，她去了格拉斯斯维利尔（Glasisvellir），见到了古德蒙德国王（King Gudmund）。她仍然表现得像一名勇士，并声称自己名叫赫瓦德。古德蒙德国王虽然年事已高，但仍然精力充沛。他的儿子霍芬德（Hofund）参与了王国中所有重要的事情。

有一天，古德蒙德国王下棋输了。于是他寻求帮助。这时赫尔薇尔站了起来，建议国王将这个游戏改进一下。说话间，一位男士竟然将赫尔薇尔的宝剑提尔锋拿起，并拔剑出鞘。见此情形，赫瓦德二话不说，从此人手中夺过利剑，砍下了他的头，然后扬长而去。其余的人想起身追赶她，但被国王劝阻住。"你们不应对这个男人大肆报复，因为他实际上是一个女人。亲爱的朋友们，她这件武器会让你们付出昂贵的代价。"后来，赫尔薇尔与一群维京海盗一起四处抢劫袭击，直到她厌倦了海盗生涯，才回到她的养父比耶玛的身边，每天编织、刺绣，过着平静祥和的生活。

古德蒙德的儿子霍芬德非常想迎娶赫尔薇尔

他挥舞着提尔锋向奥丁神砍去，而奥丁神马上变成了一只老鹰飞走了。

为妻。他是一个绝顶聪明、刚正不阿之人，他名字的含义即为"法官"。古德蒙德很赞同联姻，首领及赫尔薇尔本人也同意这桩婚事。他们结婚了，并生育了两个儿子：长子名为安根提尔，幼子为海德里克。大儿子安根提尔非常讨人喜欢，很受大家欢迎；而二儿子海德里克脾气暴躁、吝啬刻薄，但是赫尔薇尔最为疼爱小儿子。她将海德里克送到智者吉祖尔（Gizur）接受培养与教育。

在一次霍芬德举行的宴会中，喝得醉醺醺的海德里克粗暴地与安根提尔的随从争吵了起来。他殴打了其中一名手下，并挑衅他还击。安根提尔试图平息事端。但当他再次转过身时，海德里克已将那人彻底激怒。随后海德里克跳了起来，杀死了那个人。霍芬德命令海德里克离开，海德里克转身退出了大厅。他顺手拿起了一块大石头，扔向了黑暗

▶ 托尔金（1892—1973），著名语言学家、作家。他的著作《霍比特人》（The Hobbit）的创作灵感正是源自这部传奇。

▲ 海德里克不仅被这柄魔剑诅咒，他也被奥丁诅咒了，因为他竟然用提尔锋袭击了奥丁

中说话之人。当他返回时，发现了一具尸体——正是他的兄长安根提尔。他向父母如实地供述了自己的罪行。他们都同意将他驱逐出境，然而王后赫尔薇尔恳求她的丈夫能够给予他们的儿子海德里克一些忠告。疑虑重重的国王告诉海德里克，永远不要帮助一个杀死了自己长官的人、一个谋杀了自己朋友的人；即使自己的妻子苦苦哀求，他不能允许她经常去看望她的家人；他不能和他的情妇在外面待得太晚；也不要急于骑上他最出色的骏马；最后要记住，他绝不能抚养一个比自己还高贵的人的儿子。海德里克对父亲的这些忠告建议不以为然，听罢转身就离开了，而他的母亲紧跟了出来。母子俩一起走到了院子的另一边。

赫尔薇尔对他说："你把事情搞得这么糟，别指望还能回来。我几乎帮不上你了。拿着这些金子和这柄宝剑提尔锋。这是你的外祖父、狂战士安根提尔的宝剑。每个人都知道他。永远牢记，这柄利剑是战无不胜的。"他们相互告别，就此分手。

离开王国不久，海德里克遇见了一群人，他们押送着一名背叛了主人的罪犯。海德里克将自己的一半黄金交给他们作为赎金，于是他们放了那个人。那人为了报答海德里克，承诺要做他的仆人，但海德里克声称，如果一个人背叛了自己的主人，那么也不会对一个陌生人忠诚，所以就拒绝了他。后来，海德里克再一次用自己的金子赎回了一名罪犯，并同样拒绝了他的效忠。

海德里克远离自己的王国，来到了由老国王哈拉尔（King Harald）统治的日德兰半岛。此时，哈拉尔的统治已被一些打败他的部落首领削弱，他们要求老国王每年都要向他们进贡。海德里克与哈拉尔一起待到了冬天。大量的货物运抵王国，老国王承认他不得不将这些货物作为贡品献给他们。海德里克劝说老国王组建一支强大的军队。于是，他右手挥舞着提尔锋，率领哈拉尔的军队向首领们宣战。任何靠近他身边的敌人都倒在了他的剑下。他甚至冲进了对方阵营，将几名首领杀死。海德里克班师回朝，随后他与哈拉尔的女儿——海尔格成婚。他们生了一个儿子，取名叫安根提尔。

一场可怕的饥荒将日德兰半岛变成了不毛之地。巫医们宣称，只有将最高贵的青年人献祭给

为什么叫我，我的女儿，赫尔薇尔？邪恶充斥在你的身体中，你正在一步一步走向灭亡。

神，才能使这片大地重现繁荣富饶之景。哈拉尔声称，海德里克之子是这世上最高贵之人。而海德里克则说最高贵之人当属哈拉尔的儿子。为了解决分歧，海德里克去找他的父亲——霍芬德。而这位国王竟然判定海德里克之子才是这世上最高贵之人。海德里克询问如果他将失去自己的儿子那么应该索要何种补偿呢？霍芬德答道，出席祭祀大典的四分之一的人必须听从海德里克的命令，否则取消祭祀典礼。回到日德兰半岛后，海

▲ 一块6世纪的瑞典牌匾，描绘了狂战士的形象

德里克的提议被议会通过，追随他的人数量大幅增加。随后，海德里克对哈拉尔发起了攻击，并杀死了他，宣称建立新的王国。他没有把儿子献给奥丁，而是把他杀死的军人交给了奥丁。他的妻子对自己父亲的死异常愤怒，在女神殿内上吊自尽。

一年夏天，海德里克国王率领军队南下攻打胡兰国，击败了国王胡姆利（Humli），并将他的女儿西芙卡（Sifka）俘获。第二年夏天，他将西芙卡及他们所生的儿子哈罗德一起送回了胡兰，以后哈罗德就由他的外祖父胡姆利抚养长大。另一年夏天，海德里克国王去了萨克森（Saxony）。他受到那里国王的热情欢迎，并将一些土地赠予了他。海德里克国王娶了国王的女儿为妻，举办了更为盛大的宴会，并将不计其数的珍宝带回去。现在这个伟大的战士，海德里克国王竟然又允许他的新婚妻子带着她的继子安根提尔回国看望她的父亲。

一年夏天，海德里克国王悄悄溜进了位于萨克森的国王大殿。他发现一名金发男子睡在他妻子的旁边。他剪下了那个男人的一缕头发，然后和安根提尔一起登上了船。第二天早上，他得知安根提尔竟突然去世了。他要求看一眼儿子的尸体，但却看到了一条裹着尸布的狗。他愤怒地说道："如果我的儿子变成了一只狗，那么他也别想有好日子过。"随后，海德里克召集议会，宣称自己已经掌握了王后背叛他的证据。人们在厨房里找到了那个金发男人。"大家来看看公主喜欢的人不是我，那么她到底喜欢谁呢？"海德里克说道。他将自己偷剪下来的那缕头发和那人的头发放在一起比对。"你一向对我们很好，"他补充道，"这样你的王国会安享太平。但我再也不想见到你的女儿了。"说完，海德里克带着自己的儿子回家了。

现在，海德里克打算违背父亲给予的忠告。他邀请加达里基国王的儿子来和他住在一起，并由他抚养。虽然加达里基国王拒绝了这个请求，但王后竟然同意了。最终海德里克收养了这个男孩，他和西芙卡，胡姆利的女儿，都对这个孩子宠爱有加。一次在节日期间，国王们带着猎狗和猎鹰到森林里打猎。当他们独自在一起时，海德里克让小王子藏在一个农场。男孩非常不情愿，但最终还是同意了。当天晚上，西芙卡躺在床上问海德里克为何他看上去心中似有不悦。"国王的儿子想要一个长在高高的大树上的苹果，"他说，"于是我就拔出了提尔锋将它砍了下来，随后才突然想起这柄魔剑出鞘时的那句致命的诅咒。然后我就失手杀了那个男

▲ 这把军刀为瑞典国王卡尔十五世所有，是以传说中的提尔锋剑来命名的

▲ 为了得到魔剑提尔锋，赫尔薇尔将父亲的阴魂从坟墓里召唤出来

孩。"第二天，西芙卡将这件事告诉了国王和王后。国王和西芙卡都想要处死海德里克。但是，他实在太受大家爱戴了，没有其他人想这样做。这时有两个人（海德里克曾经救过的那两个人）站在了大厅中，他们将国王缚住。王后想让国王与海德里克和解，可是他不肯接受赔偿金，只要求将国王的女儿带回家。为了摆脱西芙卡，海德里克让她骑上了他最好的一匹骏马。他们跑到了一条河边，西芙卡变得越来越重，马实在跑不动了，于是他们将马杀死。海德里克不得不背着她过河。但是河水湍急，她不慎从海德里克的肩头摔了下来，背部骨折。受伤的西芙卡掉在河水中，顺流而下，最终殒命。最终，海德里克安排了一场宴会迎娶加达里基国王的女儿。他们后来生了一个女儿，也取名为赫尔薇尔，是个英勇的战士。她由首领佛罗德玛尔在英格兰抚养长大。

海德里克牢牢地把握着王国的统治权，并成为一个伟大而睿智的首领。他养了一头巨大的野猪，体型大如一头公牛。他将双手放在野猪头顶那金色的鬃毛上，面对大家盟誓：无论是谁犯了错误，都将得到首领们的公正判决，否则被告就要出一个国王无法解答的谜语。这一举动令海德里克赢得了许多朋友。

海德里克国王唤来一位名叫盖斯图姆布林迪（Gestumblindi）的劲敌，表示欲与他和解。盖斯图姆布林迪非常害怕海德里克会清算自己的罪行，于是向奥丁神乞求帮助。一个自称名字也叫盖斯图姆布林迪的陌生人来到他的门前，对他说他们应该互换衣服，于是陌生人换上了盖斯图姆布林迪的衣服。然后真的盖斯图姆布林迪藏了起来。第二天，那个冒名顶替的盖斯图姆布林迪前去与国王和解。假盖斯图姆布林迪表示不接受智

斯瓦弗尔拉梅王想要一柄威力强大的宝剑,但他的愿望最终却成为一个毁灭了几代人的诅咒

▲ 这幅来自俄罗斯的作于1918年的画作,描绘了极具代表性的、叛逆不羁的赫尔薇尔

者们对他进行判决,他选择与国王猜谜语。国王接受了。于是假盖斯图姆布林迪说:"我想要我昨天拥有的东西,请把它找出来。它对人类有破坏作用,阻碍人们激情演讲。亲爱的海德里克国王,请您猜猜这是什么。""好谜语。"国王称赞道,"请将他的麦芽酒取来。它摧毁了许多人的智慧,让这些人多嘴多舌。这玩意儿甚至缠住了人们的舌头,妨碍大家说话。"假盖斯图姆布林迪又说道:"我离开了家,看到了一条路。这条路在下面、也在上面,它在四面八方。"国王说:"你走过架在河上的一座桥。这条路就在你脚下。鸟儿在你的头顶及身边飞来飞去,那正是它们的路。"假盖斯图姆布林迪接着说道:"我昨天喝了什么?不是酒,也不是水。不是麦芽酒,也不是任何可食用的食物。但喝到这东西让我感到异常沮丧。""好谜语。"国王答道,"答案是小草上面的露水。"假盖斯图姆布林迪马上又抛出一个谜语:"工作时它发出的声音极为尖锐刺耳,宛若马蹄踏在坚硬的路面上发出的声响,不知您之前是否听到过这样的声音?它有两张嘴,工作时就用这两张嘴玩命地接吻,但只是吻在金子上。"国王回答说:"这是用来加工金子的锤子。"假盖斯图姆布林迪接着发问:"比角还硬,比乌鸦还黑,比蛋清还白,比矛杆还直。请问这是什么?"国王答道:"是在阳光下闪闪发光的黑曜石。"后面还有很多谜语,国王都猜对了,直到假盖斯图姆布林迪抛出了最后一个问题:"当巴德尔被抬到高高的火葬坛上时,奥丁在他的耳边说了什么?"海德里克大喊道:"这个只有你知道,你这怪物!"他挥舞着提尔锋向奥丁神砍去,而奥丁神马上变成了一只老鹰飞走了。国王紧随其后,砍掉了老鹰尾巴上的羽毛,

这就是为什么现在老鹰都是短尾巴的原因。奥丁神非常生气，国王竟然试图杀死他，于是他诅咒海德里克必定会死于奴隶之手。

一天晚上，在西部突袭行动中被海德里克国王俘虏的9名奴隶不知何故得到了武器，之后有来到国王的住所。所有人都被他们杀死了，包括海德里克国王。他们还抢走了提尔锋及所有的财宝。安根提尔跑遍各地，寻找这9个人，他誓要为父报仇。一天深夜，他朝着位于格拉法河（River Grafa）旁的海边走去。这时他看见了3个渔夫。一个渔夫一边用剑将鱼头砍下，一边哼唱着曲子，而歌词中竟然有关于海德里克之死的内容。安根提尔注意到了那柄被诅咒过的提尔锋正在那里，于是他摸清了渔夫居住的帐篷的情况，然后一直等到午夜时分，掀开了渔夫的帐篷，冲进去一口气杀死了全部9名奴隶，然后将提尔锋拿走了。

哈罗德得知了父亲的死讯，并得到了同父异母的弟弟安根提尔的授权。于是他带着胡姆利国王（他在胡兰国的养父）的祝福，前往乌克兰的阿恩海姆（Arnheimar）去找安根提尔，要求继承他们父亲留下的一半遗产，包括米尔伍德森林（Mirkwood forest）及位于第聂伯河岸边的一片圣墓。安根提尔给了他财宝、奴隶，并将哥特兰岛（Gothland）的三分之一许给了他。海德里克国王的养父，吉祖尔认为对于一个女奴的私生子来说，这过于慷慨了，但这言论无疑冒犯了回到胡兰国的哈罗德。于是，哈罗德和胡姆利计划召集一支军队，其中竟然包括12岁的孩子和小马驹。翌年春天，待冰雪融化之后，他们的军队，大约3万名精兵强将穿过米尔伍德森林，来到了哥特兰岛的平原，那里有哥特人的防御据点，由安根提尔的妹妹赫尔薇尔，以及她的养父奥马尔（Ormar）共同统领指挥。日出时分，赫尔薇尔远远望见一片骑兵扬起的尘雾，接着是匈人大军那闪亮的盔甲。在奥马尔和赫尔薇尔的率领下，哥特守军骑马

◀ 英厄堡听到耶尔玛在战斗中牺牲的消息，当场自尽

▲ 小矮人们对这柄剑施了诅咒，使它成为毁灭斯瓦弗尔拉梅家族的不祥之物

▲ 斯瓦弗尔拉梅王得到了魔剑提尔锋

出战，一场激战开始了。匈人大军的数量远远超过了哥特守军。寡不敌众，赫尔薇尔的军队被大量歼灭，赫尔薇尔也战死沙场。

当匈人对这片土地肆意蹂躏时，奥马尔趁机逃走并将这个坏消息告诉了安根提尔。安根提尔命令吉祖尔召集所有能拿起武器的人，与匈人在多瑙河荒原上决一死战。残酷的战斗持续了8天，日日夜夜，人们不断涌向安根提尔的身边，前仆后继，以维持不败之势。

这些匈人极为凶残，但哥特人立场坚定，捍卫他们的自由及领土完整。他们击溃了匈人军团，在安根提尔带领下发起猛烈冲锋，而他的那柄斩裂剑提尔锋所向披靡。最终，匈人溃不成军，哈罗德及胡姆利国王被杀死。哥特人将仓皇逃窜的匈人砍杀，用尸体和被杀死的战马堵住河道，以迫使河流改道，河水淹没了整个山谷。安根提尔王找到了他垂死的哥哥哈罗德。"我给了你数不

尽的财富，"他说，"但是因为这该死的战争，你什么也没得到。我们都被诅咒了，我的好兄弟，我就是你生命的终结者。永远记住，给我们带来厄运的是邪恶。"安根提尔统治日德兰半岛的时间相当长，他的后代中不乏杰出的伟大君王。他的玄孙，贪婪无比的伊瓦尔（Ivar），征服了整个瑞典，以及丹麦、拉脱维亚、萨克森、爱沙尼亚及英格兰的诺森布里亚。

所有的这一切都始于这柄挥舞着的利剑。但是为什么不是一把战斧呢？在维京传奇中并没有相关内容支撑维京人手持战斧战斗，这一大众普遍认同的观点，相反，在这些传奇故事中更推崇宝剑。在现实中，很难见到维京人拥有一柄像提尔锋这样的维京宝剑，因为它的价值实在是太昂贵了。维京人熟练掌握铸锻技术，包括将铁条加热（这些铁条通常来自不同的冶炼厂），然后再将它们扭绞缠绕在一起，再经过焊接，打造出上

面带有波纹或 V 形图案的具有高强度和良好韧性的刀片。手柄通常是用贵重金属制成的，上面带有复杂的装饰性花纹，以显示主人尊贵的身份。维京剑通常为双刃，末端剑尖圆润，比尖形剑尖的剑更加坚固（维京人通常单手持握）。与传奇中描述的一样，维京人赋予了剑一些个性化的名字，并作为传家宝代代流传。例如一些真实存在的剑的剑名有"腿咬剑"（Leg-biter）、"狂暴者"（Fierce）、"切割者"（Cutter），也有的直接以工匠的名字来命名的。这些倾注了工匠们高超技艺的武器，闪耀着神秘与魔幻般的光环。提尔锋，这个名字的含义比较模糊，很可能与"Tervingi"这个词有关，意为 3 世纪至 4 世纪居住在多瑙河平原上的森林人。在传奇结尾所描述的哥特人与匈人之间的战役很可能是真实的历史事件，而在这场战役发生前几十年，"森林人"就一直生活在那里。

在萨姆索岛上，耶尔玛和奥瓦尔承认他们十分惧怕亚伦格林之子，即 12 位狂战士。这一情节阐明了许多人在面对这些恶名昭彰的斗士时的感受。我们仿佛听到了他们"狂暴"地怒吼，看到了他们疯狂地撕咬着盾牌的边缘（出土的 12 世纪的路易斯岛棋子中可以看到这些人物形象）。他们的名字可能起源于"熊护衫"，因为他们更喜欢熊皮而不是普通的铠甲。在他们所推崇的勇士信仰中，认为自己是强壮的熊而不是普通的人类，而这种崇拜带有古老的萨满教色彩。这其中最关键一点是他们可能服用了致人产生幻觉的蘑菇（或许是与酒精一同服下的），以增强他们的勇气与力量——无法控制的狂暴与愤怒。在一通疯狂攻击之后他们往往会产生疲劳感，这种现象支持了这个假说。

赫尔薇尔是一位持盾女战士（skjaldmaer），这一角色也是来源于其他北欧传奇，那么真实的历史是怎样的呢？几十年来，人们普遍认为如此英勇的女人只是活在传奇故事中，直到在瑞典伯卡（Birka）发现了一座维京女战士的坟墓。墓中的随葬品包括她的两个盾牌，还有剑、斧头、长矛、箭头及作战匕首。专家们在对该古墓进行了大量的科学分析后，确认了她的身份和地位，这证实了在中世纪早期的记载中关于东欧男性军队中有死亡女战士的说法的真实性。从《指环王》（The Lord of the Rings）中的伊奥雯（Eowyn）到《权力的游戏》（Game of Thrones）中塔斯的布蕾妮（Brienne of Tarth），持盾女战士已成为当下奇幻小说及游戏中重要的角色。

奥丁假扮盖斯图姆布林迪所出的谜题可谓独一无二，其不仅在古斯堪的纳维亚的文学作品中，在其他任何国家的文学作品中都极为罕见（只有少数例外）。甚至在《圣经》中都没有提及相关内容。完整版本中大约共有 40 个谜语，大部分谜题的灵感均来源于自然界。在托尔金的奇幻小说《霍比特人》中就有受此影响的情节，其中引用了海德里克国王的一个答案。托尔金将小矮人杜华林的名字改为德瓦林（Dwalin），作为这部小说中矮人族的一名成员。另一个有影响力的人物出现在哥特人与匈人之间的战役中，是奠定最终结局的古老的米尔伍德森林中的赫尔薇尔，《指环王》中的女勇士伊奥雯即是她的缩影。

哥特人与匈人之间的激战或许是这部传奇中最古老的部分。这部分的创作灵感源于真实的历史事件，包括 451 年匈人首领阿提拉所率领

> 在奥马尔和赫尔薇尔的带领下，哥特守军骑马出战，一场激战开始了。

▲ 耶尔玛杀死了安根提尔，但最终却被这柄被诅咒过的魔剑提尔锋重伤致命

的匈人大军与罗马贵族埃提乌斯（Aetius）联合西哥特人（Visigoths）的军队在喀尔巴阡平原上展开的一场大战。另一种观点认为，这部分内容所反映的是阿提拉死后哥特人与匈人之间的冲突，如454年的尼达欧之战（the Battle of Nedao），就发生在潘诺尼亚（Pannonia，罗马帝国的一个行省，位于匈牙利西部和波斯尼亚-黑塞哥维那北部之间）的一条未知河流上。另一个学派认为，赫尔薇尔和安根提尔均生活在由阿吉尔蒙德国王（King Agelmundus）统治的伦巴第王朝（the Lombardic dynasty，约360—400年），他们在古英语诗歌《威德西兹》（Widsith）中都被提及。目前尚无法确定这场战役发生的确切日期和地点，因为在这场战役的相关记载中，唯一真实存在的是一个地形学名称，这个名称与移民时期哥特统治乌克兰时的地理位置特点相吻合，当时的真实历史是从公元4世纪末开始，日耳曼人、匈奴人及斯拉夫"野蛮人"纷纷进入濒临崩溃的罗马帝国领土。如果传奇中的这段情节确实反映了这个时代发生的一个或多个历史事件，那么这无疑是不可思议的壮举。因为对于故事讲述者来说，从经历事件到将它记录书写下来，这中间竟然跨越了近千年，将数百年记忆模糊的史实及虚构的情节压缩成一部微缩史诗，这部传奇的存在远比它所描述的事迹更令人印象深刻。但或许这里最为重要的是，这部传奇中两位最重要的主人公个性都极为复杂，一位属非典型的勇士，而另一位则是个女人。

维京之子，索尔斯坦

这部关于索尔斯坦（Thorstein）的传奇故事以一场发生在他童年时期的争斗悲剧为开场。整部传奇生动精彩，展示了充满魔法幻术、妖魔鬼怪及神秘诅咒的世界，故事情节怪诞离奇。

《维京之子，索尔斯坦萨迦》（The saga of Thorstein, Viking's Son）并不是北欧大陆最著名的传奇。与同时代的那些更有名望的英雄或声名狼藉之人相比，冰岛人索尔斯坦的人气并不是特别高。然而，作为《弗里乔夫萨迦》（The Saga of Frithjof）的前传，这部作品中充斥着各种阴谋诡计。紧张刺激的情节将读者带入了一场跌宕起伏的复仇、魔幻与宽恕之旅！

故事始于7世纪的挪威，一位名叫维京（Viking）的首领，传说中巨人族的王室后裔，正在努力将自己的9个儿子培养成北欧人的典范。他的长子名叫索尔斯坦。在以他的名字命名的这部传奇中，他正是这个故事中的主角。与之相邻的是维京贵族，高地之王，尼约夫（Njorfe）的领地，同样，他也有9个孩子。

索尔斯坦的大船，"埃利德号"（Ellide），作为其家族财富之一，也出现在《弗里乔夫萨迦》中

民间英雄

原型人物和神话形象。

索尔斯坦

人人都渴望自己身边能拥有一位像索尔斯坦——这部传奇的男主角一样的朋友。他是著名的北欧首领维京的儿子,9个男孩中的长子。他的名字意为雷神之石(Thor's Stone,索尔之石),这十分贴切地表明了其是一位非常值得人们信赖的朋友。关于他与妻子结婚的那段描述与亚瑟王传奇中《高文爵士与瑞格蕾尔夫人的婚礼》(The Wedding of Sir Gawaine and Dame Ragnelle)的情节颇为相似。那段故事发生在一处名为英格尔伍德(Inglewood)的森林里。

约库尔

约库尔是索尔斯坦的对手,也是他儿时最好的朋友。他的父亲尼约夫是维京的朋友,也是一位国王,共有9个儿子,他是长子。当约库尔的兄弟被索尔斯坦的兄弟杀死时,约库尔立下誓言定要报仇雪恨。他一生都在不遗余力地想要毁灭掉维京幸存下来的儿子们。在巫术的帮助下,约库尔成为一名勇猛的战士,但是他执意要找索尔斯坦报仇。他的一意孤行影响了他的判断力,最终让他付出了巨大代价——永远失去了一条手臂。

英厄堡

英厄堡是松恩王国的继承人,贝利的妹妹。她美丽、富有且敏感细腻。当她的家园被约库尔侵占时,她被逼迫是选择嫁给巫师奥高坦,还是被施以魔法后变成一个丑陋无比的巨妖,直到一个高贵的男人愿意娶她,才能恢复人形。她选择了后者。最终,索尔斯坦解除了这个魔咒。

一条山脉将尼约夫的王国与维京的王国分隔开来。尼约夫和维京家族的18个男孩分别在相邻的两片土地上长大。但是随着孩子们长大成人，大家必然各自暗下决心维护自己家族的荣耀。在他们彼此的邻国，同族的孩子们之间也同样保持着友好的竞争关系，而这种和谐的关系也让尼约夫和维京家族之间建立起友谊，在孩子们刚成年之时，有两位表现得格外出众。

在维京家族成员中，索尔斯坦展现出了北欧人应具有的一切特质。他体格强壮、聪明睿智，后生可畏，是整个家族的骄傲。但是另一位年轻人，不仅可与索尔斯坦匹敌，而且还能打败他。他就是尼约夫那脾气暴躁的长子，约库尔（Jokul）。他已经成为这群年轻人的小头目。

一天，18个男孩按家庭分组举行了一场球赛。这时的索尔斯坦已经20岁了。维京告诫他，在比赛中应注意控制自己那巨大无比的力量，以确保约库尔以及其他孩子们不会被伤到。尽管事先有了这样的警告，但比赛对抗还是非常激烈。约库尔的一个兄弟——奥拉夫（Olaf），做出了一个非常滑稽的动作，将索尔斯坦的一个兄弟——索雷尔（Thorer）搞得狼狈不堪。最初，索雷尔和奥拉夫只是像小孩子般地争吵起来，后来居然演变为一场打斗。奥拉夫在索雷尔的头上狠狠地打了一拳，索尔斯坦见状，立刻跳到两个孩子中间，制止了双方殴斗。

比赛结束，两队回到各自的王国，此时索雷尔不禁回想起奥拉夫给他的那重重的一拳。他越想越生气，于是悄悄潜入了尼约夫的家。他找到了奥拉夫，用长矛刺死了他，报了那一拳之仇。

对于儿子如此骇人的行为，维京感到极其震惊。他害怕遭到报复，于是决定将索雷尔逐放到维纳恩湖（Lake Vnern）中的一个岛上。索尔斯坦与其他两名兄弟一起被选中陪同索雷尔一起流放。他带着一柄名叫安格尔瓦迪勒（Angervadil）的传奇之剑前往流放地。他们希望等事情的热度消退后再返回家园。但是有一个人对此感到非常不满，发誓无论如何都要向索雷尔报仇，他就是怒火中烧的约库尔。

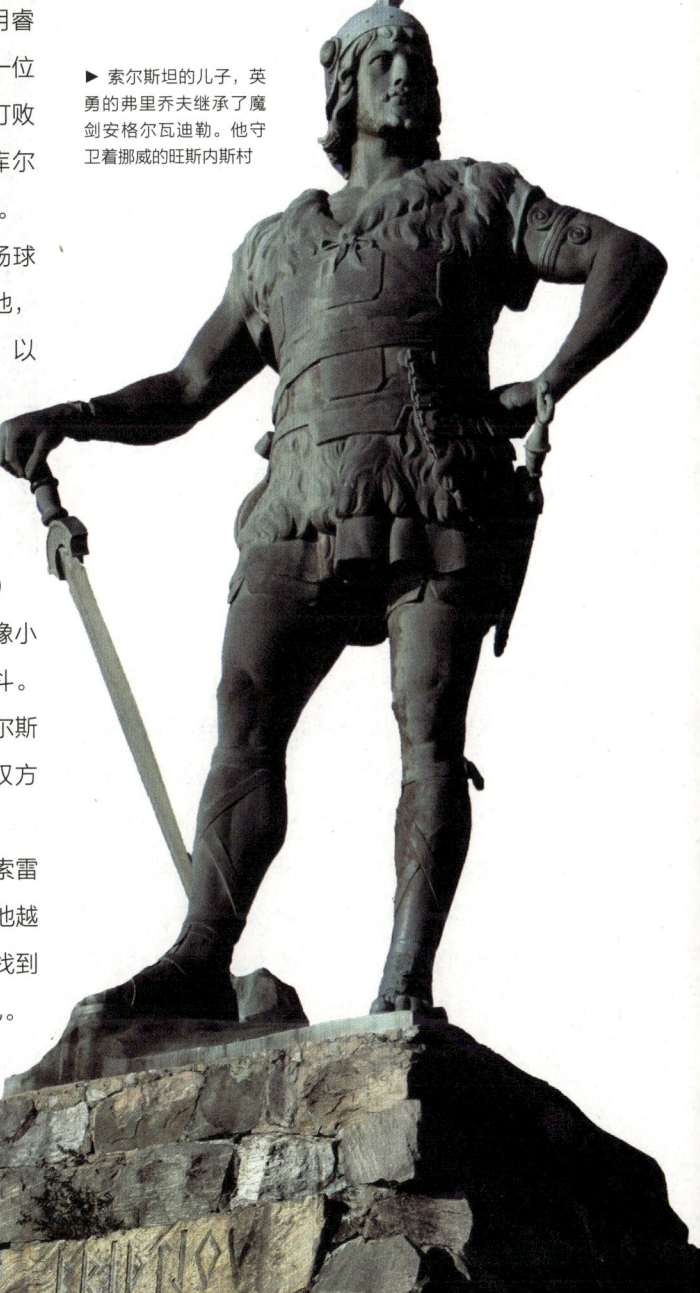

▶ 索尔斯坦的儿子，英勇的弗里乔夫继承了魔剑安格尔瓦迪勒。他守卫着挪威的旺斯内斯村

复仇之火在其血液中燃起，约库尔请求父亲向维京宣战，但遭到了尼约夫的拒绝，尼约夫表示，他不会为了两个鲁莽冲动的男孩之间的个人争斗而向朋友宣战。约库尔暂将心中的怒火强压，但那誓要为死去的兄弟报仇雪恨的决心更加无比坚定。

约库尔从一位名叫奥高坦（Ogautan）的巫师那里得知了索雷尔的藏身之处，于是他来到了湖边。他随身带着一个"天气袋"，这是一个用动物毛皮制作的具有魔力的小袋子，持有者能够用它来控制天气——只需将"天气袋"摇一摇，湖水即冻结成冰，尼约夫的儿子们就能很容易地步行走到岛上，对索雷尔及陪同他的3名忠诚的兄弟发起攻击。虽然索雷尔和索尔斯坦在这场血腥冲突中得以幸存，但另外两名兄弟却不幸被杀，而索尔斯坦身受重伤。约库尔认为自己完成了复仇计划，索雷尔的兄弟已死，于是带着幸存的支持者逃离了小岛。

得知所发生的一切后，维京匆忙赶到岛上寻找他受伤的儿子们。他把孩子们带回家，藏在一间地下室里。经过悉心照料后，孩子们身体得以恢复。维京警告他的儿子们，他们再也不能离开这个极为隐蔽的地下藏身之处，因为如果他们真的离开了，奥高坦一定会知道的，然后会将约库尔引到这里。像以往一样既聪明又守规矩的索尔斯坦欣然接受了这个建议。然而，随着身体逐渐恢复，鲁莽急躁的索雷尔越发不听话，加之天气一天天变好，他极度渴望到外面去看一看。

由于担心索雷尔独自外出会发生不测，索尔斯坦不得不同意陪他到藏身处的森林中散步。兄弟俩一起在森林中闲逛时，偶遇一只雌狐。此时他们意识到父亲的警告是正确的，但可惜为时已晚。实际上，这只雌狐正是奥高坦，为了找到索尔斯坦兄弟们的藏身之处，它变成了动物。奥高

坦回去后将打探到的消息告诉了约库尔，约库尔马上集结军队准备发动进攻。与此同时，维京的士兵们也已整装待发，做好战斗的准备。

这场激烈的战斗残酷而血腥，但最终维京的军队占了上风。约库尔仓皇逃离了战场。他抛下了他的人马，任由维京处置，但是英明睿智的首领对这些战俘们表现出了极大的宽容与怜悯。他将士兵们送回了尼约夫的王国，并捎去了礼物与诚挚的问候，同时许诺保证不会报复约库尔。尼约夫接受了维京的示好。他警告约库尔，这是他最后一次机会，必须放下仇恨，停止复仇。但脾气暴躁的约库尔再次拒绝，并

▲ 索尔斯坦站在他的龙型长船"埃利德号"的船头，成为令所有航海者最胆寒之人

发誓他永远不会罢手，直到维京和他的儿子们全都死光。

眼见和平无望，维京决定将索尔斯坦和索雷尔送到邻近的瓦格王朝（kingdom of Vags）的统治者——哈夫丹（Halfdan）的宫廷中。哈夫丹认为索尔斯坦诚实正直，而且体格强壮，于是给了他一艘船，以便索尔斯坦开始他的劫掠者生涯。很快，索尔斯坦和索雷尔的海上劫掠大获成功。他们不仅名声大噪，还赢得了大量财富。索雷尔结婚后，不再从事这种冒险之事，而索尔斯坦仍然继续着他的海盗事业。年复一年，他积累下来大量的财富。然而，约库尔并没有忘记他定要复仇的誓言。当他听说索尔斯坦已经在松恩（Sogn）定居——这是由哈夫丹的盟友所控制的挪威的领土，于是他抓住时机，想彻底消灭他的这位宿敌。

约库尔入侵了松恩。他谋杀了国王，将王位继承人贝利（Beli）赶出了王国，并将贝利的妹妹英厄堡（Ingeborg）变成了一个巨怪。只有当一个贵族同意成为她的丈夫时，这个女人才会恢复人形。约库尔确信没有男人愿意娶这样一个女人回家。最后，他使用魔法唤起了一场暴风雨，导致索尔斯坦的船只失事。当他确信他的敌人已经死后，驾船返航。

但是，索尔斯坦并没有死。凭借仅剩的气力，他奋力游向岸边。但他的伤势使他虚弱不堪，他觉得自己快要淹死了。这时，他看到一个丑陋的女妖怪从海浪中冒了出来。她将索尔斯坦带到安全的地方，介绍自己名叫斯凯利尼法（Skellinefja），并承诺如果他满足她一个尚未说出的愿望，她就会救他一命。索尔斯坦接受了这笔交易。等到身体痊愈，他就去与他的兄弟索雷尔团聚。

听说索尔斯坦回来了，约库尔再次对他们兄弟二人发起了袭击。在战斗中，奥高坦和索雷尔都被杀死了。索尔斯坦单枪匹马击败了约库尔的大部分士兵，他的佩剑安格尔瓦迪勒也不慎失落在汹涌的河水中，身负重伤的索尔斯坦此时也只能听天由命了。幸运的是，巨型妖怪斯凯利尼法再次前来施以援手。她不仅找回了宝剑安格尔瓦迪勒，她还精心照料索尔斯坦，使他身体逐渐复原。索尔斯坦询问该如何报答女妖怪。斯凯利尼法回答，希望自己能做他的妻子。索尔斯坦非常感谢她的帮助，他们之间已经建立起真挚友谊，他同意娶她为妻。

现在，斯凯利尼法可以说出她的秘密了。她告诉索尔斯坦，她曾经是美丽的英厄堡，因被施下了可怕的诅咒才变得如此丑陋。现在诅咒解除了，她又变回美丽的公主了，而且重要的是她还有一大笔嫁妆。在爱情的激励下，索尔斯坦帮助贝利重新登上了松恩的王位。他迎娶英厄堡为妻，两人婚后生育了多名子女。

索尔斯坦和贝利再次驾乘"埃利德号"出海。这艘华丽的旗舰是在与可怕的维京海盗进行一场残酷的水下战斗后所缴获的，这名海盗名叫欧坦法克斯（Otunfaxe），他的个头儿比一般人都要大。但是，约库尔对报仇锲而不舍。两人进行最后一场殊死搏斗时，索尔斯坦成功地砍下了敌人的手臂。虽然索尔斯坦被俘虏，但他最终还是逃脱了。他回到自己的国家，受到英雄般的欢迎。同时，约库尔失去了一只手臂，除了得了个"独臂"约库尔（Jokul the One-Handed）的绰号外，毫无所获。

然而，索尔斯坦像他父亲一样对荣誉感尤为珍视。他向约库尔提出停战，并赠

> **脾气暴躁的约库尔发誓他永远不会罢手，直到维京和他的儿子们全都死光。**

予他广阔的土地作为对砍掉他的手臂的道歉赔偿。两人最终达成和解，索尔斯坦成为有史以来最著名的领导人之一。

索尔斯坦的故事是一个充满正能量的故事，为读者提供了大量宝贵的待人处事的经验与教训。这部传奇是关于荣誉与尊严的，也许最重要的是教会了我们宽恕。虽然一生都被一心复仇的敌人追杀，但在整个故事中，值得人们尊敬的索尔斯坦仅仅是为了自卫而拔剑，从来不会怒举利剑。约库尔因对死敌的不懈追杀而致残的结局不仅让他自己感悟到宽恕的真谛，同时也教导人们要常怀宽仁之心。直到最后看到索尔斯坦的宽厚仁慈之举，约库尔才深刻领悟了到底什么才是真正的荣耀，而他的内心也最终归于平和。同时，所有北欧传奇胜利大结局中的最重要的要素——繁荣兴盛也得以实现。

一部浪漫主义的虚构小说

《维京之子，索尔斯坦萨迦》并不是北欧最古老的传奇故事，它的成书日期可追溯至14世纪。它是《弗里乔夫萨迦》的前传。但是，关于弗里乔夫的故事，在北欧神话中有着更为古老的来源，而有关索尔斯坦的传奇故事，却没有任何值得炫耀的伟大传说。

相反，《维京之子，索尔斯坦萨迦》是一部纯粹虚构的小说。它流行于斯堪的纳维亚传奇时代的后期，讲述了一位具有非常理想化人格的"维京之子"的故事，带有浪漫主义色彩的冒险故事成为这一时期神话与传奇故事的强有力的补充。不要将这部传奇中的主人公索尔斯坦与"红发"埃里克的儿子索尔斯坦·埃里克松相混淆，也不要与另一部北欧传奇中出现的"黑发"索尔斯坦（Thorstein the Black）相混淆。然而，索尔斯坦的后人不仅出现在《弗里乔夫萨迦》中，而且还出现在明显尚未完成的《高特克斯萨迦》（Gautreks saga）中。这两部传奇的创作日期都早于《维京之子，索尔斯坦萨迦》。

▲《维京之子，索尔斯坦萨迦》是更为著名的《弗里乔夫萨迦》的前传

《弗里乔夫的传奇》。瑞典画家奥古斯特·马姆斯特罗姆（August Malmström,1829—1901）绘制

勇者弗里乔夫传奇

弗里乔夫（Frithjof）是维京爱情故事中的偶像英雄，对他的故事的全新演绎引发一股维京热潮。

作者：杰瑞·格洛弗（Jerry Glover）

国王贝利统治着挪威西部的松恩峡湾。他有两个儿子，海尔吉和哈夫丹，还有一个美丽聪慧的女儿，英厄堡。他为女儿取了和他的妹妹一样的名字。在他的所有孩子中，这个女孩是最受人尊敬的。在峡湾对岸，住着一位身材高大、体格健壮，深受人们喜爱的年轻人，名叫弗里乔夫。他是英厄堡的义兄。一位名叫希尔丁（Hilding）的睿智博学、值得信赖的领主负责教导这对兄妹，并确保他们安全成长。

英厄堡和弗里乔夫从小在一起长大，像精灵国王和他的王后一样，他们在森林里翩翩起舞，在峡湾中扬帆航行。一次，弗里乔夫大胆地为她从老鹰窝里救回被捉走的小鸡。他甚至围捕猎熊（徒手！）以赢得英厄堡的垂青，并将他们各自名字的首字母刻在白桦树上，而英厄堡则会用春季盛开的鲜花编制一顶花环戴在他的头上。尽管希尔丁告诫过他，但弗里乔夫还是向众神宣告了对英厄堡的爱恋。但她是国王的女儿，因此注定要享受到更高贵

▲ 孩提时代的弗里乔夫和英厄堡在一起玩耍

的生活，远比他所能给予的生活更为尊贵。"所有的强者都出身高贵。"弗里乔夫大笑道。他引用了雷神索尔的话，而这位神祇推崇的正是"英雄不问出处"。

觉察到死亡即将到来，老贝利忠告他的儿子们，要做英明的统治者，并且应与弗里乔夫和他的父亲索尔斯坦·维金松（Thorstein Vikingson），这位统治着王国三分之一领土的维京的儿子，保持亲密的友谊。贝利死后不久，索尔斯坦也病倒了。于是他恳求弗里乔夫一定要尊重并拥护贝利儿子们的统治。索尔斯坦去世后，在他的老朋友贝利的坟墓旁边另修了一座坟墓安葬他。这样，弗里乔夫继承了"埃利德号"。这艘惊世绝伦的龙首长船是海神埃吉尔（Aegir）送给他祖父的，还有一柄金柄宝剑安格尔瓦迪勒，以及一副由传奇铁匠沃兰（Volund）制作的纯金祷告手镯。

由于弗里乔夫的社会地位不高，很多亲戚都瞧不起他，对他满怀敌意。尽管如此，但他还是向英厄堡求婚了。在一次家宴上，亲戚们拒绝了弗里乔夫欲与英厄堡成婚的请求。心情沮丧的弗里乔夫发誓无论他们多么需要帮助，他永远都不会施以援手，这让他那失落的心情稍稍得以宽慰。

势力强大的瑞尔国王（King Hring）听闻此事，趁机试图勒索、恐吓贝利的儿子们。由于缺兵少将，他们派希尔丁去找弗里乔夫寻求帮助。希尔丁来到弗里乔夫的住处恳求他出手相助。这时弗里乔夫正在下棋，于是他借用这个游戏及危

浪漫多情的维京领袖

英勇无畏的英雄与美丽迷人的公主。

弗里乔夫

弗里乔夫的父亲是挪威西部一位显赫的大地主，祖父是维京。弗里乔夫并非出身贵族，但他却深爱着国王的女儿英厄堡。两位社会地位迥然不同的主人公，冒着触怒众神的危险在巴尔德神殿内非法私会。这段传奇故事使得弗里乔夫成为所有北欧传奇中最伟大的浪漫人物之一。后来，他成为灵厄里克（Ringerike）国王，有两个儿子。

英厄堡

英厄堡是传说中挪威国王贝利的女儿。在她的母亲死后，她（与弗里乔夫一起）被交由国王最信任的、最聪明睿智的朋友希尔丁抚养。她与弗里乔夫一起长大，从最好的朋友到私定终身的恋人。虽然对英厄堡的独立精神和自由意志的赞美贯穿全书，但在整部传奇的大部分篇章中，她的存在仅仅是在精神上激励弗里乔夫奋斗不止。英厄堡生育了两个孩子：贡斯奥夫和胡尼夫。

索尔斯坦

在这部传奇中有关弗里乔夫的父亲、索尔斯坦的描述仅有一个情节，即他在弥留之际告诉自己的儿子，要尊重并拥护他的老朋友贝利国王的儿子们。他的事迹单独记录在一部传奇中，那些故事大约发生在 7 世纪。索尔斯坦的冒险经历包括两次被施以巫术而遭遇海难。他最终被一名被诅咒的女人搭救，她就是弗里乔夫深爱的英厄堡公主的姑姑。

▲ 乔装改扮的弗里乔夫在瑞尔国王面前发表演说，但英厄堡认出了他

机四伏的棋局做隐喻回复养父。他将这比喻为"双打比赛"和"红色棋子"，暗指在英厄堡的事情上他所面临的困境。

随后，弗里乔夫驾驶着他那艘漂亮的长船"埃利德号"来到英厄堡和8位姑娘所聚之处——神圣的巴德尔圣殿。他的突然出现着实让英厄堡大吃一惊，因为神殿中严禁男女搭讪。"我对你的爱远甚于诸神对我的恨。"他断言。说着，他将自己的黄金祷告手镯赠予了英厄堡。就这样，他们彼此许下了爱的誓言。从那以后，弗里乔夫与英厄堡经常夜间在巴德尔米德圣殿中相见。

英厄堡的兄弟们寡不敌众，最终落败。他们宣誓效忠瑞尔，并同意让英厄堡嫁给他为妻。为了让弗里乔夫为他在神殿内的可耻行为赎罪，他们提出要弗里乔夫去奥克尼群岛（Orkney Islands）征收贡金。尽管心存疑虑，但忧心忡忡的弗里乔夫还是同意了他们的要求。于是他带领18名随从，驾驶着"埃利德号"向奥克尼群岛进发。

弗里乔夫走后，哈夫丹国王（King Halfdan）大肆掠夺他的财富，并烧毁了他的家园，甚至还雇来两名女巫——海蒂（Heidi）和哈姆格洛姆（Hamglom），让她们施法术掀起一场海上风暴，以摧毁"埃利德号"。狂风暴雨忽猛忽弱，掀起的巨浪猛烈地拍打着船头，弗里乔夫高唱着振奋人心的歌曲，驾驶着"埃利德号"冲破惊涛骇浪。4名水手不幸跌落海中，舷墙也被风浪损坏了。由于担心失去更多的人，造成更大

▲ 弗里乔夫向英厄堡告别

的损失，弗里乔夫将自己的戒指摘下来砍成碎片，并分给手下，使他们若溺亡被海神澜（Ran）带回宫殿后，能够博得这位贪财的海神的欢心。从桅顶上眺望，弗里乔夫看见了骑在巨鲸背上的幽灵般的女巫们的身影。于是他抓起一根叉形横梁扔向女巫们，并驾驶"埃利德号"向她们猛撞。女巫们的脊背被打断了（但她们真正的身体又回到了陆地上），随后巨鲸潜入深海，暴风雨渐渐减弱。最终他们在埃菲亚桑德（Effia Sound）登陆，弗里乔夫带着8名随从踏上海滩。他们受到了奥克尼群岛的首领——安根提尔的热烈欢迎。

那年秋天，瑞尔国王与英厄堡结婚了。他问起了那副纯金祷告手镯之事。英厄堡赶忙解释说那是她父亲的东西。但是瑞尔识破了这个谎言，于是他让海尔吉国王的王后将金手镯拿走并妥善保管，直到弗里乔夫回来，因为他是如此深爱着英厄堡。

翌年春天，弗里乔夫离开了奥克尼群岛。他已经与安根提尔，这位他父亲索尔斯坦的老朋友成为忘年交。他们回到国内，发现弗里乔夫的庄园已被夷为平地。于是他来到巴德尔神殿，国王们正在大殿中设宴庆祝仲夏节。弗里乔夫闯入神殿，此时国王们的舰船已经被他的船员们全部沉入大海，因为他们发现几乎没有人守卫那些船，多数人都在其他地方喝酒作乐。弗里乔夫怒气冲冲地将一个装满银币的袋子狠狠地扔向海尔吉国王。由于力气太大了，袋子砸到海尔吉的脸上并

维京复兴

现存于世的《弗里乔夫萨迦》有两个主要版本:一个是篇幅较短的冰岛语版本,书写在牛皮纸上,大约成书于13世纪末或14世纪初;另一个为篇幅较长的纸质版本,成书时间为15世纪。书写记录这两个版本的吟唱诗人到底是谁已无从知晓。在较早的版本中希尔丁被描述成瑞典国王,而在另一个版本中有一半故事的发生地均为挪威的瑞格加里基(Hringgariki)。19世纪20年代,瑞典作家埃萨亚斯·泰格纳尔(Esaias Tegnér)出版了一部完整版的《弗里乔夫萨迦》。不同寻常的是,似乎是与书中弗里乔夫所处的困境相应和,泰格纳尔也因爱上住在隆德(Lund)的一位有夫之妇而备受煎熬。1833年,威廉·斯特朗牧师(William Strong)出版了这部传奇的第一部英文译本。随后,在1839年由乔治·斯特朗教授(George Strong)翻译的英文版中,有韵文诗体部分。在整个欧洲弗里乔夫的故事都深受人们喜爱。其在19世纪被翻译成14种语言,其中英文译本和德文版本的数量就多达20多种。

▶ 埃萨亚斯·泰格纳尔(1782—1846)用现代手法重新演绎了这部让欧洲人着迷的《弗里乔夫萨迦》

打掉了他的牙齿，要不是哈夫丹及时拉住他，海尔吉差点掉进火堆里。随后他看见海尔吉的妻子站在火堆旁边为巴德尔的神像涂油，而她的手腕上正戴着他赠予英厄堡的那副祷告手镯。弗里乔夫二话不说拖起她朝大门口走去，神像被他撞翻掉入火堆里。在油膏的助燃下，火焰迅速蹿上屋顶，吞没了整座建筑（但是也有人说是弗里乔夫将一个火把扔向了屋顶）。弗里乔夫及其手下迅速跑回船上，海尔吉、哈夫丹带人紧追不舍。海尔吉发现他们的船全都沉没了，于是他拿起弓箭射向弗里乔夫，但用力过猛，居然把弓拉断了。

在接下来的3年里，无家可归的弗里乔夫只能在海上游荡。他曾到达希腊海岸。他除邪惩恶，慢慢积累起财富，并赢得了"勇者弗里乔夫"（Frithjof the Bold）的称号。厌倦了这种打打杀杀，弗里乔夫将自己装扮成一名又老又呆傻的水手，回到了瑞尔国王所居之处。英厄堡看到他后，希望他赶快离开，但是国王却邀请弗里乔夫上坐。弗里乔夫脱下斗篷，露出挂着钱袋子的银腰带、佩剑及那副华丽的纯金祷告手镯。英厄堡一眼就认出了那副手镯。她涨红了脸，不再和他说话。整个冬天，弗里乔夫都在国王的陪伴下享受着贵宾的待遇，而王后英厄堡却唯恐避之不及。后来有一次，他将国王和王后从冰冷的河水中救起。即便如此，国王瑞尔还是称他为"窃贼"。

翌年春天，弗里乔夫和瑞尔一起远足旅行，他们走入一片森林中时，发现随从们并没有跟上，只剩下他们两个人。国王累了睡着了，这时弗里乔夫拔出剑想刺杀他，但想了想还是把剑扔掉了。国王醒来后承认，他其实一直都知道弗里乔夫的真实身份。接下来，故事描写了人们如何在大殿中欢快畅饮，庆祝弗里乔夫归来。

弗里乔夫想要离开瑞尔的领地。他用美妙歌声感谢他们的盛情款待，然后把戒指扔给了英厄堡，这引起了国王的注意。英厄堡并不想参加欢送宴会，但瑞尔坚持要参加。弗里乔夫演唱了一首告别歌，瑞尔回应一曲，歌中唱到他要送给弗里乔夫的礼物——他的妻子和土地，以及国王的头衔。弗里乔夫被授权统治着瑞尔的整个王国。不久，瑞尔国王病倒了，很快与世长辞。弗里乔夫与英厄堡举行了婚礼，同时也是为了祝福他坎坷的一生。

出身卑微的弗里乔夫居然成为国王。英厄堡的兄弟海尔吉听闻大怒。他集结了一支军队攻打弗里乔夫，但在战斗中却被弗里乔夫亲手杀死。另一位兄弟哈夫丹则不得不接受弗里乔夫成为领主的事实。弗里乔夫一直统治着这个国家，直到他将瑞尔的王国交给了瑞尔的儿子。后来，霍达兰（Hordaland）也纳入了他的统治之下。他的两个孩子——贡斯奥夫（Gunnthiof）和胡尼夫（Hunniof），都想成为势力强大之人。

这部古代传奇由24首叙事诗组成。每首诗文的风格各不相同，其作者不详。所叙述的故事发生在8世纪左右，是一部极富传奇色彩的故事。它是弗里乔夫的父亲维京之子索尔斯坦·维金松的故事的延续，在《索尔斯坦萨迦》中也描述了类似的冒险故事。但是，《弗里乔夫萨迦》的成稿时间更早，而有关他的父亲的传奇故事是后来创作的。显然，古代北欧人民对前传故事也抱有极大热情，这点丝毫不逊于今天的好莱坞影迷。

《维京勇士之死》，由英国艺术家查尔斯·欧内斯特·巴特勒（Charles Ernest Butler）于 1909 年创作

魔戒之谜

浪漫爱情、谋杀、背叛与复仇、巨龙与神奇魔法，还有那枚被诅咒的金戒指，史诗巨著《沃尔松格萨迦》（*Völsunga saga*）将这一切呈现在读者面前。

作者：梅勒妮·克莱格（Melanie Clegg）

这部冰岛史诗级巨作《沃尔松格萨迦》内容精彩纷呈，激动人心的情节极富戏剧性。自 13 世纪末问世以来，激发了众多作家、艺术家和作曲家的创作灵感。威廉·莫里斯（William Morris）和亨利克·易卜生（Henrik Ibsen）都引用过这个故事。托尔金也借用这个故事，创作了自己的版本——《西格德和古德伦的传说》（*The Legend of Sigurd and Gudrun*），并在《指环王》中运用了其中的大量素材。理查德·瓦格纳也以此为基础创作了他的旷世佳作《尼伯龙根的指环》（*Der Ring des Nibelungen*）。

错综复杂的故事情节，既有家族之间的无休争斗、触目惊心的背信弃义、令人毛骨悚然的谋杀，又讲述了命中注定的美好爱情。这些特质预示着像《权力的游戏》（*Game of Thrones*）这样的奇幻作品定能广泛流行。而这部作品与整个故事中交织着魔法、女巫、巨龙等超自然魔幻元素的《沃尔松格萨迦》极为相似。在这部传奇中，北欧诸神也偶尔会以极富戏剧性的方式登场，尤其是奥丁神。他作为一个宗族的祖先出现在书中，经常将自己完全伪装起来，通常是以一位披着斗篷的独眼老人的形象出现。他会在适当的时候现身，要么对事情加以干预，要么搞点恶作剧，有时也会施以援手，或者巧妙地直接影响故事的发展走向。

《沃尔松格萨迦》作为一部深受欢迎的北欧传奇故事，其情节跌宕起伏，主题引人入胜——那些关于爱情、家族忠诚、复仇雪耻及永守誓言的主题扣人心弦。即使故事中的众多角色会因此付出沉重的代价，甚至引发了大量戏剧冲突以及悲剧事件，但整部作品仍令人着迷。《沃尔松格萨迦》中所描绘的人物，无论男人还是女人，都充满活力，具有果敢坚韧的品性，而最重要的是他们都牢牢掌握着自己的命运。这一点在书中被反复强调。尽管他们做出的决定往往会导致更多的灾难和流血事件，但是他们依旧按照自己的自由意志行事，遵循自己所选择的道路。尽管有时候奥丁神会出来干预一下，但是他们仍然是自己命运的主宰。美好的爱情、家族的荣耀，或是单纯的复仇，无论是什么原因驱使他们行动，把握自己的命运都是至关重要的。

女性角色所拥有的实力和智慧也尤为值得关注。在这部传奇中她们被赋予了独立性、能动性，每个人物都极具个性，而通常在古代传说故事中这类描述极为罕见。因此，她们对故事发展产生的影响与男性在故事中的影响力相当——这点反映出在这一时期的斯堪的纳维亚社会中，女性享有相对优越的地位。

尽管这部《沃尔松格萨迦》长篇叙事诗主要取材于早期北欧神话中有关沃尔松格家族的虚构传说，但人们通常认为它是由多位作家共同创作完成的，其中最有影响的是那位编著了《老埃达》的不知名的作者，他提供了大部分的故事素材。同时，这些描述反映出那个时代人们对该地区早期历史及移民迁徙的理解，特别是关于5世纪勃艮第王国被匈人摧毁的这段史实。对于维京人来说，在这个传奇故事中不仅有勇敢无畏的男人、聪慧机智的女人，以及伟大的战役，更充满了对荣誉的崇尚及对大无畏精神的赞美，而且用生动的语言展现出了一段寓言式的虚构历史故事，他们认为作为令人胆寒的冒险家及斗士，为自己创建良好的声誉大有裨益。

同时，这部传奇还唤起了人们对维京文化那稳固的组织结构的回忆，其中包括对众神的崇拜。这些神祇的属性各不相同，在大量的故事中均有出现。与一般的信仰相反，维京人在其探险之旅中一旦开始接触基督教，就会很快地将其基本教义融入他们的宗教实践中，这一点在《沃尔松格萨迦》中也得以体现。例如，死亡之神的主题在作品中被反复使用，每个男性英雄都会被残忍地杀害，然后由他的小儿子继承一切。相信任何一位知道"朱迪斯与荷罗孚尼的故事"的读者，对古德伦（Gudrun）向阿特利（Atli）血腥复仇的情节都应该相当熟悉。

《沃尔松格萨迦》的故事基本上围绕着主人公西格德（Sigurd）精彩奋进的一生展开。故事的开头，首先回顾了他的祖先。故事从他的曾曾祖父西吉（Sigi）开始。他是一位永远都不安于现状的冒险家和斗士，据说他是奥丁神的儿子。一天，西吉外出打猎，杀了一个叫布雷迪（Bredi）的奴隶，然后他试图将尸体藏在雪堆里，结果被抓住了，被宣判有罪，并被驱逐出了部落。幸运的是，他得到了奥丁神的帮助。奥丁给他提供了船只和士兵，这样他就可以凭一己之力成为势力强大的国王，统治着匈人。西吉一登上王位，即娶妻生子。他的儿子名叫利里尔（Rerir），比他的父亲更加勇敢无畏。

然而，西吉的实力日益增长，这让他妻子的那些贪婪的兄弟们大为恼火。他们起来反抗他的

走进沃尔松格家族

传说中由奥丁神创建的王朝,但因拥有魔戒安德拉诺特而被施下恶毒的诅咒。

西格蒙德

西格尼

西格德

西格蒙德是沃尔松格与他的妻子女巨人希约德的长子。他有一个双胞胎妹妹,名叫西格尼,还有9个弟弟。当西格蒙德从大殿中的巨树上拔出宝剑克拉姆时,他与妹夫西吉尔王之间的殊死较量就注定不可避免了,这最终导致了他整个家族的毁灭。他有两个儿子:一个是与她的妹妹乱伦后所生之子,辛菲特利;另一个是他与修尔狄丝所生之子,西格德。

西格尼是沃尔松格国王唯一的女儿,是西格蒙德的孪生妹妹,她非常喜爱兄长。西格尼违心地嫁给了耶阿特(Geatish)国王西吉尔。除了她的孪生兄弟,西吉尔将她全家都杀了,她救下了她的兄长西格蒙德,并和他生下了一个儿子辛菲特利。在为全家复仇后,她选择了自尽,与西吉尔同赴黄泉。

西格德是几部史诗级传说的焦点人物,其人物设定很可能是基于几位真实的历史人物,例如法兰克国王西格伯特一世(Sigebert I)及日耳曼英雄阿米尼乌斯(Arminius)。他是西格蒙德与修尔狄丝之子,因击败了恶龙法夫尼尔而成为那个时代的英雄。虽然他深爱着布伦希尔德,但却被蒙骗,娶了古德伦。

布伦希尔德

古德伦

贡纳尔

持盾女战士,或者称瓦尔基里(女武神)。布伦希尔德是几部史诗级传说的中心人物,通常在书中被描绘成一位既美丽迷人又凶猛狂热的年轻女性。她倾心专注于战争、搏杀,对浪漫之事毫无兴趣,直到她被英俊潇洒的英雄西格德从陷入魔法的昏睡中唤醒。西格德欺骗了她,导致她嫁给了他的妻弟、国王贡纳尔,于是她对西格德实施了可怕而血腥的报复。最终西格德被杀死,布伦希尔德也自尽身亡。

古德伦是西格德的妻子,后来又嫁给了阿特利。她与布伦希尔德之间展开了对伟大英雄西格德的激烈的爱情争夺战。最终,两个女人之间的争斗导致西格德惨死。寡居的古德伦发现自己被许配给了阿特利。当她的新任丈夫觊觎她的家族财富,并为了夺取宝藏而杀死她的兄弟们后,古德伦将她与阿特利的孩子全部杀死,并哄骗他将孩子们吃掉,然后将阿特利杀死。

贡纳尔是勃艮第的国王,也是王后古德伦的兄弟。贡纳尔的故事取材于历史上真实的日耳曼国王的事迹。在他主政的不同时期,既与罗马帝国互为盟友,又曾势不两立。在沃尔松格家族,他是一位深爱家人的活力无限的年轻人,同时他对妻子女武神布伦希尔德极为专情。但是,在这部传奇的大结局中,他被自己亲妹妹的丈夫——阿特利王谋杀了。

▲ 西格德的惨死，以及他深爱的女友布伦希尔德密谋将他杀害后而自杀，是这个故事中被描绘最多的场景之一

统治，并最终在一场争斗中杀害了他，后又假借他的儿子利里尔的名义接管了王国，成为摄政王（因为当时利里尔的年纪尚小，无法独自统治国家）。少年国王从未忘记他的叔叔们背叛了他的父亲。当他长大后，实力足够强大时，他也背叛了他们，重新夺回了王位。但是，利里尔的私人生活并不如意，因为尽管祈求神灵帮助，但他深爱的妻子却一直未能怀孕。最后，奥丁的妻子——弗莉嘉决定助他们一臂之力。她送给这对夫妇一只神奇的苹果，而这只苹果赐予了他们生育能力。然而，不幸的是，利里尔在妻子怀孕后不久就去世了，留下她独自掌管王国。

寡居的女王怀孕长达6年。直到她再也无法忍受，决定剖腹生下孩子——她知道这意味着她要献出自己的生命。最终，一个男婴诞生了，她为他取名为沃尔松格（Völsung）。他一出生就已发育成熟，并在母亲去世前亲吻了她。成年后，沃尔松格国王娶了一位名叫希约德（Hijod）的女巨人为妻。他们一共生了11个孩子，其中包括一对取名为西格蒙德（Sigmund）和西格尼（Signy）的双胞胎。

美丽的西格尼，沃尔松格和希约德唯一的女儿，违心地嫁给了哥特兰国王西吉尔（Siggeir）。在婚礼庆典上出现了一位披着斗篷的陌生人，疑似是奥丁神装扮的。他将手中所持的一柄魔法宝剑格拉姆（Gram）插入"子嗣之柱"（Barnstokkr）——一棵屹立在沃尔松格国王王宫大殿中央的古树中。然后他向所有参加婚礼的宾客发起挑战，看谁能从树中拔出此剑。

婚礼上在场的宾客都竭尽全力想拔出那柄剑，包括西吉尔国王。最后西格蒙德走上前，毫不费力地将宝剑拔了出来。他的新任妹夫西吉尔见状无比眼红，试图说服西格蒙德将宝剑卖给他，他愿意出相当于三倍剑重的黄金来换取这柄剑，但是被西格蒙德轻蔑地拒绝了。他还嘲笑西吉尔自己没本事将剑拔出来，这让西吉尔感到更加难堪。气急败坏的西吉尔决定第二天就返回自己的国家，并强迫闷闷不乐、心有不甘的西格尼跟他一起走，而且发誓要对她那个傲慢无礼、自命不凡的家族进行报复。

过了一段时间，西吉尔邀请他的岳父及妻子的兄弟们前来一聚，于是沃尔松格带着儿子们漂洋过海来到了哥特兰。他们一上岸，西格尼就赶来提醒他们，她那野心勃勃的丈夫计划伏击并杀害他们。但是她的父亲告诉她，他不是一个懦夫，有勇气面对任何危险。第二天，西格尼所担心之事全部应验了，她的父亲及所有带来的士兵都被杀害了，她的 10 位哥哥都沦为阶下囚。

西吉尔想立刻处死被俘的王子们，但西格尼渴望能够搭救出几位兄长，于是说服他将几位王子囚禁在树林里，这样兄长们至少可以多活几天，以便她寻找机会施救。然而，一只巨大的母狼袭击了被关押的王子们，并在几个晚上将他们杀死，而在这之前，西格尼一直没有机会行动。最终只有西格蒙德，西格尼的孪生兄弟，在她的帮助下幸免于难，并躲进了森林中的一个山洞里。顺从

> 她的父亲及所带来的士兵都被杀害了，她的 10 位哥哥全部被俘虏。

天命的西格尼为家人的暴死感到极为沮丧。她向西吉尔屈服了，后为他生下了两个儿子。她将为家族复仇的希望寄托在这两个孩子身上。

长子长到 10 岁时，她将他送到森林里，到她哥哥那里接受考验，试一试他的勇气与胆量，但这个小男孩失败了。西格尼命令她的哥哥杀了他，西格蒙德照做了。几年后，当第二个男孩长到 10 岁的时候，他们又一次重复了这个考验，结果男孩又失败了。在他母亲的要求下，他的叔叔将他杀死。现在，西格尼没有儿子了。绝望之中，她向一位美丽的女巫求助，请另一个女人与她互换身体，这样她就可以进入森林，骗她的孪生兄弟与她上床睡觉。

魔法起了作用。他们二人生下了一个儿子，而这个名叫辛菲特利的孩子完全继承了她的半巨人血统。这个男孩轻而易举地通过了所有他母亲和叔父安排的测试。但是当西格尼渴望利用这个孩子去向她的丈夫复仇时，她的哥哥并不知道真相。他以为辛菲特利是西吉尔的儿子，所以并不确定这个男孩是否准备好执行他们的命令，去杀死自己的"亲生父亲"。西格蒙德决定将辛菲特利培养得更加冷酷坚韧，于是带着这个男孩去外面的世界，并把他训练成一名强盗，专门劫掠那些熟睡中的旅客，杀死他们并抢走他们的钱财。有一次，他们偷了一张神奇的狼皮。当他们试穿时，这副狼皮竟然将他们变成了恶狼，而这让他们变得比以前更加凶残暴虐。

辛菲特利已经准备就绪，西格蒙德和西格尼便将他们的计划付诸行动。他们的目标是推翻国王西吉尔的统治，但是非常不幸他们失败了。辛菲特利和西格蒙德将被推入一个山洞中活埋。但

是在山洞被堵死之前，西格尼悄悄地将西格蒙德的宝剑格拉姆藏在山洞中的一捆稻草里。西格蒙德利用宝剑从洞穴跑了出来。然后他们来到西吉尔的宫殿中，放了一把火，大火烧毁了这位暴君及他所有部下的寝殿。

在西吉尔被烧死之前，西格蒙德非常得意地对他这位奸诈的妹夫说道："我非常荣幸地通知您，尽管您尽了最大的努力，但沃尔松格家族的最后几位成员仍然健在，这就是他们的复仇。"说完他催促他的妹妹西格尼赶快和他及辛菲特利一起离开，但却遭到了她的拒绝。她告诉西格蒙德，她已经嫁给西吉尔成为他的家人，她的命运与西吉尔紧密连在一起，现在既然父兄大仇得报，她愿意和他死在一起，然后朝着那熊熊烈火走去。

西格蒙德和辛菲特利一起回到了祖国。西格蒙德重新夺回了王位，并用实力证明了自己是一个非常睿智、能力超群的领袖。他的第一任妻子——波尔席特（Borghild）给他生了两个孩子，长子名叫海尔吉（Helgi）。有人预测他会成为世上最伟大的国王之一，在其成长的过程中，他似乎也表现出了巨大的潜力。他经常和辛菲特利一起外出抢劫。有一次他们遇到了可爱的西格露恩（Sigrun），海尔吉立刻疯狂地爱上了她。不幸的是，西格露恩已经和另一个男人——霍德布若德国王（King Hodbrodd）订了婚，但是这对情人丝毫没有退却，他们在一起密谋将国王除掉，并夺取他的王国，在辛菲特利的帮助下他们的阴谋成功了。

辛菲特利看到海尔吉和西格露恩在一起如此幸福，也渴望娶到一位爱妻。但是他犯了一个严重的错误，他心仪的女人已经与王后博格希尔德（Borghild）的哥哥订了婚。两个男人为此进行了一场决斗。辛菲特利将竞争对手杀死，最终获胜。自己的兄长被杀，博格希尔德请求严惩辛菲特利，将他驱逐流放，但西格蒙德拒绝了她，于是博格希尔德就亲自动手将辛菲特利毒死了。西格蒙德得知后十分震惊，他立即下令让她永远离开这片土地，再也不要回来。

又过了许多年，西格蒙德才另娶她人为妻，这次他选择了修尔狄丝（Hjordis）——埃利米国王（King Eylimi）的女儿。但是遗憾的是也有另一位求婚者心仪这位公主，他就是伦格费国王（King Lyngvi）。埃利米告诉女儿，她可以自己决定选择哪位国王做自己的丈夫，公主最终选择了西格蒙德。她表示，虽然西格蒙德可能比另一位追求者年长很多，但他是一位无比伟大的君主，能够成为他的妻子将会是一种至高无上的荣耀。遭到公主拒绝的伦格费感到无比难过，于是向西格蒙德宣战。一场恶战在所难免，但却被突然到来的奥丁神打断了。奥丁神用长矛攻击了西格蒙德。西格蒙德拔出他的宝剑格拉姆向那支长矛砍去，但是宝剑却断成两截。此时的他恍然大悟，这场战斗他终会是个失败者，因为奥丁神最终抛弃了他。

争斗结束了，伤重的西格蒙德躺在床上奄奄一息。他告诉妻子修尔狄丝，她已经怀了他们的儿子，有一天这个男孩也会成为一位英明伟大的国王，现在他将这柄断剑格拉姆交给她，等到他们的儿子成为国王的那一天，就将这柄断剑修复交与他。西格蒙德死后，修尔狄丝逃离了营地。随后，她被维京王子阿尔弗（Alf）搭救，他是丹麦国王肖普雷克（Hjalprek）的儿子。他非常同情她的处境，同意娶她为妻，并愿意照顾她的儿子，他们给这个孩子取名为西格德。年轻的西格德在继父的宫廷里长大。他外表英俊潇洒、英勇果敢、聪慧睿智，给每个人留下了深刻的印象。一次，他步行穿过森林，想

▲ 前任情人布伦希尔德与妻子古德伦之间的对抗，标志着伟大的斯堪的纳维亚英雄西格德的悲剧人生从此开始

去寻找一匹新的坐骑，奥丁神将自己伪装成一个老人走到他面前，帮他挑选了一匹从未有人骑过的英俊的灰马，并告诉他，这匹马是奥丁神那八足神驹斯莱普尼尔（Sleipnir）的后代。西格德给这匹马取名为"格拉尼"（Grani）。它陪伴在西格德的身边很多年。

西格德很小的时候就被寄养在侏儒雷金那里。雷金的父亲是一位十分富有的巫师——赫瑞德玛（Hreidmar）。雷金后来在阿尔弗的宫廷里当了铁匠。雷金聪慧过人，他教年轻的西格德各种技能，包括语言、演唱、体育、象棋及解读如尼文。他们之间的关系极为亲密，以至于雷金最终对西格德说出了事情的真相，他本该拥有地位和权力，可最终却沦为一名身份卑微的铁匠。

雷金向西格德讲述了他两位兄长的故事。西格德听得完全入迷——他的哥哥法夫纳（Fafnir）长得高大强壮，但脾气暴躁；而另一位哥哥欧特（Otr）则是一位技艺高超的渔夫，后来发生的一切都要感谢他竟然将自己变成了一只水獭。非常不幸的是，欧特因所拥有的魔法能力最终以悲剧告终——他被洛基意外杀死了，并被剥了皮。洛基意识到自己犯了严重的错误，于是提出用水獭皮装满黄金来补偿欧特那还在世上的兄弟和父亲，而这些赎金是洛基从一名贪婪的侏儒安德瓦利（Andvari）那里抢来的。自己的财宝被别人夺走，安德瓦利心中当然非常不悦，所以他努力试图将一枚特殊的戒指——安德拉诺特（Andvaranaut）藏起来。据说这是一枚吸金指

▲ 在妹妹西格尼的婚礼上，西格蒙德将宝剑克拉姆从大树"子嗣之柱"上拔出

环，有了它就可以得到更多的金子。然而，他很快就被洛基捉住，并被迫交出了那枚戒指。但是安德瓦利已经对其施下了诅咒：除了他之外，任何拥有这枚戒指的人都将面临死亡。

洛基警告雷金和他的家人，这枚戒指已经被施了诅咒，但他们仍然坚持要洛基交出这枚戒指。结果，法夫纳疯了，杀死了自己的亲生父亲，夺走了宝藏，然后自己变成了一条恶龙来看守这些财宝。雷金提议，他可以将西格蒙德留下的那柄断剑修复，作为交换，西格德要去将那条恶龙法夫纳杀死。这样一来雷金可以重新夺回家族的财宝，二来可以为自己的父亲——赫瑞德玛报仇雪恨。但是西格德的叔叔格里皮尔，一位德高望重

的占卜师，建议还应多加谨慎。他告诉西格德，他必须先为他自己的父亲西格蒙德报仇后，再答应雷金的要求。

在母亲和继父的鼓励下，西格德集结了一支庞大的军队，向伦格费国王发起进攻，并用魔剑格拉姆将其杀死。随后他回到家，准备与恶龙决一死战，以夺回那些由它看守的财宝。西格德和雷金来到法夫纳盘踞的荒野。他们发现这条巨龙每天拖着庞大的身躯从洞里出来爬到河中喝水时，会在地面上留下一道印痕，于是他们决定在下面挖一条沟，当法夫纳从上面爬过时，西格德可以直接从下面将剑刺入它的身体。这时，奥丁神再次乔装改扮成一位老人出现在他们身边。他建议他们挖两条沟——一条用来藏身，而另一条可以让巨龙被刺后流出的血顺着沟渠流走。沟渠挖好后，雷金感到有些恐慌，跑到树篱里躲了起来，只留下西格德藏在沟渠中。待那条恶龙爬过沟时，西格德奋力将宝剑刺入了它的心脏。

垂死挣扎的法夫纳在临死前问到底是谁杀了他，然后对西格德说："我死后，你可以拿走我的财宝，但你不会从中得到任何好处。这些金子及雷金会致你于死地，就像你致我于死地一样。"看到法夫纳已死，雷金从藏身之处跑了出来。他饮下一些龙血，然后他让西格德将恶龙的心脏挖出来，烤熟后吃掉。

于是西格德将恶龙的心脏放在火上烤。烤了

一会儿后，他用手指在上面戳了戳，想看看它是否已经烤熟了，手指居然被灼伤了，于是他将手指放在口中舔了一下，恶龙的血便被他舔入口中。就在这时，神奇的事情发生了，他竟然能够听懂栖息在头顶上的鸟儿们的歌唱。"不要交给雷金任何东西"，他听到那两只鸟儿在讨论雷金的事。很明显，雷金是打算先吃掉这颗心让自己变得强大，然后杀死西格德并带走所有的宝藏。两只鸟儿一致认为，如果西格德能够杀死雷金，然后再吃掉那颗心，那将是再好不过了。因为这样一来他就会成为最强壮、最聪明的人。然后，他可以带着宝藏，骑马去辛达尔峰（Hindarfjall），被施了魔法的美丽的女武神布伦希尔德正在那里沉睡不醒。她等待着一个无所畏惧的人前去将她唤醒，而他是唯一能够唤醒她的人。听罢此言，西格德毫不犹豫地用宝剑砍下了义父的脑袋，然后吃掉了一半龙心。随后他顺着法夫纳留下的痕迹找到了它的巢穴，并得到了宝藏。他将这些金银财宝用马驮走，能带走多少就带走多少，然后骑上马出发，去解救被魔法困住的布伦希尔德。

西格德来到了辛达尔峰，他发现熟睡中的布伦希尔德仍然穿着女武神的护甲。当他走近时，她醒了。她解释说因为她违抗了奥丁神的旨意，作为惩罚，奥丁神对她施了魔法。虽然布伦希尔德对担任女武神更感兴趣，更向往戎马生活，但是她非常喜欢西格德，所以同意做他的妻子。接下来一段时间，布伦希尔德教西格德唱歌及一些有助于他作战的新如尼文咒语。然后西格德护送布伦希尔德到她姐姐布雷克希尔德（Brekkhild）的家里，她要留在那里一段时间。布伦希尔德整日待在自己的房间里，西格德能够看见她的时间并不多。

终于，西格德鼓起勇气前去拜访她，发现她正在制作一幅挂毯。挂毯中所描绘的内容竟然是关于他的英雄壮举，特别是他大战恶龙法夫纳的场景。见此情形，他彻底被爱情征服了。他将她揽入怀中，再次发誓要娶她为妻，但布伦希尔德却答道，作为持盾女战士，她要将毕生都奉献给神圣的使命，永远不会结婚。他命中注定要迎娶吉乌基国王（King Gjuki）的独生女儿古德伦（Gudrun）为妻。西格德拒绝听她的劝告，并向她表白，除了她，他谁也不会娶。然后西格德将那枚魔戒安德拉诺特送给她，并让她发誓，他们总有一天会成为夫妻。

不久之后，古德伦亲自去看望布伦希尔德，告诉她自己做了一个非常奇怪的梦，梦见一只金鹰落在她头上，而在梦中布伦希尔德杀死了一只她试图驯服的金色雄鹿。布伦希尔德无法说谎，她告诉古德伦，这个梦预言着她将嫁给英雄西格德，这个男人正是她自己选择的丈夫，而这多亏了她的母亲——格莉希尔德王后（Grimhild）所施加的魔法。但不幸的是，这段婚姻非常短暂，她最终嫁给了匈奴王阿特利，并最终将他杀死。

布伦希尔德的这一番释梦着实让古德伦吓了一跳。但是正如所预言的那样，这一切如期而至时，古德伦平静地接受了。她的母亲让西格德喝下了一剂魔法药水，使他完全忘记了对布伦希尔德的誓约，转而向古德伦求婚。于是他们结婚了，古德伦在婚宴上吃掉了另一半龙心。此后，古德伦生下一个儿子，也取名为西格蒙德，这个孩子和他的父亲一样强壮勇敢。他们还有一个女儿，

> 被施了魔法的美丽的女武神布伦希尔德沉睡着，等待一个英勇无畏的人前来将她唤醒。

溯源《沃尔松格萨迦》

探寻这一维京史诗巨作的起源。

《沃尔松格萨迦》的确切作者到底是谁已经无从知晓，因为这部传说取材于多个不同的故事。作者将西格德及有关他的家族的种种传说汇集在一起，再按照时间顺序将它们编纂成一部史诗般的传奇巨作。正如目前我们所知的那样，这些故事由无名作家和吟唱诗人所创作，他们的作品被统称为《老埃达》，其中记录了大量虚构的英雄人物及真实历史人物的古老传说，这些故事通过讲述者们口口相传，得以流传下来。随着时间的推移，不同的讲述者会在故事中添加一些自己杜撰的情节和素材，以增强故事的戏剧冲突，令其更加扣人心弦。

《沃尔松格萨迦》与同一时期的另一部歌颂伟大英雄的叙事诗——《尼伯龙根之歌》（Nibelungenlied）之间也有部分故事是重叠的。在这部大约成书于1200年左右的日耳曼英雄史诗中，描述了很多相同的人物和事件。当然，在《沃尔松格萨迦》中，很多故事似乎来自不同的地区。这些故事被汇集在一起，形成了一个跨越几代人的整体连贯的故事。

很明显，即使在目前已知的最早的书面版本创作完成时，即13世纪晚期，整个故事是作为史实呈现在读者面前的，并且清楚地表明书中记载的这些事件均发生在遥远的古代。将《沃尔松格萨迦》中所描绘的人物形象用视觉图画的形式呈现出来，最早见诸北欧拉姆桑德雕刻的石碑画中。整幅作品令人印象深刻，描绘了西格德与巨龙法夫纳大战的场景，创作时间可追溯至1030年左右。

▲ 挪威许勒斯塔木板教堂入口处的勇士屠龙木雕，创作于12世纪，细致刻画了北欧英雄西格德杀死巨龙法夫纳的场景

名为斯万希尔德（Svanhild），长得和她母亲一样可爱迷人。

与此同时，王后格莉希尔德正在谋划着让她的儿子贡纳尔迎娶被抛弃的布伦希尔德，结果她拒绝了他的求爱。因为她许下诺言非西格德不嫁，尽管他现在已经另娶她人为妻。贡纳尔和西格德一起骑马来到她父亲的城堡向她求婚。他们发现布伦希尔德独自一人站在一个四周环绕着火焰的地方，她承诺谁能够穿越火焰，谁就可以做她的丈夫，但是贡纳尔的坐骑始终不肯上前，于是他提议与西格德易形。

布伦希尔德被他的勇气打动，同意嫁给"贡纳尔"为妻。他们在一起共同度过了三个晚上。在这期间，西格德悄悄地从布伦希尔德的手上取下了那枚吸金戒指安德拉诺特，换上了另外一枚普通戒指。随后他离开了她的城堡。贡纳尔与西格德互换回原来各自的形貌。贡纳尔异常兴奋，庆祝即将与布伦希尔德成婚，而蒙在鼓里的布伦希尔德并不知道贡纳尔欺骗了她。很久以后，布伦希尔德才从古德伦口中得知真相。古德伦嘲笑布伦希尔德受骗了。她拿出那枚吸金魔戒安德拉诺特，向布伦希尔德证明那天穿越火焰包围前去与她相见的人是西格德，而不是贡纳尔。

布伦希尔德听罢大为震惊，这种欺骗行为让她恼羞成怒。她发誓，除非贡纳尔杀死西格德，否则她的丈夫及前情人共同欺骗她的这一恶劣行为将导致他们所有人丢掉性命。贡纳尔不愿意亲自动手，于是他将蛇肉和狼肉炖熟后给自己那位任性不羁的小弟弟古托姆（Guttorma）吃，这会让他变得异常好斗，具有强烈的攻击性。然后他

▼ 西格德将女武神布伦希尔德从魔法的昏睡中唤醒。他们之间这场中注定的爱情浪漫故事是《沃尔松格萨迦》的重要主题之一

命令古托姆趁西格德熟睡时刺杀他。古托姆按照他的要求做了。但这一击并没有立刻杀死西格德。西格德用尽最后一点儿力气将宝剑格拉姆掷向仓皇逃离的王子。古托姆被劈成两半。睡在西格德身旁的古德伦被一阵骚动惊醒。她吓得尖叫，发现丈夫已死在自己的身边，床上到处是血。布伦希尔德听到古德伦痛苦的嚎叫，开怀大笑，但马上她就崩溃了，忍不住惊声尖叫着，内心充满了愧疚和恐惧。她不顾丈夫的恳求，拔剑自刎。临死之前她请求在西格德的火葬坛上将她与其同葬。

看到自己的这段婚姻以如此血腥暴力的方式终结，古德伦感到极度恐惧。她逃离了故乡，到丹麦国王那里避难。过了一段平静而安全的生活后，她的母亲王后格莉希尔德设法找到了她，告诉她已经为她安排好了一桩婚事，这一次是嫁给匈奴王阿特利，一切都和当年布伦希尔德所预言的一模一样。古德伦警告她的母亲，第二次婚姻也会以悲剧收场，但是格莉希尔德坚持要她必须服从安排。她不得不勉强同意了这桩婚姻，前往阿特利国王的宫庭。此去路途遥远：一行人先是骑马走了7天，然后乘船，在大海上又整整航行了7天，登陆后又历尽艰辛足足走了7天，才到达目的地。为迎接古德伦的到来，阿特利王举行了盛大的庆祝活动，但是华丽辉煌的婚礼并不能掩盖这个事实：这对新婚夫妇彼此并无好感，尽管他们仍然会设法相处并最终生下了两个孩子。

令古德伦沮丧的是，她发现她的新婚丈夫竟然沉迷于传说中的宝藏——西格德从巨龙法夫纳那里偷走的那些，而那些财宝已经被她至今仍健在的两位兄弟——贡纳尔和霍格尼（Hogni）占有了。按常理，西格德去世后，这批宝藏应该由古德伦继承，并应该作为嫁妆的一部分随着古德伦出嫁一同送到阿特利这里。阿特利下决心一定要夺到这批宝藏。他无视这批财宝已经被施下诅咒的事实，决定大摆筵席，邀请两位小舅子进宫，明为设宴庆祝，实为趁机将他们制服，以夺取他们手中的财宝。

满腹狐疑的古德伦用如尼文给她的兄弟们发了一条密信，让他们拒绝邀请，不要来，但是她发出的消息不幸被截获了。阿特利将文字改成了"保证他们在阿特利王宫里是绝对安全的"。幸运的是，霍格尼的妻子科斯特贝拉（Kostbera）擅长解读如尼文。看到这份密信，她马上意识到古德伦发出的原始信息被篡改了，这意味着他们已预先知晓了阿特利的阴谋。贡纳尔的妻子格劳姆沃（Glaumvor）也在梦中得到了一些预警，暗示他们前去阿特利的王宫赴宴绝非明智之举，但是她的丈夫及他的兄弟还是选择踏上了这趟危险之旅。

一进入阿特利国王的领地，兄弟二人立刻意识到这位匈奴王对他们不怀好意。但是，他们只能硬着头皮继续往前，直到抵达他们妹夫的王宫。他正在那里等候他们，一见面就要求他们交出宝藏。否则会彻底激怒他。兄弟俩毫不屈服，拒绝交出宝藏，阿特利的士兵开始攻击二人，一场可怕的争斗随之发生。看到阿特利竟然如此粗暴地对待自己的家人，古德伦异常愤怒。她披上铠甲，手握宝剑，和她的兄长们并肩作战。但是他们寡不敌众，最终两个人都被俘虏了。

阿特利王下令先将霍格尼处死，然后取出他的心脏并交给他的兄弟。贡纳尔看到后告诉阿特利，那批宝藏已经被藏起来了，现在霍格尼死了，在这世上活着的人中，就只有他知道宝藏到底在

> 兄弟二人立刻意识到
> 阿特利对他们不怀好意。

哪里。阿特利勃然大怒,他将贡纳尔绑了起来,扔进了一个爬满毒蛇的深坑里。贡纳尔想方设法阻止毒蛇攻击自己,古德伦给他一把竖琴,但他的手被捆住了,于是他用脚趾弹奏,这音乐对蛇极具吸引力,被迷惑住的毒蛇没有攻击他。然而,非常不幸,一只巨大的蝰蛇根本无视这首曲子,疯狂地朝他心脏部位咬了一口,贡纳尔当即毙命。让阿特利非常高兴。古德伦强忍心中的悲伤,向阿特利表示自己的忠心。她说现在阿特利是她唯一的亲人了,从这一刻起,她将只对他效忠,但要答应她一个条件:为她死去的两位兄长举办一场与他们的身份相符的盛大葬礼。

葬礼宴会当晚,古德伦杀死了她与阿特利所生的两个孩子。她将他们的血和酒混在一起,将他们的心脏挖出来并烤熟,然后一起端给了他们的父亲。当阿特利询问孩子们在哪里时,她异常平静地答道,他刚才喝的正是他们的血,吃的正是他们的心。阿特利听后暴跳如雷。他恨不得立刻将古德伦斩杀,但是这时他已经喝得酩酊大醉,倒在餐桌旁神志不清,不得不被人抬到床上。

这种情形对古德伦非常有利。她和她的侄子尼芬隆(Niflung),霍格尼的一个儿子,逃过了这场杀戮。她用宝剑刺穿了阿特利的心脏,并放火烧了他的宫殿,杀死了所有士兵。他们返回了故乡。让古德伦高兴的是,终于可以和她与西格德所生的孩子们团聚了,但恶龙留下的引发如此多次死亡与毁灭的宝藏,从此不再有人知道它们的下落。这些财宝永远地从尘世间消失了。

▲ 北欧神话中的奥丁神多次出现在《沃尔松格萨迦》中。他通常将自己乔装改扮成一位蓄着胡须的老人。这幅画展现了他骑着自己的坐骑——八足神驹斯莱普尼尔的形象

▲ 英雄西格德在与法夫纳的搏斗中表现出非凡的勇气和武艺。他最终杀死了这条恶龙,并因此威名远扬

拉格纳·洛斯布洛克是一位传奇英雄，据说他的几个儿子均为历史上真实存在的人物

终极维京海盗

拉格纳·洛斯布洛克，一位富有传奇色彩的维京先人，历史上的第一个维京海盗。

作者：爱德华多·阿尔伯特（Edoardo Albert）

听，你听到了吗？那个声音。那是一首苍凉的悲歌。屠龙英雄西格德，还有美丽的布伦希尔德逝去了。树木低声轻语，江河将这个噩耗传递给波涛汹涌、狂躁不安的大海；雨和风，太阳和星辰，都在诉说着这个悲讯：西格德死了；布伦希尔德也已离世。

听闻悲风凄雨的哀吟，望见日月星辰的恸悼，有一位长者黯然神伤。他就是黑米尔（Heimir），布伦希尔德的义父。他对美丽的布伦希尔德的哀伤之情就像是待亲生女儿般强烈。于是，黑米尔抛家舍业，撒下王权，离开了他的王国。布伦希尔德和西格德有一个女儿，名叫阿斯劳格（Aslaug），他们曾要求黑米尔能够认她做养女。西格德曾凭借武力击败了很多人。现在他死了，他的对手不再慑于他的威力，纷纷前来疯狂寻仇，以报复其生前所为，而这将会导致西格德与布伦希尔德的后裔在中土世界中彻底毁灭、消亡。

拉格纳的历史真相

他到底是历史上的传奇英雄还是一位小说中的虚构人物?

维京传奇通常是以一个传说故事为开场,以真实历史事件作为收尾,冒险故事及骑士精神贯穿始终。但是在这个关于拉格纳·洛斯布洛克的传奇故事中,作者非常巧妙地将故事发生的场景在传说与史实中自由切换:故事的开场用大量笔墨描写了北欧传说中最伟大的英雄拉格纳的未来妻子,以及屠龙英雄西格德与布伦希尔德的故事(作者完全忽略了一个时间难题,即西格德与布伦希尔德所处的时代是在本故事发生前4个世纪),而这部传奇的结尾叙述了有关拉格纳之子的故事,例如"无骨者"伊瓦尔,以及"蛇眼"西格德的故事。毫无疑问,他们都是真实的历史人物。拉格纳本人是否在历史上真实存在过,这个问题仍然不得而知。然而一群维京海盗战争首领被称为洛斯布洛克之子,这极有可能是指他们真实的父亲是一个维京部落的创始人。但是如果拉格纳是真实存在的,那么他很可能最早出现在845年的一个历史事件中,当时一位名叫"雷金海利"(Reginheri)的维京首领率领120艘长船沿塞纳河逆流而上,攻打巴黎。根据法国编年史作家的记载,这位拉格纳死于黑死病。据说这种瘟疫将围攻巴黎的维京人全部摧毁。根据维京传奇描述,在接下来的几十年里"拉格纳"重出江湖:他劫掠了苏格兰及其群岛,定居都柏林,袭击了安格尔西岛,最后死在了约克郡一个爬满毒蛇的深坑里。据描述拉格纳在他的海盗职业生涯中至少死了5次。所以人们在创作时很有可能是将一些名字相似的不同维京首领的事迹融合在一起,然后通过一个有代表性的角色呈现出来:拉格纳·洛斯布洛克(Ragnar Loðbrok [1])随之诞生了。只要这种创作方式一经采用,那么,人们会为这位名气响当当的英雄人物安排编写各种故事以作为他的丰功伟绩,就像亚瑟王(Arthur),不列颠的一位战争领袖,成为中世纪骑士精神的典范。随着现在对维京人的重新诠释,他们已从嗜血残忍的强奸犯变为勇敢无畏的探险家和商人。拉格纳·洛斯布洛克的形象将被荧幕重塑,这只是一个时间问题。《维京传奇》(Vikings)可谓一部伟大的电视剧,但更为重要的是,它将不同时代的事件和人物融合在一起,其中塑造的维京英雄罗洛(Rollo)的形象更为贴近史实。在剧中他是诺曼底的第一任统治者,拉格纳的兄弟及同时代的维京人,而实际上拉格纳比罗洛早两代。但是,这样的故事创作理念与维京传奇的诸位作者是一致的:相信他们会像我们一样喜欢《维京传奇》这部作品。

---

[1] Loðbrok 是古诺尔斯语,意为"毛裤子",并非他的姓氏,而是他的绰号。——译者注

黑米尔将阿斯劳格带回了他的王国——利姆达尔（Hlymdal）。但是很快，西格德与布伦希尔德的亲生骨肉和黑米尔住在一起的消息不胫而走。即使尚处幼年，阿斯劳格的相貌实在是过于美丽迷人而惹人注目。谣言比冬天里的寒霜传播得还快：西格德与美人布伦希尔德的孩子住在利姆达尔。听到这些传言，黑米尔仿佛听到了仇人们发出的咆哮声。距离虽远，但他们已经越来越近了。凶狠的狼群聚集在一起。阿斯劳格不能再待在利姆达尔了。但是黑米尔意识到逃离并不是一个好办法，因为无论他走到哪里，这个女孩那迷人的美貌及优雅的举止都会暴露她的身份。不，他一定得走，但是他必须将这位养女带在身边并藏起来，永远不能让旁人发现她的存在。

于是，黑米尔巧妙设计并用精湛的技艺制作出了一架绝妙的竖琴，他可以将小阿斯劳格藏在里面。除了她，黑米尔还在竖琴里藏了一些贵重物品：金币和银币，还有一些漂亮的衣服，因为一场远行已在所难免。黑米尔出发了，离开了他的王国，成为一名带着一把竖琴的流浪汉，靠弹琴卖艺来换取一顿晚餐和一张可以栖身的床铺。他们远走他乡。每当他们远离人们的视线，确保无人能看见时，黑米尔就会将竖琴拆开，让小阿斯劳格出来洗个澡。当阿斯劳格被关在竖琴里的时候，他会给她一根韭葱（wine-leek）作为食物。为了保证安全，阿斯劳格必须藏在琴里。有时因为琴箱里面太黑，她会感到害怕，就会哭闹，这时黑米尔就会弹奏优美动听的曲子，安抚她的情绪，让她平静——他的竖琴弹奏技巧简直是棒极了。

黑米尔漫无目地地流浪着。他到了挪威，来到了一座名为斯潘格瑞德（Spangareid）的农场。有一对老夫妇住在那里，他们是阿克（ke）和他的妻子格里玛（Grima）。黑米尔上前敲门，格里玛在屋里回应，这时老阿克到森林里砍柴去了。

"陌生人，你来我家做什么？"格里玛问道。

"我无意伤害您，老夫人，"黑米尔答道，"我是一个流浪汉，一个乞丐，远离家乡。我只想请求您能让我在火炉旁边坐一会儿，让我的这把老骨头暖和一下。"

"我敢保证，一旦我让你在火炉边坐下来，你就会让我再给你些食物。"格里玛说。

黑米尔举起了冻得青紫的双手。"我是一名竖琴师。我只想让我的手指暖和一下，免得它们被冻伤。"

"好吧。"格里玛说，"我可以让你进来。但是记住，我们没有食物可以给你。我们没有多余的食物可以给乞丐。"

格里玛将木柴添入火炉，黑米尔将竖琴放在身旁，然后把双手放在火焰上烤火取暖。但是格里玛不仅眼光敏锐，说话尖酸刻薄，还格外机警。她瞥见竖琴上似乎挂着什么东西，于是她假装在农舍里四下忙碌，走来走去，以趁机近距离看一下那把竖琴。当她得以仔细观看时，发现那是一块华丽的布料。然后，她看了看黑米尔，发现从他手指上裹着的破布里微微透露出一丝金光。格里玛意识到他绝不是一个普通的乞丐。

"听我说，乞丐。我刚才的话有点刺耳，那是因为我们在农场里几乎见不到什么人。请稍微再坐一会儿，我丈夫很快就要从森林中回来了。今晚我会拿一些食物给你，然后再给你找个地方让你能够踏实睡上一觉。"

黑米尔看了看这个奸诈狡猾的老妇人，但是

如果你不杀他，我就让这个老叫花子做我的丈夫，然后我们一起把你赶出去。

由于他得了雪盲症，视力模糊，所以他没有看到这位老太婆眼中闪烁出的诡诈的目光。

"非常感谢您，老夫人。如果我再在外面待上一个晚上，恐怕我真的就要完蛋了。"

"现在让我带你去看看今晚你睡在哪里。"

说着，这位老太婆把黑米尔领到了大麦谷仓，黑米尔将竖琴放下，然后躺在旁边。四周全是暖洋洋的装满大麦的麻布袋。

黑米尔睡着了，格里玛开始干活。但是她实在是太兴奋了，做家务时都漫不经心。当她的丈夫阿克回到家时，发现房间没有打扫，炉火没有生起，甚至连牲畜也没有喂。

阿克环顾四周，看着目光敏锐的格里玛说道："你这一天一定过得非常开心吧。每天我都在辛苦劳动，劈木柴，然后将它们拖回家，甚至手指渗出鲜血，而你却整日里坐在火炉边无所事事。"

刻薄的格里玛反驳："有一件易如反掌的事，你愿意做吗？这件事，能让我们生活富足，从此一辈子都不愁吃穿。"

"是什么事？老太婆！"阿克问道。

"今天我们的农场里来了一个人。一个老头儿，他说他是一个乞丐。但是我用我这双敏锐的眼睛看到了他手指上泛出的金光及他的竖琴上挂着的金色布料。他看上去非常老，但我认为他年轻时一定是一名伟大的战士。我把他带到了谷仓，让他睡在那里了。"格里玛看着她的丈夫说。一想到自己的计划，她的双眼中闪现出了贪婪的目光。"他很快就睡着了。"格里玛又补充了一句。

但是阿克听后摇了摇头。"不，不。我不能按你说的那样做。"

伶牙俐齿的格里玛打断了他的话。"我为什么要嫁给一个懦夫？本来我的母亲让我嫁给斯韦恩（Svein）的。如果是他的话会毫不犹豫地去做。如果你不杀他，阿克，那就请帮帮我，让这个老叫花子做我的丈夫，然后我们一起把你赶出去。他来的时候你不在家，你没听到他一股脑对我说的那些甜言蜜语。但是我才不听呢——我发誓忠于我的丈夫。这对我大有好处！记住，阿克，好好记住：如果你不抓住这个机会，我就让他上我的床，然后再杀了你。"格里玛用手挽住阿克的胳膊，"我们不会再有这样的好机会了，阿克。"这个老女人狡猾地哄骗道。

阿克听罢只好点了点头。然后他拿起斧头，磨了磨。格里玛将阿克带到黑米尔睡觉的地方，竖琴就放在他身边。黑米尔躺在那里鼾睡着。

"快下手！"格里玛低声说道，"你砍完他马上就跑，免得他还击伤了你。"说完格里玛拿起竖琴跑回了农舍。

阿克提着斧头，站在酣睡的黑米尔旁边。他举起斧头，用力朝着黑米尔砍去，但是斧头砍到了骨头，从他手里飞了出去。睡梦中的黑米尔被砍中后四肢颤抖着，发出怒吼，吓得阿克慌忙逃离了谷仓。但是，这一斧子砍下去非常深，足以致命，濒死的黑米尔痛苦地挣扎着，整个谷仓轰然倒塌。

阿克跑回农舍，发现格里玛已经拿了竖琴等在房间里。"我照你说的做完了。"他说道。

"我们会发财的，"格里玛说，"记住我的话。"

但是老阿克却摇了摇头。"我们不会得到好结果的。他的死会让我们血债血偿。"

"呸！"老太婆回应道。说着她打开了那把竖琴。

在琴身里面，除了黄金，他们发现居然还有一个小女孩。

"看来结果更糟糕了。"阿克说道。

"是个大活人，"格里玛说道，"这不是我想要的。你是谁？"但不管他们问什么，阿斯

▲ 拉格纳杀死了那条将索拉囚禁在凉亭的巨蛇,矛头留在了蛇的身上

劳格一概不回答。好像这个小女孩根本不会说话似的。

"这简直是太糟糕了。"阿克非常沮丧。

"胡说，"格里玛驳斥道，"我需要有个人帮忙一起做家务。她可以用我母亲的名字——克拉克（Kráka），如果有人问起，我就告诉他们，她是我们的亲生女儿。"

"根本没有人会相信你，"阿克反驳说，"咱们俩长得这么丑。没人会相信克拉克是咱俩所生。"

"我会让她变丑的，"格里玛得意地答道。"我要剃光她的头发，给她抹上焦油，让她看上去脏兮兮的，然后给她穿得破破烂烂的，这样别人就会相信她是我的女儿了。再说，我亲爱的丈夫，难道你不记得我年轻时有多么漂亮了吗？"

阿克看着她。"不，不要这样做。"他说。

"哦，你闭嘴吧。"格里玛呵斥道。于是，她将农场里最脏最累的事全交给可怜的女孩来做。克拉克渐渐长大了，在贫穷和寂寞中长成了一个大姑娘。

在哥特兰有一位部族首领名叫哈鲁德（Harrud）。他有钱有势，膝下有一女，名为索拉（Þora）。这个女孩堪称世上最美丽动人的姑娘，不仅相貌甜美，而且举止温和优雅。超凡脱俗的她被人们冠以绰号："公鹿-堡垒"（Fortress-Hart）。就像可爱的小鹿是动物中的佼佼者一样，她展现出了卓尔不群的魅力。哈鲁德对他的宝贝女儿十分溺爱，并为她在大殿旁边建造了一座凉亭。每天哈鲁德都会送给索拉一份礼物。一天，哈鲁德送来了一条极为漂亮的小蛇。索拉喜欢蛇，于是将它放进一个小箱子里，并放了一块金子给它当床。但是，这条蛇竟然开始猛长，几天之内它的个头儿就已经非常大。箱子实在装不下了，它只能蜷曲着身体盘卧在箱子中。箱子一被打开，这条蛇的身形就快速膨胀。很快它那庞大的身体就完全缠绕在索拉的凉亭上，没有人可以自由进出凉亭，除非带给这条巨蛇食物：一整头牛。神奇的是，蛇身下面垫着的那块黄金居然也随着蛇的身形增长而变大，以便能够承受这个庞然大物的整个身体。见到索拉被困在凉亭中，哈鲁德承诺，无论是什么人，只要能够杀死这条巨蛇，将索拉解救出来，他就把女儿嫁给他，而蛇身下面那块黄金就作为索拉的嫁妆。众人听闻后虽心中暗喜，但却无一人敢上前面对那条蛇，因为它的确是太大了。

丹麦国王"指环"西格德（Sigurd Hring），因其在巴瓦里尔战役（battle of Brávellir）中杀死了"战牙"哈拉尔（Harald Wartooth）而声名大振。

拉格纳（Ragnar）是西格德的儿子。他身材高大，英俊潇洒。此时的拉格纳麾下战船人员齐整，已成为名扬天下的伟大战士。听闻哈鲁德首领所承诺之事后，拉格纳并没有承诺什么，也没有谈论那条将索拉困在凉亭的巨蛇，而是准备了一些衣服：一条粗布裤子及一件粗布斗篷，并将它们放在柏油里煮了煮，然后驾船驶往哥特兰，将战船停在离哈鲁德的大殿不远处的海岸边。但是当晚，拉格纳并没有去拜见首领。第二天他起得非常早，其他人还没有醒来，拉格纳就穿上了他亲自准备的那条沾满柏油的裤子和斗篷，并从武器架上取下一支长矛。拉格纳下船后登上海滩，在海滩上打了个滚儿，使裤子和斗篷上沾满沙子。然后他取下矛枪上用来固定枪头与枪杆的铆钉。

黎明时分，拉格纳来到哈鲁德首领的大殿。所有人仍在睡梦中。拉格纳径直走到索拉的凉亭前。他看见那条盘踞在凉亭中的巨蛇，那怪物也正在酣睡中。拉格纳将长矛刺向蛇身，后抽出矛枪,又刺了一下,这次矛头直接刺穿了蛇的脊骨。他顺势将矛枪扭了一下,矛头从枪杆上脱落,留在了蛇的身上。

巨蛇垂死挣扎,一股酸性血液从它的身体里喷涌而出,溅了拉格纳一身。但是这些毒血全部溅在了拉格纳那沾满沙子的斗篷和粗布裤子上,拉格纳本人毫发未伤。

濒死的巨蛇痛苦挣扎着,发出的声响将索拉吵醒了。她看见一个蒙面男子正迈步离开凉亭,于是就大声喊他回来。但是拉格纳并没有转身,而是谜一般地应了一声,然后就走远了。

索拉怀疑此人很可能就是那位杀死巨蛇并将她解救出来的英雄,但如此身材高大的巨人是凡人吗?此时首领哈鲁德也被巨蛇死亡时发出的巨大声响惊醒了。他赶忙跑过来,发现了嵌在巨蛇脊骨内的矛头,但是这个矛头的尺寸实在是太大了,哈鲁德也怀疑使用如此巨型武器的到底是不是一个普通人。

索拉建议父亲立刻召开一场大会。杀死这条蛇的人拿着的矛枪杆必须能够与刺死蛇的矛头相匹配。

拉格纳和手下听闻首领召集大会,于是前去参加,但他们并没有和其他人坐在一起。

哈鲁德站在那里发表讲话:"那条将我女儿困住的巨蛇死了,杀死它的人将这个矛头留在这条畜生的尸体里。是谁手持长矛将这条巨蛇刺死?请把矛枪拿出来。我将信守我的承诺,无论他到底是什么人。"听闻此言,很多人上前一试,但没有一个人手中的枪杆能够配得上这个矛头。

这时拉格纳站了出来,声称这是他的矛枪上的,并将矛头拿过来直接安在了他手持的枪杆上。

这个英勇的事迹很快传遍了整个北国及更远的地方。从北方白人居住区一直到君士坦丁堡,拉格纳尔的威名广为传颂。看到如此般配的一对,首领哈鲁德非常高兴。他将索拉许配给拉格纳为妻。拉格纳带着索拉一起返回了丹麦。拉格纳深爱着索拉,索拉也为他生了两个儿子——埃里克(Eirek)和阿格纳(Agnar)。两人后来都成为伟大的英雄。

但是后来索拉生病不幸离世。极度悲伤的拉格纳将他的王国抛下,交给其他人代为管理。为了平复哀伤的情绪,他驾驶着他的战船去当了海盗。

> 我赤身裸体但身披衣物站在您面前,腹中不饿但也未饱,而且我还带着一个同伴。

一天早晨,他们的战船停泊在一处小海湾中。拉格纳的手下醒得很早,他们划着一艘小船来到海岸边,然后上岸准备烤面包。在海滩上,他们看到不远处有一座农场,于是他们打算带着面粉去农场,借用农场的烤箱。接待他们的是一位老妇人,正用她那张已经没有了牙齿的嘴巴嚼着早餐。这群男人询问她的姓名,老太婆答道:"我叫格里玛。你们是谁?"

"我们是伟大的英雄拉格纳·洛斯布洛克的手下。现在你要帮我们烤面包给他做早餐。"

老妇人举起自己的双手。她的手指都已经扭曲变形。"我这双老手已经干不了这么重的活儿了。但是我有个女儿,她可以帮你们烤面包。她叫克拉克,但她非常任性固执,我恐怕不能勉强她做什么。所以等她回来后你们自己和她说吧。"

一大早,克拉克就牵着牛去河边饮水了。当牛喝水的时候,她看见那艘大船停泊在小海湾里,船身两侧挂着带有图案的盾牌,船头画着一条巨大的蛇头。克拉克一边远远地望着这艘船,一边脱下衣服洗澡,虽然这是格里玛严令禁止的。然

拉格纳在他的战船上接待了克拉克。她赤身裸体,但围裹着衣物;有一个同伴(尽管这只狗活不了多久)。

后，她梳理了一下她那一直垂到地上的金色长发。因为到斯潘格瑞德（Spangareid）的人很少，也没几位客人来，所以格里玛已经懒得再给克拉克剪头发了。

克拉克牵着牛群回到了家。那群男人们正俯身烤火，一看到她不禁停下了手中的活儿，转身向格里玛问道："这是你的女儿吗？"

"是的。"格里玛答道。

"这怎么可能，"那群男人惊叹道，"她那么漂亮，你却这么丑！"

"不要以她现在这个年龄来判断我这个老太婆，其实我年轻的时候也是个大美人。"

于是这群男人请克拉克帮他们烤面包。他们让她帮忙揉面，将面团揉成型后交给他们，他们负责烤熟。那些男人情不自禁地转过头来盯着她看，竟然将所有的面包都烤糊了。带着烤焦的面包，他们返回到船上。他们把面包拿给船员们吃，大家纷纷抱怨面包都被烤焦了。

"这是交给你们的任务，"饥肠辘辘的拉格纳说道，"你们甚至连这么简单的事都做不好。"

"这不是我们的错，"这群男人答道，"那个农场里有一个女人，拥有沉鱼落雁般的美貌，我们几个一直不由自主地盯着她看，所以才会把面包烤焦了。"

"这世上不会再有和索拉一样漂亮的女人了。"拉格纳用他那低沉的声音驳斥道，那声音极具威胁性。

但是这些男人似乎并没有听出拉格纳的语气充满挑衅，他们越发强烈地反驳道，他们看到的那个美貌女子确实比索拉更漂亮。

拉格纳听后说道："我要让其他人去看看，看看你们说的这个女人到底长什么样，他们会回来回复我的。如果真如你们所说，我就原谅你们这次将差事办砸了。但是如果她的美貌略逊于索拉，你们会立刻被处死。"

拉格纳派去的人试图划着小船驶向岸边，但由于是逆风行驶，风力太强，他们一时无法登陆。

毋庸置疑，拉格纳非常渴望见到这位拥有绝世美颜的姑娘。他让手下捎话给她："如果她那倾国倾城的美貌真的胜于索拉，那么我希望她能成为我的枕边人。告诉她我要见她，但是她来见拉格纳·洛斯布洛克时要赤身裸体但又必须身着衣物，酒足饭饱但又要饥肠辘辘，独自赴约但又需要朋友相伴。"

待风向一转，拉格纳的信使马上出发了。他们上了岸，来到农舍，发现克拉克正在等他们。他们上下打量着眼前这位姑娘，发现她美丽容颜的确如所说的那般倾国倾城：她确实比美人索拉更加美丽动人。使者在她面前非常恭敬，并告诉她拉格纳·洛斯布洛克让他们带话给她。

听到拉格纳所捎来的话，格里玛咯咯地笑了起来："著名的拉格纳一定是疯了。这世上任何一个姑娘都不可能按这些要求前去赴约。"

但是克拉克却答道："我明天会登上你们的船，完全遵照伟大的拉格纳·洛斯布洛克的要求。"

她目送信使驾着小船驶回了停泊在海湾里的拉格纳的战船。整个晚上，克拉克都在思考着如何完成拉格纳的要求。黎明破晓时分，她去找老阿克，老人在劈柴。他的狗，他唯一宠爱的生物，对着前来的克拉克疯狂吼叫。

"你能把你的渔网借给我用一下吗？"克拉克问道，"我想去捕一些鱼回来作为我们的午餐。"

"拿去吧，"阿克说，"省得我又湿又冷地站在海湾里干活。"

"我还得带上狗，"克拉克说，"否则那些讨厌的海鸥会把鱼偷走的。"

"这个时候该有人去干活儿了，"阿克说道，

▲ 此幅画作由马丁·埃斯基尔·温格创作，描绘了阿斯劳格被发现时的情景

"跟她走吧。"那条狗非常不高兴地跟着克拉克返回农舍。克拉克进屋，取了一个洋葱，然后她脱下了衣服，赤身裸体，用阿克的鱼网裹住自己的身体，然后将长发披在胸前遮体。

"来吧，小狗。"克拉克边说边走出屋子。小狗跟在她后面，她径直走到了海湾。格里玛看见走在海滩上的克拉克：赤身裸体但还身着衣物，独自一人，但却有朋友相伴。看到这一幕，格里玛猛然意识到，这个长期做苦工的姑娘竟然是如此聪慧伶俐。

"但是她现在还没吃饱，还饿着肚子。"

随后，格里玛看到克拉克将洋葱举到嘴边，咬了一口，嚼了嚼，然后又吐了出来。

"拉格纳会闻到洋葱的味道，然后就会知道她已经吃过饭了，但是还没有吃饱。"

拉格纳等了整整一夜，他迫切地想见到那位漂亮迷人的少女，于是将战船往海岸边移了移。这时，他看见这位姑娘在浅滩上，他叫住了她，

拉格纳故事的历史考证

目前存于世上的《拉格纳·洛斯布洛克萨迦》有两部手稿。它们均写于15世纪初，但普遍认为这两部手稿都是对1230年左右遗失的原作的复述。手稿显示，《拉格纳萨迦》直接延续了《沃尔松格萨迦》所讲述的故事，这正是有关拉格纳的传说故事的主要来源。整个故事以格里玛和阿克如何收养了阿斯劳格为开场，结局描述了拉格纳的儿子们的冒险之旅。这部传奇中涉及了一些拉格纳之死及他的儿子们如何复仇的情节，本书的下一章节中将重点讲述这部分内容，以及来自《拉格纳之子的传说故事》（þáttr af Ragnar sonum）的更深入的内容。《西约尔德萨迦》（Skjöldunga saga）讲述了大量的关于拉格纳的精彩传奇故事，遗憾的是这部书已经遗失。然而幸运的是，冰岛历史学家昂格里姆·约恩松（Arngrímr Jónsson）于1596年所撰写的拉丁版《传奇》中，包含了《西约尔德传奇》的大部分内容。《上古先王传奇残卷》（Sögubrot，传奇残卷）是遗失的《西约尔德萨迦》的一部分，融合了一些关于拉格纳及他的儿子们的更多信息。最后说一下《渡鸦之诗》（Krákumál）。它是在同一份手稿中被发现的。作为《拉格纳·洛斯布洛克萨迦》中的一个重要内容，它是一首广为传唱的典型的北欧风格人物生平叙事诗。具有讽刺意味的是，诗中的主人公是个垂死之人。据说濒临死亡之人能够看到他们自己的生命在眼前流逝。这首生平叙事诗运用了大量笔墨回顾了这位垂死英雄的英勇事迹，在进行了长篇吟咏之后诗文进入到英雄之死的结局。

▲《拉格纳·洛斯布洛克萨迦》，插图由19世纪画家奥古斯特·马姆斯特罗姆（August Malmström）绘制

询问她是否就是他的手下所说的比索拉还漂亮的美人。

"我奉拉格纳之命前来,他在整个北国享有盛名——没有一位姑娘胆敢拒绝他。照您吩咐,我赤身露体但却身着衣物地站在您面前,腹中不饿但也未饱,而且我还带着一个同伴。"

"你过来。"拉格纳喊道。

"如果你能保证我和我同伴的安全,我就会过去找你。"勇敢的姑娘答道。

"你会安全的。"拉格纳说。于是他派人划着小船将克拉克接到战船上。

当克拉克站在他面前时,拉格纳·洛斯布洛克不禁伸手将她揽在身边。但是阿克的狗见状冲上去咬了拉格纳的手一口。拉格纳的人赶忙上前将这畜生从国王身边拉开,并把它勒死了。阿克,那位老人,唯一宠爱之物,就这样被弄死了。

拉格纳的伤口并不深。他一边包扎伤口,一边让克拉克坐在自己的身边一起聊天儿。

"仁慈的国王会得到一位漂亮姑娘的拥抱,作为对他的回报。"他边说边让手下将华丽昂贵的衣物、黄金及珠宝摆在克拉克面前。

但是这位姑娘回答道:"一个真正的国王会信守他的承诺。您既然向我保证过我的安全,毫无疑问,您要遵守您的诺言,让我离开这里,带着保持完好的贞洁之身离开这里。"

拉格纳对她说道:"我希望你能跟我一起走。"

克拉克摇了摇头:"我很清楚您已经着手要做的是什么事:您是一名海盗,很可能等您回来的时候已经将我遗忘。但是我的国王啊,您要知道一点。如果您再经过这座位于斯潘格瑞德的农场时,如果还记得我,那么我就会再考虑一下,和您一起走。"

拉格纳让手下拿来了一件用金线织成的衣服,放在了克拉克面前,这件衣服是索拉曾经穿过的。

但是克拉克拒绝了这件礼物:"适合我这个放羊饮牛的女仆的是破布,而不是属于美人索拉的如此华丽的衣服。而且目前我和格里玛、阿克住在一起,我也不能穿着这样的衣服。如果您平安回来,仍然想让我跟您一起走的话,就叫您的手下来找我,让他们捎话给我。"

拉格纳对着他的金臂章许下誓言:他不会忘记克拉克。但是克拉克听后并没有再答话,于是拉格纳派人将她送回岸上。接下来,等风向改变了,拉格纳正式起航。

但是他眼前总是浮现出那个美好的瞬间,一位赤身露体却身着衣物的姑娘前来与他相会。

随后的一个晚上,克拉克向海湾望去,看到那艘龙首战船就停在那里,有人放下小船向岸边划来。

"国王已经回来找你了,按照他许下的誓言。"拉格纳的手下告诉她。

"明天早上我会跟你一起走,"克拉克答道,"我必须先和他们告别。"

太阳升起的时候,克拉克来到了格里玛和阿克的卧室与他们告别。她从未用如此的语气和她的养父母讲话。

"你们以为我当时年纪太小,不会记得当我第一次来到你们家时你们所做的一切:我的养父,忠实的黑米尔虽然恪守宾客之道,可你们却将他残忍地杀害了。那场景至今依然历历在目。"克

> 从今天开始,你们过的日子会一天比一天更糟糕,最糟糕的那天就是你们的末日。

当格里玛和阿克打开黑米尔的竖琴时，
他们所发现的完全在他们意料之外

拉克用手指着阿克,"我杀了那条狗,那是你唯一宠爱的,因为事实上没有人会爱尖酸刻薄的格里玛。我本可以以牙还牙报复你的,趁你熟睡之时杀了你,就像当年你杀害黑米尔那样。但是为了让与你们一起生活的这些年还能在自己的记忆中保持些许美好,我一直没有动手。但你要知道:我现在宣布你们的厄运就要来了。从今天开始,你们过的日子会一天比一天更糟糕,最糟糕的那天就是你们的末日。从现在起,我们永不相见。"

说完,克拉克走向那艘前来接她的小船。克拉克的到来让国王十分欣喜。当夜幕降临时,他想与她一起共度良宵,但被克拉克拒绝了。

"在我和您睡在一张床上之前,我要举行一场盛大的婚宴,并在您的王国为我举办一场欢迎仪式,同时我为您所生的子嗣要被您所有的国人接纳。"

拉格纳听出了聪明睿智的克拉克这番话中的含义。他欣然同意,并催促船员们加快速度前进。一回到他的王国,拉格纳便下令举行了盛大的婚宴,拉格纳和克拉克成为夫妻。但是当天晚上,拉格纳迫不及待地想要和自己的新婚妻子第一次亲热之时,克拉克将她的手指放在了他的嘴唇上。

"等等,"她说道,"您等了很长时间,但只要再等三个晚上就可以了。因为如果我们今晚

▼ 另一视角记录的拉格纳与机敏的阿斯劳格会面的瞬间

同床共枕，那么我心底的那个声音将会告诉我，我所生的孩子会因为我们过于急迫而永生受苦。"

但是拉格纳听后哈哈大笑了起来："我已经等了好几个月了，克拉克，好几个月了。我已经将金银珠宝、我的王国及我的心全都给了你。我再也不想等了。"

于是那天晚上他们第一次享受了床笫之间的交欢。他们的婚姻治愈了格拉纳失去索拉后的痛苦。但是克拉克心底所担忧之事最终还是真实发生了：他们的第一个孩子，不幸患有脆骨症，即成骨不全症，故被称为"无骨者"伊瓦尔（Ivar the Boneless）。虽然他机智过人，但是他无法行走，需要手下将他放在盾牌上抬着前行。

拉格纳和克拉克之后又生了两个儿子：比约恩（Björn）和哈夫丹（Halfdan）。但是拉格纳的一些手下开始私下议论，他们认为作为国王，娶一个农民为妻实在是不合适，而瑞典国王埃斯泰因（Eystein）有一个非常美丽漂亮的女儿。拉格纳应该忘记克拉克，去娶那位国王的女儿。这些话被克拉克听到了，于是她向拉格纳讲述了自己的故事，告诉他自己实际上名叫阿斯劳格，是英雄西格德与女武神布伦希尔德的女儿。但是拉格纳并不相信她所说之事。于是克拉克说："如果我所言之事是真的，那么现在我肚子里的这个孩子，他的眼睛里将会有一个蛇形标记，你可以给他取名为'蛇眼'西格德（Sigurd Snake-in-the-Eye）。"

正如所说，克拉克生下了一个男孩。当他第一次睁开眼睛时，拉格纳看到了他眼中那个标记，似一条盘绕着的蛇。于是所有的人都知道了，克

▲ 黑米尔将小女孩阿斯劳格藏在他的竖琴里，以此方式，二人躲过了西格德仇敌的追杀

拉克实际上是屠龙英雄西格德与美女布伦希尔德的女儿阿斯劳格。

关于他们儿子的故事会在《拉格纳之子的传奇》中讲述。同时这部传奇还叙述了拉格纳被埃勒国王（King Ælle）扔入一个爬满毒蛇的深坑中，最终被蛇咬死的故事。书中还描述了拉格纳的儿子们如何为他们的父亲报仇雪恨，以及其他一些英勇事迹。但是关于"毛裤子"拉格纳的故事到此就全部结束了。

一位声称是拉格纳孙子的维京海盗,下令处死了东安格利亚国王埃德蒙

强大的拉格纳·洛斯布洛克之子

有关瑞典和丹麦国王拉格纳·洛斯布洛克的传奇故事广为人知，而他的儿子们的英雄事迹同样激动人心。

――――――― 作者：乔安娜·埃尔菲克（Joanna Elphick）―――――――

一听到亲生父亲"指环"西格德国王的死讯，拉格纳·洛斯布洛克就将丹麦和瑞典的王权牢牢地抓在手里，但是他的继位并不十分顺利。来自四面八方的国王们纷纷进入他的王国，意图从这位尚且年轻并缺乏经验的统治者手中夺取土地。事实证明"毛裤子"是一名成功的斗士，但是他这位孤家寡人，极度渴望能有一位爱妻来一起分享他的王国。他听说王国中一位封地的首领，哈鲁德曾许下诺言，如果有人能够完成一项令人难以想象的英勇任务，那么就可以和他的女儿牵手结为伉俪。于是他决定亲自去调查一番。

当美丽动人的"公鹿-堡垒"索拉还是个小女孩的时候，哈鲁德送给她一条蛇作为宠物。不幸的是，这只动物原本就不是一条普通的蛇，而是一条巨大的林德虫。这条无翼野兽体型十分庞大，以至于它将索拉的整座花园全部围住，无人能够接近这位漂亮的年轻姑娘。仆人们每天不得不喂它一整头牛以安抚它的情绪，但是最后它还是变得凶恶异常，无论怎样都不能让它平静下来。

拉格纳动身前往西哥特兰，那条凶猛的野兽就潜伏在那里的一座凉亭中。他乔装改扮，穿上一条粗布裤子，披上一件连帽斗篷，然后在衣物上涂满柏油，再沾上沙子。面对巨蛇，他拔出长矛，蹑手蹑脚地向这头巨蛇走去。拉格纳的脚步声惊醒了那头巨蛇。它猛然站立起来，开始向这位勇敢的入侵者喷射毒气。拉格纳用手中的盾牌挡住了巨蛇的攻击，后冲向巨蛇，奋力用长矛刺穿它的心脏，然后砍下了它的头。哈鲁德非常感激他解救了自己的女儿，并遵守承诺将索拉许配给拉格纳为妻。

恢复了力量，重拾起信心，拉格纳返回了家乡。他坚定地捍卫了自己的王权，将那些意欲篡夺王位之人从这个国家彻底铲除掉。此时，索拉已经为他生了两个儿子——埃里克和阿格纳，但他们的幸福生活并没有持续太久。孩子们只有几岁时，他们的母亲就不幸病逝了。所以后来拉格纳续弦，娶了阿斯劳格为妻，她是西格德与持盾女武神布伦希尔德之女。他们的婚姻非常美满，并育有四子："无骨者"伊瓦尔、"勇士"比约恩、"白衫"哈夫丹，还有小儿子"蛇眼"西格德。

埃里克和阿格纳的惨死

拉格纳的儿子们欲扬名立万，他们决定用实力证明自己。他们开疆辟土，南征北讨，征服了哥特兰（Gotland）、厄兰岛（Oland）、西兰岛（Zealand）及里德哥特兰（Reidgotaland）。在阿斯劳格所生的儿子中，属伊瓦尔最为狡猾。他在赫利达尔加德（Hleidargard）自封为王，但这个举动令拉格纳国王十分不悦，因为他并不赞赏孩子们试图超越自己的行为。当拉格纳带领军队穿越波罗的海时，他请求自己所信任的朋友埃斯泰因·贝利（Eystein Beli）能够为瑞典王国上层提供警卫保护，同时保卫王国免受他那几个狂怒及暴虐的儿子们的毁害。

为了能够与埃斯泰因王直接对话，埃里克和阿格纳带人将船开到梅拉伦湖（Lake Malaren）。他们声称，埃里克有意迎娶埃斯泰因的女儿为妻，并要求埃斯泰因做他们的封臣，这样拉格纳的儿子们就可以顺理成章地自己统治瑞典王国上层了。当地部族的首领们拒绝臣服于他们二人，于是一场血腥的争斗不可避免地发生了。阿格纳和他的军队在战斗中被杀死，埃里克最终被俘。但国王埃斯泰因非常善良，他渴望和平，厌恶战争。他对阿格纳的不幸离世感到非常遗憾，于是提议将埃里克释放，并许诺给他一大笔财宝，并将女儿许配给他。但是埃里克是个鲁莽急躁之人，他为自己的失败感到羞耻，要求他们用矛枪将自己处死，然后将自己的遗体高高架起，要高于所有倒在战场上的人。他要求给他的继母阿斯劳格捎个口信，因为他心中极为清楚她肯定会想方设法报复。他如愿所偿地被处死了。听到二人的死讯，阿斯劳格将她的儿子们召集起来。他们每个人心中都充满了复仇的欲望，因为他们深爱着埃里克和阿格纳，就像他们是亲兄弟一样。凭借着"为复仇而生的勇气和胆识，以及强大的头脑和双手"，他们集结了一支庞大的军队，带领 1500 名骑兵，乘船前往瑞典。这场战斗持续了几个小时，最终埃斯泰因国王战死了，王国被围困的消息迅速传遍全国。

当拉格纳得知这次报复性袭击的消息后，勃然大怒，因为并没有人征求过他的意见。他担心儿子们的英勇战斗会被人们广泛赞扬，而自己的辉煌丰功伟绩则会被人淡忘。为了改变这种情况，他决定驾驶两艘商船去英格兰，并意图征服这个国家。但阿斯劳格警告他，这种船并不适合在英格兰群岛的急流和浅滩中航行，这是一个非常愚蠢的想法。尽管如此，拉格纳还是一意孤行，拔锚起航了。结果当他的船驶近海岸线时，船只撞上礁石损毁了。但国王和他的军队表现得极为镇定，他们游到岸边，登陆后对英格兰的村民们发起了袭击。

拉格纳之死

得知拉格纳带人前来在自己的领土上大肆劫

洛斯布洛克的传奇之子

传说中的父亲，真实存在的儿子。

比约恩·拉格纳松

"勇士"比约恩，又被称为"骗子"，因为如果他对某地的野蛮征服宣告失败，就会有意采用一些卑劣的手段。据说他为了占领卢尼镇（Luni），让人捎话说他已经死了，而他在临终前请求改宗基督教。当他的棺木被抬进城墙内，准备埋葬在圣地时，他从棺材中跳了出来，迅速将那些毫无察觉的人抓住。"勇士"比约恩统治着乌普萨拉（Uppsala），据说他最终成为瑞典国王，是蒙索王朝（House of Munsö）的创始人。

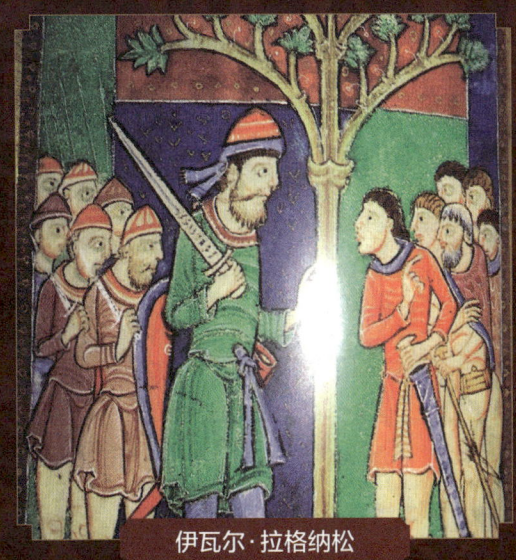

伊瓦尔·拉格纳松

冷酷无情的维京战神，"无骨者"伊瓦尔，是一名狂战士。他的手臂极为强壮，力大惊人，所用弓箭巨大无比，其重量远超于手下士兵所配备的弓箭。一些历史学家认为，他的绰号"无骨者"表明他身患疾病，虚弱无力；而另一些人则认为，这个绰号是指他身体僵硬缺乏灵活性而导致跛足。传说他残忍至极，尤其是对那些他认为是"白色基督"的胆小懦弱的基督徒。

哈夫丹·拉格纳松

哈夫丹通常被称为"维塞克"（Hvitserk），或"白衫"。他与他的兄弟们一起率领异教徒大军。但是一些历史学家声称他不是拉格纳的儿子，而是一个叫阿斯科尔德（Askold）的基辅王子，"维塞克"是他的昵称。传说当被问及他希望如何死去时，他的选择是被绑在用人骨做成的火刑柱上活活烧死。

"蛇眼"西格德

"蛇眼"西格德被认为是与他的父亲拉格纳·洛斯布洛克最亲密之人。孩提时代的他就曾陪同父亲踏上前往赫勒斯庞（Hellespont，达达尼尔海峡）的危险之旅。他出生时眼睛里就有一个非常奇怪的印记，据说与衔尾蛇的形象极为相似。他的母亲阿斯劳格，在儿子出生前就预言他会有一双不同寻常的眼睛，这为西格德的形象增添了些许神秘色彩。

埃里克和阿格纳·拉格纳松

关于拉格纳·洛斯布洛克的第一位妻子所生之子的情况目前知之甚少。通常认为，他们大约生于820年，出生地为丹麦，死于850年，享年30岁。在一场战斗中，阿格纳先战死沙场，而他深爱的兄弟不愿单独面对残酷的失败，选择了一起赴死。尽管他们的亲生母亲年纪轻轻就因病去世了，但是他们的继母，阿斯劳格，却视他们为已出，对他们疼爱有加。而他们与同父异母的兄弟们也相处融洽，据说他们二人之死令其他兄弟们悲痛欲绝。"勇士"比约恩称他们为"那些能够让我快乐之人"，于是，几兄弟迅速集结起来对那些令他们二人丧命的仇敌发起了精准的复仇行动。

掠的消息，诺森布里亚国王埃勒决定集结人马，组成一支极具震慑力的军队前去抵抗。接下来双方进行了一场极为惨烈的战斗。虽然拉格纳被俘，但埃勒的士兵们无法将他杀死，因为阿斯劳格送给他的那件丝绸外套似乎具有某种魔力，没有剑能够刺穿它。于是他们决定把这位国王扔进一个爬满毒蛇的深坑中，但是，与任何铁器都不能将这件外套撕裂开一样，这些蛇似乎也不愿意碰触这件上衣。它们仅仅盘踞在深坑的角落里。埃勒意识到是这件神奇的上衣保护着拉格纳，于是使他脱掉这件衣服。随后，这些毒蛇立刻到他的面前，用牙齿咬他，最终拉格纳死了。

拉格纳的儿子们设法来到了英格兰。然而，当其他兄弟带领人马与埃勒的大军继续对峙时，伊瓦尔撤退了。他意识到这场战斗将会是徒劳的。狡猾的伊瓦尔是正确的。这场战斗最后以失败而告终，几兄弟被迫撤退，离开英格兰去了丹麦。但是伊瓦尔却留了下来。他要求埃勒为他父亲的被害做出一些赔偿，暗示可以给他一小块土地，这块地的面积不用太大，刚好能够覆盖一整张牛皮就可以了。埃勒同意了他的要求，但伊瓦尔却将牛皮割开，裁成无数细条，并将其首尾连接起来，如此这般，竟圈下了一整座城市。获得了一大片土地之后，他着手进行一项令人瞩目的城市基建工作，这座城市就是约克郡（York），同时开始与邻近的部族首领结盟。伊瓦尔赢得了整个英格兰王国的忠诚，但是他的计划还没有完成。

伊瓦尔命令他的兄弟们率领大军返回，以推翻埃勒，但他同时向这位国王发出警告，告诉他一场大战即将发生。就这样，他让埃勒相信他，伊瓦尔仍然坚定地站在他这边。英格兰人现在已经完全效忠于拉格纳的儿子们，他们与几兄弟并肩作战，最终活捉了埃勒国王。伊瓦尔终于能够亲手为他的父亲报仇雪恨了。仍健在于世的几位兄弟中伊瓦尔最大，但他是个残酷无情之人，毫无怜悯之心，正是他发明了惨忍至极的酷刑"血鹰"。埃勒国王在骇人的痛苦中离开了这个世界，"无骨者"伊瓦尔成为英格兰东北部的统治者。

伊瓦尔对爱情毫无感觉，只要他愿意，他随时会带女人上床。因此，他有两个非婚生子——英格瓦尔（Yngvar）和胡斯托（Husto）。兄弟二人和他们的父亲一样邪恶，对伊瓦尔发出的任何残酷无情的命令都乐于服从，他们俘虏了"圣人"爱德蒙（King Edmund the Saint）国王，并残忍地折磨他后将他处死，还强占了他的领土。

几兄弟继续在英格兰、威尔士、法兰西及意大利四处烧杀劫掠，最后他们来到了卢尼镇，然后从那里返回了丹麦。从此，整个王国分成几个小国，分别由这几位男人统治："勇士"比约恩统治瑞典中心地区及乌普萨拉（Uppsala）；"蛇眼"西格德统治着西兰岛（Zealand）、斯堪尼亚（Scania）、哈兰（Halland）、维肯（Viken）、奥斯陆（Oslo）、阿格德（Agder），其权力范围一直延伸到挪威高地；"白衫"哈夫丹则掌管着里德哥特兰（Reidgotaland）及温德兰（Wendland）。这些实力强劲的斗士的确拥有着令人难以置信的能力。

"蛇眼"西格德娶了埃勒的女儿为妻。他们有两个孩子，继续统治着他们父亲的领地。拉格纳所有的儿子中，伊瓦尔最后一个死去。他统治了英格兰很多年，最后衰老离世。对于一个如此残忍、心中满怀着无尽仇恨的人来说，这无疑是一个平静的结局。

正如很多传奇一样，《拉格纳之子的传奇》（Ragnarssona þattr）将浪漫的爱情、

▲ 拉格纳·洛斯布洛克被扔进了一个爬满毒蛇的深坑里，但是这些蛇丝毫无意攻击他，直到他身上所穿的那件具有魔力的上衣被脱掉

法律讲述官豪克

冰岛著名的释法者和手稿作家。

豪克·埃伦德松（Haukr Erlendsson）是冰岛的一名法律讲述官。他撰写了一部著名的手稿，名为《豪克之书》。这部书创作于14世纪，实为传奇汇编，其中包括《拉格纳之子的传奇》。作为"强者"埃伦德·奥拉夫松（Erlend Olafsson the Strong）与乔伦（Jorunn）所生之子，霍达兰国王哈尔夫（King Halfr of Hordaland）的后裔，1294年，豪克先是成为冰岛的法律讲述官，而后，他在挪威的奥斯陆及古拉庭（the Gula þing）中任职。1303年之后，他加入了国王议会。通常认为这两个都是极为重要的职位，特别是法律讲述，这是一个专门的法律办公室中的重要职位。在冰岛各地，法律讲述官主要为人民提供法律咨询服务，并向公众讲述法律条款，而且经常作为仲裁人解决纷争。当豪克上任时，规则已经发生了变化，重要决定需要由两名皇家法律讲述官共同做出裁决，同时这两名讲述官也会对法律程序产生影响。

但是，豪克最让人牢记于心的还是他的作家身份——《豪克之书》的作者。他的作品包含一部数学著作——《算法》（*Algorismus*）、著名的《定居者之书》（Landnámabók），以及多部传奇，包括《埃里克萨迦》（*Eiríks saga rauða*）《女巫的预言》《赫瓦拉尔萨迦》（*Hervarar saga*），还有《拉格纳之子的传奇》。同时他还编写了一本《豪克编年史》（*Hauk's Annals*）。这本书基本上是有关他的生活自传，也是一本深受欢迎的关于北欧法律的指南。一些历史学家认为，豪克只主笔撰写了《豪克之书》的第一部分，整部手稿是由不同的作者完成的。但是毋庸置疑，他对此书具有强大影响力，因为这本书的标题至今仍然以他的名字来命名。

▲ 豪克·埃伦德松于14世纪撰写的《豪克之书》手稿中已经泛黄的书页

阴险的谋杀、惊心动魄的冒险及英雄事迹融合到一起。但是这个故事是真实的吗?遗憾的是,我们目前并不能确定这部作品中哪些是虚构情节,哪些是真实事件。对于拉格纳·洛斯布洛克,这位传奇英雄真实性的争论一直非常激烈。书中所记载的他的丰功伟绩更像是多位英雄事迹的融合。在真实历史人物中,突袭巴黎,随后又对英格兰发起攻击的勇士雷格纳尔(Reghnal)最符合书中对拉格纳的描述。拉格纳死于蛇窟中这件事同样令人怀疑,因为纵观各种古代北欧传奇合集,关于拉格纳之死的记载囊括了众多令人毛骨悚然的方式。

关于拉格纳的儿子们的历史记载更多。麦豪石室(Maes Howe)中的岩石上刻画的涂鸦有的提到了他们,称他们为"真正能称之为男子汉的人"。历史上真实的"异教徒大军"(又称"维京雄师")的确是由这几位兄弟率领的。这支军队的领导人之一是一位残酷无情的国王,因为身患重疾而不能行走,不得不被人抬到战场上。这个人是"无骨者"伊瓦尔吗?或许是吧,但我们可能永远无法确定此信息。如此勇猛的战士恐怕也只能活在传奇及今人对他们的畏惧中了。

他们勇于冒险,开疆拓土,创造了属于自己的传奇,那些不幸遭遇到他们的敌人最终纷纷落败。他们的真实功绩永远不会为人所知,但事实上,知道这些对我们来说真的那么重要吗?或许沉浸在这些古老的北欧传奇之中,享受着它们带给我们的奇妙的世界,不需探究每个细节,才是更好的选择。

▼ 人数庞大的异教徒大军浩浩荡荡地向英格兰进发。所有目睹他们到来的人的心中充满了震惊与恐惧

国王

由吟唱诗人记录的供后人传颂的中世纪北欧诸王的丰功伟绩。

174 历史的开端
从传说到历史

178 遗失的编年史
一本不可思议的历史书

186 世界的往复循环
挪威诸王的传奇故事

204 篡位者
用诡计登上了挪威王位的篡权者

210 一位野蛮残忍的诗人
一位心怀恶意、一心复仇的战士兼诗人

218 克努特王朝
克努特大帝的宫廷秘史

226 冰与火之歌
传奇中不朽的吟唱诗人

在不断的冲突和外交中,一晃十年过去了,直到哈拉尔登上国王的宝座。

克努特大帝（Cnut the Great）是一位在传说中和史书中均有记载的典型维京国王

历史的开端

随着维京吟唱诗人将国王们的丰功伟绩记录在册,故事的中心主题便从传奇转向了历史政绩。

如果你认为一旦传奇的主题脱离了诸神和英雄的传说，转而记录维京时代的真实历史事件，那么这些故事多多少少会缺乏一些戏剧性，这完全可以理解。但事实并非如此。因为这些传奇中所记载的国王均声称他们的家族血统可以追溯至诸神及巨人族。巫术魔法仍在王室中流传，偶尔会以被遗忘已久的诅咒或预言的形式出现，抑或是一件出人意料的魔法礼物。大多数王室均声称自己是奥丁神的后裔。但他们并不会宣称自己家族的血统传承于华纳神族的弗雷神或是巨人族。贵族们对家族带有这种颇具传奇色彩的遗传基因深信不疑。圣奥拉夫在坟墓之外创造奇迹；受益于诺恩三女神所赐的魔法残烛，诺恩纳格斯塔（Norna-Gest）魔幻般地活了300多年。在贵族之外，对魔法的热衷仍然深深植根于普通北欧人的血脉之中：预言家仍然有能力预见未来；女巫仍然可以凭借意念乘风破浪；神秘的如尼文仍然可以提供强有力的保护来抵御邪恶。

然而，这也正是魔法开始从维京世界逐渐消逝的时候。早期传奇中所描述的野蛮巫术被一些小巫师的典故所取代，包括占卜算命、巫蛊诅咒及血魔法，还有基督教神迹故事。后期传奇中关于巨人族及巨龙的描述仍然存在，但是这些故事均发生在伏尔加河畔那片遥远的土地上，而不是在我们所熟知的世界贸易路线上。斯堪的纳维亚半岛的基督教化几乎已经完成；维京人的异教祖先曾率领强大的异教徒大军征服英格兰。

如今，传奇中激动人心的故事来自交战双方之间令人震撼的战斗，还有国王们为争夺土地而进行的相互厮杀。同父异母的兄弟为能够掌控王国而争斗不休；仅仅拥有铁腕及精彩杜撰故事的篡位者为了权力而不择手段；语言毒辣的诗人四处散布着谎言与欺骗。这种工于心计的政治诡计取代了早期传奇中诸神任性的干预。然而，技艺娴熟的吟唱诗人依旧用带着节奏感的抑扬顿挫的语言，叙述着这些令人振奋的传奇故事。

传奇中的国王大致可分为两大类型：传奇型和史实型，但也有一些国王两者兼具。著名的拉格纳·洛斯布洛克，典型的维京勇士型国王，就属于传奇型国王，至今没有找到任何能够反驳此观点的证据。拉格纳至少有两个儿子不属于传奇型国王，虽然在关于他们父亲的传说故事中，这二位因为崭露头角从而导致其能力被过分夸大，但他们的故事并不是传说——在《盎格鲁-撒克逊编年史》中有所记载。895年，他们是入侵英格兰的异教徒大军的领袖之一。他们是有可靠记载的历史人物，虽然真实的史实就是这样，但是如果你相信传奇中的描述，那么他们则是神话英雄西格德与他所爱之人女武神布伦希尔德的孙子。

在维京时代之后的很长一段时间里，人们根本不再相信传奇中的故事。的确，他们无疑是伟大的故事，但仅此而已。然而，过去50年的考古研究中已经发现的一些证据，例如，在大西洋彼岸那片遥远的陆地上，考古专家们发现的证据表明，在那些被认为是童话般的虚构和夸大的故事中，的的确确有一些核心内容真实发生过。

吟唱诗人传奇

　　后期的传奇不仅将斯堪的纳维亚半岛统治家族的历史和传说故事保存了下来，而且其中有一部传奇是以斯图隆家族的故事为主题。这个家族是冰岛最著名的吟唱诗人世家之一，斯诺里·斯图鲁松就是他们的后裔。斯诺里的一生充满戏剧性，最终惨死于一场谋杀。他同时也是一名精明狡猾的特工人员，但绝非他的家族中唯一一个玩弄权术之人。这个家族与挪威统治者结盟，成为冰岛名义上的统治者，但对民众的控制力几乎为零。这些传奇由斯图隆家族成员创作或记录成书——至少有两名斯诺里的亲侄子本身就是著名的吟唱诗人——他们的著作中经常流露出对挪威王室的偏袒。

morgu gamna. hafi nu hur þ t gamant r glea
þorkyti eingi þ oar sina ario þa e oef þeura er
hur þusaztr at fylgia. Her hefr vpp soghu

þau tima e styrdu noregi sigh
tiuu gilla. okaztiga a fra dogu
bros hs o ouarl kambari. ou
e gunhilldr het þo gat kioztig
di þ oa þ ouarl þ fin sueun b
drauu se opstiga kau at arb
oa miok voldug z unkilt ra
hs sagai eu uau aar · sur o
oi i agaztign lopthusi nockur t
oa at barni þ e þo gech uz eu
sat þ kma þi t tkisildi taka o b
e þi þori sem barnit oi þætt sa
a komma þa e iþ þi sar t halle
gnghilldr uun þu heþ þætt ou
oghigan. þa þomt þo þaruttnas
haþsi þætt ei þi siuudt sem þ
eu sia þeuu o huttr se suæi at
o miok at alla sega þlugu gue
sem akaztligat ou hent i aþli. t
muuu geiuu o vaudliga bui
ei oa ao iu vao o frylestti

遗失的编年史

一部来自遥远的冰岛岛屿上的让多部失传的传奇得以保存下来的著作,《弗拉泰之书》(*Flateyjarbók*)不愧为北欧文学海洋中的一颗璀璨宝石。

———— 作者:罗伯特·墨菲(Robert Murphy)

经历了艰苦的海上远航、严寒冷酷的冬天、骇人恐怖的火灾,以及极度残酷的战争,这部古书得以幸存下来。国王们都梦寐以求地想得到它,很多历史学家也对它展开了深入研究。时至今日,这部书中仍然布满了哥特式的红色、金色及蓝色的中世纪插图。尽管《弗拉泰之书》是在所谓的"维京时代"之后的几个世纪才被编写完成的,但是这部经典之作仍是基于众多早期有关维京社会的文字记载。

这些著作中有些已经遗失,包括《国王传奇》。《弗拉泰之书》总共225页,成为保存得最好、最完整的、讲述在冰岛居住的北欧人生活的著作。书中鲜艳精美的插图将众多欧洲的传说及传奇中的妙趣横生的细节呈现在我们眼前。

◀《弗拉泰之书》堪称中世纪的传世杰作。该部手稿将很多北欧传奇完好地保留了下来

奥拉夫·特里格瓦松

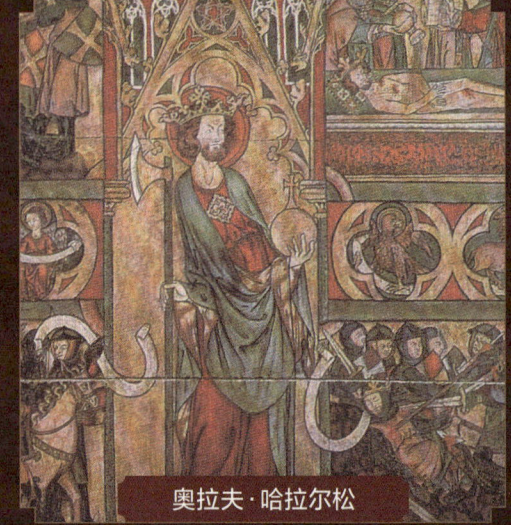

奥拉夫·哈拉尔松

奥拉夫一世统治挪威的时间仅仅约为5年（995—1000）。短暂的政权极易让人忽略它在挪威历史上的重要性。据说，正是这位国王建造了该国第一座基督教教堂。

奥拉夫在登上锡利群岛（the Isles of Scilly）之前就已经改宗基督教。他听说岛上有一个预言家（先知），于是派一位手下伪装成自己的样子前去相见。但是这位先知并没有被这位冒充者误导而受到愚弄。

他后来告诉奥拉夫："尔必成有名之王，行广被称颂之事。尔将使众人拥有信仰并受洗，无论是本人还是他人均会因此受益。"

据编年史记载，当奥拉夫返回到挪威时，他必须打败统治者哈康侯爵（Jarl Haakon），许多贵族都正在反抗他的统治。哈康和他的奴隶一起躲藏在猪圈里，这让奥拉夫有了与他对抗的机会。奥拉夫在哈康藏身的那个农场里发表演讲。他承诺谁帮助他捉到哈康就可以得到奖励。后来，当哈康睡着时，他的奴隶将他斩首。奴隶将哈康的人头拿出来献给奥拉夫时，奥拉夫顺手也取了这个奴隶的项上人头。

在他统治期间，他强迫许多人违心地改信基督教。今天，在奥拉夫亲手建立的城市——特隆赫姆（Trondheim），还矗立着他的一座雕像。

《弗拉泰之书》中的一个主要角色是奥拉夫二世。《圣奥拉夫萨迦》（Olafs saga Helga）详细叙述了他的故事。奥拉夫被非正式地封为圣徒。他是瓦良格卫士、拜占庭皇帝的维京人卫队的主保圣人，被供奉在那个被维京人称为米克拉加德（Miklagard，即今伊斯坦布尔）的远方城市中的一座小教堂内。

1015年至1030年，在奥拉夫统治挪威的这段时间内，他亲眼见证了教会规则的建立及大批挪威人纷纷改宗基督教。他通过一位英国传教士来推行基督教。

尽管奥拉夫最终还是失去了王权，并在一场试图夺回王位的战斗中被对手击败战死，但他在死后一年被封为圣徒。1035年，他的私生子马格努斯·奥拉夫松（Magnús Olafsson）登上了挪威王位，于是圣奥拉夫备受崇拜。不仅在挪威，在斯堪的纳维亚各地，都有很多为他修建的教堂。

奥拉夫被尊为挪威的主保圣人。19世纪中叶，挪威人民争取独立，认为应该退出挪威-瑞典联盟。此时人们对圣奥拉夫的崇拜已成为独立运动及浪漫的民族主义运动的一部分。

奥拉夫的遗体被埋葬在特隆赫姆。今天，在这座城市中，为纪念他而建造的尼德罗斯大教堂（Nidaros Cathedral）雄伟庄重地矗立在他的陵墓之上。

这部书于17世纪在弗拉泰岛上发现，故以岛名来为其命名。弗拉泰岛，位于冰岛西部的布雷扎海湾（Breiðafjörður）外，几乎是一座与世隔绝的小岛。为什么这么说呢？因为只能在夏季上岛，无论是渡船还是岛上的酒店，仅在夏季为游客提供服务。你不能开车上岛，岛上仅有一条尘土飞扬的公路。除了夏季，一年中其余的日子里，仅有5个人住在这冰冷的、只有两千米长的岩石上。这似乎是个著书立说的好地方。但是《弗拉泰之书》并不是在这里写成的。14世纪的某个时期，在冰岛大陆上有一座奥古斯丁修道院（Augustinian monastery），里面有一位牧师名叫约恩·索尔达松（Jón Þórðarson）。他用了3年认真研读大量的历史典籍，根据当时社会的需要对这些史料进行了重新编写。同时他也参考了一些口头传颂的故事及诗歌。当约恩·索尔达松停止写作时，他的职位被另一名牧师接管了。

冰岛人决定东进，到1000英里之外寻找灵感，向曾统治过这个冰雪岛屿的国家——挪威学习。于是《弗拉泰之书》可以追溯到最初统治过冰岛的主权国。

在其中的一段——《挪威的建造方式》（Hversu Noregr byggðist）中，描述了挪威首领们的血统可以追溯到巨人佛恩尤特（Fornjótr），他的3个儿子分别为火、空气及水的化身。同时书中也叙述关于佛恩尤特后代的一些故事，例如戈阿（Góa）被绑架的故事。她的两位兄弟——诺尔（Nórr）和戈尔（Górr）努力找寻她的下落。

他们二人向南进发，攻城掠地，最终找到了国王罗尔夫一世·伯格（Hrólfr I Berg）。他就是绑架戈阿之人。在《弗拉泰之书》中，叙述了两个不同故事，分别对接下来发生的事情给出了不同的描述。其中一个故事是这样描述的：诺尔与罗尔夫展开了激战，随后双方达成和解。而在另外一个故事中，当双方即将开战时，戈阿出面调停，罗尔夫表示屈服，愿意向诺尔宣誓效忠。无论故事是朝着哪个方向发展，最终的结局都是戈阿与绑架她的人结婚了，而诺尔则娶了罗尔夫的妹妹为妻。这些领土随后被兄弟俩瓜分：戈尔占领了这些岛屿，成为"大海之王"（Sea Kings）的先祖；诺尔则统治着这片大陆，并以自己的名字来命名——挪威。

这是《弗拉泰之书》中较为虚幻的一个故事。另一些故事则有史实根据。尽管书中字里行间透露出对基督教的偏爱，以及随处可以嗅出的宣扬基督教教义的味道。毕竟约恩·索尔达松是一名牧师，对吧。

《弗拉泰之书》中的两个主要故事里均出现了名为奥拉夫的信奉基督教的国王。他们是两个不同的人，但名字一样。较长的一篇传奇中的主角是奥拉夫·特里格瓦松（Olaf Tryggvason）。这个故事描述了关于他在奥克尼群岛出生的情节。在他出生之前，他的父亲，就被敌人杀了，于是他成了爱沙尼亚人的奴隶。后来他通过武力、计谋及联姻当上了斯拉夫国王。在妻子死后，他改宗基督教，然后再婚。995年，他返回挪威，并继承王位。传奇中记叙了他随后着手让挪威人改宗基督教，包括居住在挪威主权范围内的广大岛屿上的居民。他宣称要让他们都改信基督教。在斯伏尔德岛之战（Battle of Svolder）中，他与敌人的联军展开激烈的对抗，但在浴血奋战之后不敌对手。为了不让敌人俘虏自己，他毅然决然地从他的战船上纵身跃入海中，永远地消失在了那片冰冷的海水中。

《弗拉泰之书》中的另一篇巨作所叙述的是关于挪威国王奥拉夫二世（Olaf II）——奥拉

> 《弗拉泰之书》是保存得最好、最完整的、讲述在冰岛居住的北欧人生活的著作。书中布满鲜艳精美的插图，将众多传说中的妙趣横生的细节呈现在人们眼前。

夫·哈拉尔松（Olaf Haraldsson）的故事。他在 1015 年至 1028 年统治挪威期间，被他的臣民们称为"胖子"奥拉夫（Olaf the Fat），而在《弗拉泰之书》中则赋予了他一个比历史上的他更为光辉的英雄形象。书中描述哈拉尔松是一位古代挪威国王的后裔。年轻时代的他横行海上，四处劫掠，先后征服了爱沙尼亚和芬兰，享受着胜利的喜悦。之后他开始南下英格兰，帮助英格兰夺回被丹麦克努特大帝所占领的城市。在其中一场战役中，奥拉夫二世摧毁了伦敦桥，最终英格兰国王"仓促王"埃塞尔雷德二世（Æthelred the Unready）得以复位。奥拉夫二世返回挪威，中途在诺曼底（Normandy）停留，并在那里接受洗礼。

返回祖国后，他尝试建立自己的政权，与克努特的父亲——"八字胡"斯韦恩国王（King Sweyn Forkbeard）展开了大战，并最终获胜。奥拉夫登上了王位。随后的 10 年，他开始在挪威强制推行基督教。最后死于挪威历史上最著名的战役之一——斯蒂克莱斯塔之战（Battle of Stiklestad）。奥拉夫二世后来被推崇为"圣徒"。

如同所有的传奇一样，肯定会有人对其中所呈现的关于维京人战绩的情节半信半疑。目前没有发现在盎格鲁-撒克逊人的相关史料中提到过那位摧毁了伦敦桥并协助韦塞克斯王朝夺回王权的年轻的挪威人。尽管奥拉夫被封为圣徒，但是他本人是否明确自己是基督徒呢？对这一点历史学家们仍然表示怀疑。因为他对财富所表现出的兴趣与贪婪远远超过他对上帝的

喜爱。他很可能是一个脾气暴躁的人。另一些历史学家提出了不同的观点。他们认为能让这位挪威人转变宗教信仰更多的是由于他的英格兰牧师格林克尔（Grimketel），正是他制定了挪威的基督教法典。

至少有独立的证据可以再次证明《弗拉泰之书》中所记叙的故事有一些是真实发生过的，如《斯韦雷斯萨迦》（Sverris saga）。乍一看，你或许会认为目前对于这段历史的宣传是最为开放的。当 1185 年这部著作开始着手撰写时，斯韦勒·西居尔松国王（King Sverre Sigurdsson）尚在人世（两个世纪后，《弗拉泰之书》重新叙述了这个故事）。书中详细描述了斯韦勒大获全胜的战役，同时也列举了他所发表过的演讲："如果一个人的死期未到，任何东西都不能将他送入坟墓；如果他注定要灭亡，任何东西也无法挽救他。最糟糕的死亡方式则是在战斗中死去。"

但与其他传奇不同的是，关于这段叙述是有证据的：挪威主教与罗马教皇之间的信件。这些信件在很大程度上都能够被证实。因此，尽管《弗拉泰之书》中有一些关于巨人族及将自然神力以拟人化的形式呈现出来的情节描述，但是书中其他的故事还是具有真实性的。

《弗拉泰之书》中还描述了在大西洋岛屿上的定居情况。《法罗萨迦》（Færeyinga saga）详细描述了法罗群岛（Faroe Islands）上发生的历史故事，以及人们如何逃脱哈拉尔国王的铁腕统治。书中这样写道："有一个名为格

林姆·卡班（Grímr Kamban）的人，他首先登上了法罗岛，并在那里定居。但是在'金发王'哈拉尔（Harald Fairhair）统治时期，很多人为了躲避国王的专横与暴政纷纷逃跑。"《奥克尼历代领主萨迦》（Orkneyinga saga）中讲述了奥克尼群岛（Orkney Islands）的历史。《格陵兰萨迦》（Groenlendinga saga）讲述了"红发"埃里克对格陵兰岛的殖民统治，以及他的孩子们前往北美探险的故事。对于这些传奇中所描述之事，或者其中某些更为详尽的段落，至今并未在其他地方发现相关的原始记载。

书中也有一些短篇小故事。《诺恩纳格斯塔的传奇》（Norna-Gests þáttr）讲述了主宰着诸神和人类命运的诺恩三女神，是如何来到一位刚出生的孩子面前，并预言了他的未来的故事。其中两位女神送给了这个孩子非常棒的礼物，但第三位女神则宣称，这孩子的生命不会比摇篮边摇曳的烛光更长。最年长的诺恩女神听罢立即熄灭了火焰，并告诉诺恩纳格斯塔（Norna-Gest）的母亲将这根还未燃尽的蜡烛藏起来。

而《弗拉泰之书》是这样叙述的：这个孩子长大后活了300多年。他参加了众多场战斗，

▼ 尼德罗斯大教堂，圣奥拉夫的安息之地

总是能够化险为夷,并结交了多位国王。但是当奥拉夫·特里格瓦松成为国王时,诺恩纳格斯塔改宗基督教。成为基督教徒之后,诺恩纳格斯塔将藏起来的那根未燃尽的蜡烛点燃了。当那根蜡烛最终熄灭时,他离开了人世。

虽然在《弗拉泰之书》中国王占据着主导地位,但其中也不乏实力强大的女性角色。在《海恩德拉叙事诗》（Hyndluljoð）中,"傻瓜"奥塔（Ottar the Simple）建造了一个神殿,用来供奉女神弗蕾雅。女神答应了他的恳求,帮他确定他的出身血统。她把奥塔伪装成一头野猪,骑着他去见女巫恩德拉（Hyndla）。女巫列出了他的祖先,这样奥塔就可以获得他应得的那份遗产。

《弗拉泰之书》是一本集玄幻小说与真实历史为一体的著作。它的作者们在创作过程中无疑十分艰辛。他们隐居在冰岛的一座修道院里,几乎没有什么确凿的史实可以让他们参考并持续进行创作。他们笔下描绘的很多人物都生活在几个世纪之前,几乎没有留下任何痕迹。在他们开始着手创作前,手头仅有几卷旧书可以参考——它们的来源也令人存疑。更重要的一点是,《弗拉泰之书》中的一些故事是作者通过口述的方式了解到的。为了供大众娱乐消遣,这些故事通常被加工美化。这其中到底有多少是真实的呢？

一位现代历史学家曾一针见血地指出,这就像用好莱坞电影作为史实来写一部有关第二次世界大战的历史书。毋庸置疑,这部著作深受一些最古老的冰岛作品的影响——塞蒙恩德·弗鲁德（Sæmundr fróði）的一些作品。他所写的关于挪威诸王历史的拉丁文著作现在已经遗失,但是这些故事被《弗拉泰之书》的作者们重新加工编写、收录其中。

撰写这部书时,冰岛尚处于远方政权的统治下。其主要大陆被殖民化仅几个世纪。作家牧师约恩·索尔达松,以及他的继任者马格努斯·索尔哈尔松（Magnús Þórhallsson）想借此书给挪威的统治者留下深刻的印象,向这些14世纪晚期的统治者展示出冰岛与其历史悠久的宗主国的相同一面,即同样拥有诗情画意和博大精深的文化。

《弗拉泰之书》是由一位富有的冰岛农场主委托创作的,于1394年停止写作。在接下来的100年左右的时间里,究竟发生了什么我们至今仍然不得而知,但是一个世纪之后它重现江湖。此时它已属于一位冰岛西部的长官,而这位长官下令将此书多写了几页。1656年,此书作为礼物被送给了丹麦国王,并一直保存在丹麦首都的皇家图书馆内。在1728年的哥本哈根大火及1807年英国对哥本哈根发起的大轰炸中,《弗拉泰之书》得以幸存。

1971年,它回到了冰岛,带着这些传说与传奇回归故里。它现由位于雷克雅未克的阿尔尼·玛格努松研究所（Árni Magnússon Institute）收藏。目前这部古书正在修复,公众还无法看到。但是我们深信它必将重现灿烂的哥特式辉煌,并以无比荣耀的方式向人们讲述国王们的传奇故事。

它究竟告诉了我们什么？

这本古老的大部头巨著《弗拉泰之书》一直令学者们目眩神迷。"它的尺寸令人诧异……同时因手稿书页中印有大量彩色插画，故久负盛名。翻开它的一瞬间，看到这些精美的书页，你定会为之惊叹。颜色依旧如此清晰，画面如此明亮，而且连黑色的墨水都呈现出美丽的光泽。尽管这部书已经在世间存在 600 余年，但从各方面来说，它看起来根本不像是有如此悠久历史的书。"阿尔尼·玛格努松研究所的斯万希尔德尔·奥斯卡尔斯多蒂尔（Svanhildur Óskarsdóttir）博士说。目前此书由位于雷克雅未克的研究所收藏。

奥斯卡尔斯多蒂尔博士表示，在《弗拉泰之书》中，她最喜欢的是《弗斯特布洛伊斯拉萨迦》（Fóstbroeðra saga）。这部传奇中讲述了两个朋友——一个诗人和一个战士之间的故事。她同时谈到，这本书与它所描绘的故事一样引人入胜，能让我们得以窥见中世纪冰岛的社会生活。

"首先，目前的信息表明，这部手稿是由两名牧师书写的，同时他们的赞助人能够接触到大量的相关材料。所有这些传奇都已经编纂完成，然后他们可以将其抄写到手稿中。于是，一道令人叹为观止的文学景观呈现在世人面前。其次，这些细节告诉我们，作者是多么满怀豪情地坚决将这部书创作完成。因为要将所有收集到的材料汇集到一本书里，这会是一项异常艰巨的任务。"

"人们推测这部手稿是用来献给国王的。所以你想它能否告诉你冰岛当时的政治形势呢？"

▲《弗拉泰之书》共 225 页，全部为对开大页。主要由两位牧师——约恩·索尔达松和马格努斯·索尔哈尔松创作于 14 世纪 80 年代

世界的往复循环

提起北欧传奇，《挪威王列传》（*Heimskringla*）堪称一部真正的经典之作。书中记录了挪威大约3个世纪充满了辉煌与荣耀，情节跌宕起伏、扣人心弦的历史事件。

作者：凯瑟琳·柯曾（Catherine Curzon）

《挪威王列传》为16部传奇的合集，讲述了9世纪至12世纪中期北欧诸王的事迹。"Heimskringla"，这个词本意为"世界之圆"。这部书第一次编撰成集并出版的时间大约在1220年，为冰岛著名诗人首领斯诺里·斯图鲁松的巨著，描绘了北欧人从维京探索的时代直至他们改宗基督教及后期的发展历程。

这部作品集以《伊林格王朝萨迦》（*saga of the Yngling dynasty*）为开篇，讲述了挪威早期的几位国王的事迹，以及他们作为奥丁神的后裔的故事。斯诺里笔下的奥丁并不是一个神话人物，而是一个真实的历史人物。与他所拥有的魔法天赋一样，他在军事方面也展现出了非凡的才华。

◀ 奥拉夫·特里格瓦松的传奇故事生动有趣，是《挪威王列传》极具特色的一部分，其中有些内容甚至是真实发生过的

在阿斯加德的土地上，战无不胜的奥丁拥有至高无上的权力。他是一名颇有造诣的魔法师，擅长变幻身形，能够控制各种自然力，还能与为他打探消息的间谍渡鸦交谈。因拥有如此强大的力量及对狂战士的完全掌控，他的部下在战斗中所向披靡，很快奥丁就被尊为神。当罗马人入侵并威胁到他的臣民的安全时，奥丁离开了阿斯加德，带领他们北上翻越阿普兰兹（Uplands）以寻找避难之处。尽管奥丁威名远扬，其财富和权力都超乎想象，但他毕竟还是个凡人。最终奥丁王离开了人世。之后，《挪威王列传》注入大量的笔墨描写奥丁之后那些至尊国王们的生活。

第二部传奇是关于"黑王"哈夫丹（Halfdan the Black）的传奇故事。这位阿格德（Agder）国王不仅是位精明的政治家，而且崇尚武力。哈夫丹戎马一生，四处征战，致力于领土的扩张，至于绑架人质及努力营救他的妻子等小事都不值得一提！通常认为，《哈夫丹萨迦》（Halfdan's saga）只是一部神话故事，因为全部描述几乎毫无事实依据，充满了浪漫主义的色彩及冒险精神。

从虚构神话到君主政体

"金发王"哈拉尔（Harald Hårfager），或称他为"美发王"（Fairhair），是这部著作的第三个主题。在斯诺里笔下，挪威王国的创建是一个极具浪漫主义色彩的故事。哈拉尔国王掌管着被称为韦斯特福尔（Vestfold，西福尔地区）的小王国，那片区域由几块较为零星分散的土地组成。他渴望迎娶邻国国王的女儿吉达·埃里克斯达特（Gyda Eiriksdatter）为妻。然而吉达表示，在哈拉尔能够名正言顺地成为统治整个挪威的国王之前，她对他毫无兴趣。哈拉尔听到后表示接受吉达的全部要求，并额外许下誓言：在成功地统治整个挪威之前，将不再修剪、梳理自己的头发。

经过10年的征战和外交，到872年，全面获胜的哈拉尔终于如愿以偿地成为统治整个挪威的国王。他让手下人修剪并梳理了他的头发，然后迎娶吉达，以证明他最终能够得到那个令他心仪的女孩。

《挪威王列传》不仅仅是一个关于浪漫爱情及诸神的传说，还是一部关于一个今天仍被我们广为熟知的一个王国的诞生史。虽然斯诺里并不致力于追求历史的准确性，但是他的作品记录了斯堪的纳维亚半岛的兴起，并提供了关于挪威诸王非常有价值的见解，虽然这些人物在斯诺里笔下并不是基于可靠史实的人物，而是被塑造为神话中的人物。然而，在这个充满神话和英雄的世界里，也的确存在着史实，我们在第四部传奇里就找到了它，即"金发王"之子，"好人"哈康（Haakon the Good）的故事。

为了确保自己的安全，年轻的哈康在英格兰长大，并在那里成为一名基督徒，直到"金发王"哈拉尔去世，他才回到挪威。当哈康的同父异母兄弟"血斧"埃里克（Eric Bloodaxe）夺取王位后，哈康带着激进的税收政策回到挪威。这些政策为他赢得了有影响力的挪威人的大力支持，被废黜的埃里克被迫逃亡国外，哈康成为挪威国王。他统治了挪威近30年，并试图在这片祖先

> 《挪威王列传》为一部描绘了16位挪威君主的传记合集。全书讲述了几个世纪的激烈战争及阴谋权术。

传下的土地上推广基督教，但收效甚微。

虽然在《挪威王列传》中并没有单独的章节对"血斧"埃里克进行描述，但他的儿子"灰袍"哈拉尔（Harald Greycloak）的待遇却不一样。他和他的兄弟们联合起来，对抗哈康，以夺取王位。他们与哈康进行了几次战斗。在菲恰尔（Fitjar）战役中，哈康进行了最后的抵抗。最终哈康国王因伤重不治而亡，"灰袍"哈拉尔和他的兄弟们继位，成为挪威国王。然而，"灰袍"决不甘于满足现状，对邻国发起了无情地攻击，将对手置于死地，以期征服更多的土地。多亏了他，挪威才得以将重要而繁忙富足的贸易路线牢牢控制住。但是这种肆意扩张很快就引来了新的对手。在掌控了挪威全境的9年之后，"灰袍"在前往丹麦的途中被谋杀了。

接下来的一部传奇是关于奥拉夫·特里格瓦松国王的故事。这是一个极度煽情的故事。奥拉夫的父亲，维肯国王（Viken）特里格维·奥拉夫松（King Tryggvi Olafsson），曾与哈康一起在菲恰尔战役中并肩战斗，后被"灰袍"杀害。在他死后不久，963年奥拉夫来到了人世。这个故事就从他的出生开始讲起。奥拉夫那身怀六甲的母亲阿斯特丽德·埃里克斯达特（Astrid Eiriksdatter）在丈夫死后因为担心自己的生命受到威胁，被迫躲藏起来。奥拉夫一出生，她就带着褪褓中的奥拉夫一起逃往位于瑞典的一处据说安全的避难所。但是非常不幸，阿斯特丽德到了那里后被出卖了，瑞典国王同意将奥拉夫交给"灰袍"，就是那个杀死他父亲的人。经过一番搏斗，勇敢的二人逃脱了，在阿斯特丽德的兄弟西格德·埃里克松（Sigurd Eiriksson）的帮助下，他们驾船驶向诺夫哥罗德（Novgorod）的安全地带。但是等待他们的是又一次更加糟糕的境遇。

▼《挪威王列传》是一部描绘了16位挪威君主的传记合集。全书讲述了几个世纪的激烈战争及阴谋权术

《挪威王列传》中的传奇世界

在这部伟大传奇中谁是主角？

奥丁

奥丁为阿斯加德的首领。这位古代北欧的奥丁神属半人半神。他因拥有超强能力而声名远扬，无论是体力还是法力都强大无边，在战斗中从未被敌人打败。他从密米尔那颗被割下的头颅中获得了知识和智慧，这位智者死后成为奥丁最信任的顾问之一。

"金发王"哈拉尔

有关"金发王"哈拉尔的描写是有事实依据的。他被公认为挪威的第一位国王。斯诺里将哈拉尔塑造成一个多情而浪漫的英雄，吉达·埃里克斯达特，这位他深爱的女人激发起了他的斗志，从此他发誓要统一挪威，成为全挪威的统治者，直到各分散的挪威小国被他完全统一之后，他们二人才结为夫妻。

"好人"哈康

在《挪威王列传》中，"好人"哈康被描述成第一个试图将基督教带入挪威的人，而当时古老的北欧多神教在那里仍然占据着至高无上的统治地位。虽然在这项伟大追求中他获得的成功极为有限，但是他击退了他那同父异母的兄弟——臭名昭著的"血斧"埃里克。

奥拉夫·特里格瓦松

历史事实与浪漫神话在奥拉夫·特里格瓦松的故事中再次相遇。在被卖为奴隶并被拯救之后，奥拉夫遇到了一位先知，其预言他将成为一位信奉基督教的国王。愤世嫉俗的奥拉夫很快发现预言成真，于是从此致力于传播基督福音。

圣奥拉夫

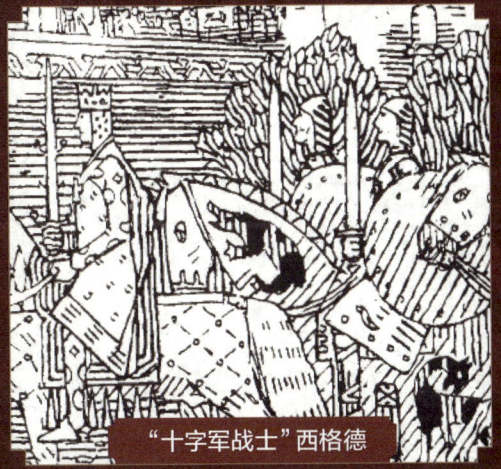

"十字军战士"西格德

作为《挪威王列传》的主要人物，这部独立成篇的传奇讲述了奥拉夫卓越非凡的功绩。书中描述，奥拉夫的遗体在他去世后很长一段时间都完好无损，他的头发与指甲甚至能够继续以正常的速度生长。奥拉夫被尊为圣人，人们相信他墓前涌出的泉水拥有神奇的力量。

正如这个绰号所暗示，"十字军战士"西格德因其领导了历史上著名的挪威十字军而名扬四海。作为第一个到访圣城的欧洲君王，他的功绩被载入史册，同时在整个行程中他还广结盟友。西格德是一位深受人民爱戴的国王，挪威在他统治下繁荣昌盛，而他的去世让挪威陷入了长达一个世纪的内战之中。

"盲眼人"马格努斯

马格努斯·埃林松

虽然《马格努斯萨迦》（Magnus the Blind's saga）在《挪威王列传》中并不是篇幅最长的一部，但它完美地向读者呈现了这个国家因正在进行的内战而引发的混乱。马格努斯只不过是一枚被他所谓的盟友及对手利用的政治棋子。在战斗中被俘虏后，他遭受了非人的折磨与虐待。尽管他被敌人摧残得身体残缺，形同废人，但他战斗到了最后。

《马格努斯·埃林松萨迦》（Saga of Magnus Erlingsson）是《挪威王列传》的收官之作。当马格努斯尚处幼年时，就已经完全被他那权倾朝野且野心勃勃的父亲所控制。成年后，他对女人的兴趣远大于政治。《挪威王列传》在他最终得胜凯旋中结束。他统治下的挪威王国繁荣富庶，安宁和睦。

▲《挪威王列传》中出现的女性人物极少,但最为引人注目的一位是奥拉夫·特里格瓦松的英勇伟大的母亲,阿斯特丽德

从奴隶到政治家

阿斯特丽德的船被维京海盗劫持,奥拉夫被当作奴隶卖到爱沙尼亚。在那里,他做了多年苦力,直到有一天西格德突然来到爱沙尼亚收税。他认出了他的外甥,于是还给奥拉夫自由之身,并将他带回位于诺夫哥罗德的家中。正是在那里,奥拉夫找到并杀死了那个奴隶贩子,并从此开始了他的海盗生涯。

从早期四处掠夺、多年征战、不断巩固自己的地盘和实力的海盗,到成长为一名杰出的政治家,为夺取对自己王国的控制权而战,这部传奇讲述了奥拉夫充满传奇色彩的一生。当深爱的妻子盖拉(Geira)去世之后,奥拉夫又重新做回了海盗,继续过着在海上劫掠的生活。他的足迹远达赫布里底群岛(Hebrides)及锡利群岛(Isles of Scilly)。在那里,他遇到了一位先知,其预言奥拉夫将会是一场叛乱中的幸存者,成为威名远扬的国王,并传播基督教教义。崇拜北欧诸神的奥拉夫对这一预言感到十分困惑。但是当他的部下造反,他被迫与他们交战时,他意识到那位预言家的话是真的,于是他改宗基督教。

改宗基督教的奥拉夫率领海盗船队向英格兰进发。在那里他遇到了吉达(Gyda),都柏林国王奥拉夫·库兰(Olaf Cuaran)的妹妹。为了俘获公主的芳心,奥拉夫进行了一场英勇的决斗,之后他如愿以偿地与吉达结婚了。随后,这对夫妇在爱尔兰定居下来。一位北欧国王生活在海外的消息不胫而走,并很快传到了挪威。哈康侯爵,这位不得人心的挪威统治者对于这个新发展的情况深表担忧。这是必然的,因为奥拉夫誓要赢得那顶他认为理所当然属于他的王冠。可以预见的是,奥拉夫那段平静的婚姻生活并没有持续太长时间。

奥拉夫一登上挪威的领土,旋即受到民众们的热烈欢迎,大家已经准备好宣布他为挪威国王。与此同时,被推翻的哈康侯爵和他的仆人,卡克(Kark),躲在了一个猪圈里。奥拉夫开出了一大笔赏金以取侯爵的项上人头,于是仆人卡克趁哈康打盹儿时将他斩首。他提着哈康侯爵的头颅来到新登基的国王奥拉夫的面前,想要领取赏金。对于这个背叛主人的奴仆,奥拉夫厌恶至极,当场将他斩首。

政权稳固后,奥拉夫开始在挪威四处游历,之后来到丹麦,宣讲基督教福音,并要求他的臣民改信基督教。两度丧偶的奥拉夫打算娶瑞典王后,傲慢的西格丽德(Sigrid the Haughty)为妻,但提出让她信奉基督教。西格丽德拒绝了他。当他要求她受洗时,二人之间发生了更为严重的冲突。最终他们之间本就不那么浪漫的邂逅以身体对抗而告终!

尽管遇到了一些障碍,但为了推行基督教,奥拉夫将改宗者派到了冰岛传教。他还为北欧探险家莱夫·埃里克松(Leif Eriksson)施了洗礼。此后不久,埃里克松开启了著名的格陵兰之旅,并在那里进行了奥拉夫最热衷的爱好——传播基督教福音。然而,奥拉夫并非没有敌人,他未经丹麦国王斯韦恩一世(Sweyn I)的允许,就与他的妹妹希拉·哈拉尔斯多蒂尔(Þyri Haraldsdóttir)结婚,这让她的国王哥哥极为愤怒。因为斯韦恩已经答应将他的妹妹嫁给异教徒布伊兹莱夫(Buislav)。希拉的丈夫和兄长之

> 奥丁是一名颇有造诣的魔法师,他擅长变幻身形,能够控制各种自然力,还能与为他打探消息的间谍渡鸦交谈。

《斯诺里·斯图鲁松萨迦》

斯诺里出生于1179年,是冰岛一位领主,同时他也是一位杰出的政治家及作家。他撰写了伟大的史诗级巨作《挪威王列传》。

《挪威王列传》堪称其数十年艰辛工作的硕果。斯诺里的创作灵感不仅仅来自那些代代相传的口述故事,还来自无数的吟唱诗片段,其中许多诗歌被直接引用至书中。其他资料包括早期出版的几部传奇——《锦皮书》《腐皮书》及《主干-篇章》(*Hryggjarstykki*),这些传奇中的内容被斯诺里大量引述到后期的传奇中。

斯诺里曾担任冰岛议会的法律讲述官,在他的故乡深受人民喜爱。他撰写赞美诗歌献给挪威国王,作为尊贵的客人受邀至挪威王宫。对于他所创作的这些作品,挪威王室为了表达谢意,赠予他巨额财富和昂贵的礼物。

▲斯诺里·斯图鲁松,冰岛著名诗人领主,拥有众多身居高位的朋友,多年来致力于潜心创作他的杰出巨著——图为1899年版的《挪威王列传》中的斯诺里·斯图鲁松

然而,与《挪威王列传》中的许多角色一样,斯诺里最终也死于暴力事件。斯诺里曾试图将冰岛的领主们统一归入国王的统治之下。此举导致其他各位领主与他渐生隔阂,最终他们逼迫斯诺里流亡海外。他逃到挪威,发现那里一片混乱,国王哈康四世(Haakon IV)与摄政王斯库利(Skúli)在争夺权力。他与斯库利结盟。但当斯库利失败后,斯诺里发现自己竟然成了哈康国王的敌人。由于担心遭到报复,他返回冰岛,而同时他正面临挪威对他的叛国提出指控。

斯诺里最后被忠于挪威王室的吉苏尔·索瓦尔德松(Gissur Þorvaldsson)所雇的刺客杀害,去世时大约62岁。

▼ 圣奥拉夫被尊为圣人之后，备受挪威人民推崇，大家纷纷涌入他最初的安葬之地

间的争执导致了一场激烈的海上大战——斯伏尔德岛之战（Battle of Svolder）。

奥拉夫指挥他麾下的战船奥门·兰格（Ormen Lange，长蛇号）与敌人展开了凶猛地战斗，但他寡不敌众。当斯韦恩的手下登上他的旗舰时，奥拉夫手持盾牌，高举过头，纵身跳入了大海中，再也没有出现。对于奥拉夫的结局，《挪威王列传》给我们留下了一个充满诱惑力的暗示：奥拉夫并没有死在斯伏尔德，而是游到了安全的地方。在这一点上，斯诺里显得有些闪烁其词。他提醒读者，所读到的关于国王的这些记叙并不可靠。

基督教化完成

第七部传奇是关于奥拉夫二世哈拉尔松（Olaf II Haraldsson）的传奇故事。这位国王在历史中更为人熟知的名字是圣奥拉夫（St Olaf）。这是斯诺里撰写的第一部传奇，其篇幅大约占了整部《挪威王列传》的三分之一。圣奥拉夫的故事格外引人注目，整个故事随着他那传奇的一生徐徐展开。故事讲述了他从一位横行海上、大肆劫掠的海盗到统治整个挪威的君王的艰苦过程，描绘了他致力于推动整个北欧世界基督教化的丰功伟绩。作为整部《挪威王列传》的主要篇章，奥拉夫的故事将所有之前已经逝去的英雄人物联系在一起，并为接下来更简短的传奇奠定了基础。它之所以成为整部著作的重点，是因为奥拉夫最终被尊为基督教圣徒。这不仅仅是一个在神话和魔幻色彩的笔墨渲染下，关于一位非凡而勇敢的国王展开武力征服与政治斗争的故事，而且将北欧世界与基督教世界密不可分地交织在一起的重要时刻更加清晰地呈现在读者眼前。

奥拉夫二世哈拉尔松的传奇故事发生在 11 世纪，当时年仅 12 岁的他参加了人生第一次海盗大冒险。不久，奥拉夫就拥有了自己的战船。事实证明他是个天才武士。青少年时期的他率领舰队远航到伦敦。在一场战役中他摧毁了伦敦桥，从此他的威名远扬。后来他四处游历，在鲁昂居住了一段时间，并在那里接受洗礼，成为基督徒，从此开始了通往圣徒的坎坷之路。

作为"金发王"哈拉尔的孙子，奥拉夫拥有更远大的理想和抱负。他的雄心壮志已远不止开疆拓土、聚敛财富。相反，他的宏伟志愿是高举基督教国王的旗帜，将那些剩余的、分散的挪威小王国全部统一。1015 年，年仅 20 岁

▼《挪威王列传》中最主要的一部传奇是关于圣奥拉夫的故事，它甚至作为独立的一册单独发行

的他回到了这片属于他先祖的土地。在5位统治挪威阿普兰兹地区（Uplands）的小国国王的支持下，他宣布自己为合法的君主。但是有一个人根本不打算接受奥拉夫登基的宣告，他就是瑞典人斯韦恩伯爵，挪威实际的统治者。然而，对于这名曾经摧毁了伦敦桥的维京海盗来说，一个伯爵根本不可能构成威胁。1016年，奥拉夫率领大军与斯韦恩的军队在朗厄松峡湾（Langesundsfjorden）入口的海域展开对峙。

内斯亚尔之战（Nesjar）异常惨烈，决定挪威的未来就在此役。最终胜利属于奥拉夫，斯韦恩被迫退回到了瑞典，并最终在那里去世。很快，奥拉夫将剩下的反对者全部征服，并将他们的土地纳入了挪威王室的领地。他的势力范围从斯堪的纳维亚半岛一直延伸到奥克尼群岛，成为挪威历史上最强大的国王。

同时，奥拉夫也证明自己是一位精明的外交家，他不仅通过武力巩固了自己的地位，还通过王室由来已久的策略——联姻来稳固政权。奥拉夫迎娶了瑞典国王奥洛夫·舍特康努格（Olof Skötkonung）的私生女。随后挪威与瑞典之间长期不和的局面宣告终结，而这次联姻让他与整个欧洲的一系列皇室联系在一起，包括萨克森–科堡及哥达家族（Saxe-Coburg and Gotha）。如果没有其他来源可以查证，那么根据斯诺里的表述，在奥拉夫统治期间，他尽其所能鼓励基督教在他的王国里不断发展壮大。

奥拉夫的这把宗教改革之火烧得很旺。但就像我们所熟知的那样，越旺的火燃烧的时间越短暂。1026年，丹麦国王克努特正在英格兰忙得不可开交，奥拉夫觉得这是一个进攻丹麦的绝佳时机。他招集新盟友瑞典对驻扎在波罗的海的丹麦军队发动攻击，这支丹麦军队由一些英格兰战船组成。在海尔格河（Helge）上建有一座巨型水坝，英格兰–丹麦的联合舰队刚好会经过那里。于是当英丹大军的战船驶入河口时，奥拉夫下令打开大坝的水闸。瞬间，汹涌的洪水倾泻而下，遭遇伏击的船只毫无生还的希望。遗憾的是，奥拉夫忽略了一个情况，还有一支庞大的丹麦舰队分散在这个地区。于是当这些战船开始集结时，奥拉夫及瑞典国王阿农德·雅各布（Anund Jacob）命令部队撤退。

事实证明，这次失败对政局的变换起了决定性作用。当克努特为了报复奥拉夫而入侵挪威时，他发现自己竟然颇受民众的欢迎，而奥拉夫被迫流亡到基辅罗斯（Kievan Rus）。虽然奥拉夫被赶出了他的王国，但他仍然坚守他的信仰。在他被流放到瑞典的尼瑞克省（Nerike）期间，他继续传播福音，并给那里的很多瑞典人施洗。

奥拉夫的野心最终导致了他的毁灭。1030年，他再次攻击克努特的军队，希望能够重新夺回王位。他率军穿过瑞典到达斯蒂克莱斯塔（Stiklestad），但这是一段危机四伏的旅程。最终他来到了位于维拉达尔山谷（Veradalr valley）的一个农场。但在那里，他被曾经的3名旧部挡住了去路——卡尔夫·阿纳森（Kálfr Árnason）、哈莱克·奥尔·斯约图（Hárekr ór Þjóttu）及索里·洪德（Thorir Hund），3人率领军队与奥拉夫带领的人马展开了一场殊死恶战。索里曾经强烈反对奥拉夫将基督教带到挪威，他的侄子被国王的一个顾问杀死后，他对奥拉夫一直怀恨在心。在斯蒂克莱斯塔（Stiklestad）战役中，他手中挥舞长矛宣称要替他深爱的侄子前来索命。

斯诺里笔下的这场战役场面恢宏，可谓史诗般的令人热血沸腾。而奥拉夫最终也绝不是毫发未损：他的颈部和膝盖都中箭，而致命一击是一根刺入腹中的长矛。

斯堪的纳维亚的圣徒

奥拉夫的遗体被秘密地安放在尼德瓦河畔（Nidelva river），但他的传奇故事并没有就此结束。不到一年，他的棺材竟然从埋葬之处的表面浮现出来，而且未遭受到任何风吹雨打。在忠于他的英格兰主教格林克尔（Grimketel，这位主教为促进挪威基督教的发展做出了突出贡献）的支持下，人们决定在克莱门斯柯克亚（Clemenskirkja）重新安葬奥拉夫。

棺材被打开的一瞬间，目击者们惊呆了——一股甜美芳香的气味从里面散发出来，而且令人难以置信的是奥拉夫的尸身根本没有腐烂。相反，他躺在那里，看上去就像是在睡觉，脸颊泛着健康的红晕，头发和指甲竟然呈现出生长的迹象。为了证明这绝非简单的生物学现象，而是一个奇迹，格林克尔剪下这位已故国王的一缕头发，然后把它们放在火里。但这些头发没有燃烧，于是大家一致认为这的的确确堪称为奇迹。奥拉夫被重新安葬。这时一股清澈的泉水从最初埋葬棺材的地点喷涌而出，他的追随者们相信这泉水具有神奇的治愈力量。他的传奇传遍了全国。人们满怀惊奇地谈论着这位统治了挪威15年、在35岁去世前参加了20场战斗的人。不仅如此，现在大家还尊称他为圣奥拉夫，并庆祝他所创造的这一神迹。

奥拉夫的继任者中，难有人望其项背。在《挪威王列传》中，接下来记载的是马格努斯·奥拉夫松，或称为"善王"马格努斯（Magnus the Good，古诺尔斯语为 Magnús góði）。作为圣奥拉夫的私生子，他在11岁时就组建了一支军队，在他父亲圣奥拉夫去世后，他率领军队进入挪威，从病入膏肓的克努特手中重新夺回了原本属于奥拉夫的领土。克努特大帝去世后，马格努斯成为挪威国王，但是遭到了丹麦国王哈德克努特（Hǫrða-Knútr），克努特大帝的儿子的强烈反对。

马格努斯上任后的首要任务是处理一些家族内部的未了事务。他找到了那些在斯蒂克莱斯塔率兵与他已故父王交战之人，并对他们的背叛行为处以重罚。这令挪威一些最有权势的领主大力震怒。但是马格努斯并没有诉诸武力，而是采取外交手段。他召开大会，制定了一套法律，无论是富有之人还是贫穷之人都要遵守。这部法典被称为《灰雁法典》（Grágás），从此扭转了马格努斯在挪威国内所面临的权贵们对其满怀敌意的困境，并为他赢得了"善王"的绰号。

> 在这片土地上，永远赢得胜利的是忠诚与荣誉。

马格努斯与哈德克努特达成协议，决定各自治理各自的国家，和平相处。哈德克努特去世后，年仅18岁的马格努斯继任为丹麦国王，成为第一位同时统治丹麦和挪威两个国家的人，两国人民均感到欢欣鼓舞。马格努斯推行了全面改革，重组这个国家的行政机构。但是有一个人对这位新国王的继任极为不爽，他就是斯韦恩·埃斯特里森（Sweyn Estridsen），克努特大帝的侄子，哈德克努特在位时他曾当过摄政王，因此认为丹麦国王的宝座应该属于自己。愤愤不平的斯韦恩率领由文德人（Wends）组成的军队入侵挪威。马格努斯手提父王生前所用的那柄令人闻风丧胆的战斧海尔（Hel），大步流星地奔赴战场，与敌军展开厮杀，最终将入侵者彻底击败。这场胜利让马格努斯赢得了勇士之王的声誉。尽管斯韦恩背叛了他，但他仍然授予斯韦恩伯爵爵位。这一善举让马格努斯被人们誉为正人君子。

马格努斯还有最后一个抱负要实现。他写信

▲ 这页牛皮纸是 1260 年出版的《挪威王列传》中的一页，也是 1728 年哥本哈根大火中幸存下来的唯一一页

给英格兰国王"忏悔者"爱德华（Edward the Confessor），告诉他根据协议他应该放弃英格兰王位，如若不然会采取武力夺回英格兰王权。爱德华回复说他不会放弃王位的。但马格努斯再一次选择了和平而不是战争。他做出了让步，没有采取任何行动，而是让爱德华继续统治英格兰王国。在洋溢着憧憬和希望的文字中《马格努斯萨迦》落幕了。而哈拉尔·西居尔松（Harald Sigurdsson，也被称为"无情者"哈拉尔）的传奇故事正式开启。

冷酷无情的君王

哈拉尔是圣奥拉夫同父异母的兄弟，"金发王"哈拉尔的直系后裔。作为"智者"雅罗斯拉夫（Yaroslav the Wise）的一名心腹将领，他率兵南征北讨，战斗足迹从拜占庭帝国到西西里岛，甚至远及非洲，共征服了80余座城市，积累了大量财富。最后，他来到了耶路撒冷。在那里他将自己的大部分财富供奉在圣墓前，献给上帝。完成心愿后，他离开了耶路撒冷，并肃清了朝圣之路上的盗贼响马，确保了朝圣者的安全。

不太走运的哈拉尔被希腊人俘虏并囚禁。多亏圣奥拉夫国王显灵，他得以成功逃脱。当他得知马格努斯为新任的挪威和丹麦的国王时，他开始召集人马反对这位侄子，决心要赢回他认为理所当然属于他的东西。然而，1046年两人见面后，马格努斯凭借外交智慧与技巧再一次赢得了胜利。他向这位同父异母的叔父提出了一个妥协方案，承诺二人共同统治挪威。哈拉尔欣然接受。作为回报，他与马格努斯分享了自己的财产，使得二人之间的联盟得以巩固。

从此二人共同执政，直到马格努斯去世，哈拉尔成为挪威国王，斯韦恩·埃斯特里森成为丹麦国王。哈拉尔是一位英明且受人爱戴的君王，当需要他秉公执法时他会公正无私，同时他也是一位充满仁爱之心的君主。但是他非常渴望得到丹麦的王位。尽管他对丹麦发起了多次进攻，双方激战数次，但他的这个雄心壮志从未实现。后来他和斯韦恩达成了停战协议，然后哈拉尔将目标转向了英格兰。他起航前往约维克（Jorvik），即今天的约克郡，并于1066年在富尔福德（Fulford）一役中击败了哈罗德·戈德温森（Harold Godwinson）的军队。这是他最后的一场胜利。几天后，51岁的哈拉尔在斯坦福桥战役中被一支冷箭贯穿咽喉毙命。

接下来的传奇讲述了"无情者"哈拉尔的儿子，"平和者"奥拉夫（Olaf Kyrre）的故事。他毕生致力于重要定居点城市的建设及修建教堂，其中一座教堂就建在最初安葬圣奥拉夫的地方。他在位时曾发生一个著名的事件：一位供奉已故圣人的神龛被抬着穿过街道时，在它经过之处神迹降临了。盲眼之人重获光明，久病之人得以治愈，甚至一个儿童凶杀案的真相也被揭露！深受人民喜爱的"平和者"奥拉夫并不是一个征服者，而是一个稳固者。他执掌管理下的挪威成为一个更加稳定繁荣的王国。他在统治了挪威26年后撒手人寰，抛下了那些将他视为至亲的人民。

"平和者"奥拉夫仅有一子——"赤脚"马格努斯（Magnus Barefoot）。他继承了父亲的王位，但他并不是一个爱好和平之人，相反，他是一个好战之人，特别是针对瑞典人和丹麦人。他率兵袭击劫掠海岸地区，对敌人进行暴力惩罚，直至他远航来到了苏格兰和爱尔兰，并安排自己的儿子与爱尔兰国王的女儿结婚。马格努斯在袭击行动中对敌人毫不留情，任何反对他的人都会丧命在他的屠刀之下。他对各个定居点大肆掠夺，最远甚至到了安格尔西岛（Anglesey）。

正是在这里，马格努斯与诺曼人（Norman）的军队进行了激战，并在安格尔西峡湾之战（Battle of Anglesey Sound）中杀死了蒙哥马利郡（Montgomery）的休（Hugh）。他日益增长的势力令英格兰人担忧，同时在爱尔兰也出现了他的新对手。最终，1103 年，在挪威国王的宝座上坐了整整 10 年的马格努斯在爱尔兰被对手杀死，年仅 29 岁。

从袭击劫掠到十字军东征

在《马格努松萨迦》（Magnússona saga）中，斯诺里继续讲述了"赤脚"马格努斯之子——"十字军战士"西格德（Sigurd the Crusader）的故事。作为有望联合执政的三兄弟中的一员，十几岁的西格德将王国交与兄弟们管理，成为踏上十字军东征之路的第一位欧洲君王。他率领成千上万的士兵穿越大陆进入圣地。在那里他享受着巨大的成功所带来的喜悦，与罗马皇帝及他在途中遇到的众多君主结盟。西格德将所获得的大部分战利品都赠与了拜占庭帝国的皇帝，换取马匹和补给品，以便能够率领士兵们安全返回故乡。他自己仅保留了一小片十字架碎片，即来自基督被钉死的那个十字架上的一小块碎片。返回挪威后他发现，这个国家在他的兄弟埃斯泰因的精心管理下安宁有序。埃斯泰因一直忙于修建修道院和教堂，同时他还建造了一座令人叹为观止的木结构宫殿，堪称这片土地上最宏伟的建筑。但他们的弟弟奥拉夫英年早逝，所以基本上是埃斯泰因和西格德二人共同统治挪威，他们深受人民的欢迎与支持。尽管二人共治王国，但在内心深处，西格德和埃斯泰因仍然是好兄弟。关于这点，斯诺里讲了一个有趣的故事：有一次二人在一起痛饮下几杯啤酒后，便开始自卖自夸起来。这段描写可谓是一种奇妙的人性窥视，展现出君主们并不仅是神话中崇高的人物，也有与凡人一般的手足情深。

1123 年，埃斯泰因离世，这让西格德陷入了无限的哀思忧愁之中。他感觉自己陷入恶梦之中，各种可怕的预示性的梦魇不断出现。他曾短暂地重新投入十字军东征中。当瑞典的一些改宗基督的教徒重新信奉古老的北欧多神教，并掀起叛乱之时，西格德前往镇压。但是相比而言，他更愿意保卫自己祖国挪威。直到公元 1130 年他去世时，挪威一直繁荣昌盛。

西格德的儿子，"盲眼人"马格努斯（Magnus the Blind），在他父亲死后继承了王位。而他的叔叔，"基督的仆人"哈拉尔（Haraldr Gilli）与他一起分享王权。马格努斯是个酒鬼，而且极难相处，他与那位和蔼可亲的

> 一股清澈的泉水从奥拉夫的墓地喷涌而出。人们相信这泉水具有神奇的治愈力量。

哈拉尔截然不同。起初他们二人各统治挪威的 50%。最初 4 年王国看上去表面和平，但暗藏危机，终于爆发了战争。法尔勒夫战役（Battle of Färlev）之后，马格努斯将哈拉尔赶下了国王的宝座。哈拉尔被迫逃亡，但很快卷土重来。回到挪威后，他发现马格努斯居住在卑尔根（Bergen）。他出其不意地袭击，将马格努斯俘获后，弄瞎了他的双眼，然后对他施以宫刑，并切掉了他的一条腿，然后把他投入监狱。而这引发了一场持续数 10 年的内战。

一个名叫西格德·斯莱姆比（Sigurdr

▲《挪威王列传》中所叙述的统治者有些还只是一个孩子，他们在幼时就登上了王位，十几岁时就所向披靡，成为战无不胜之王

Slembi）的人来到哈拉尔身边。他声称自己是"赤脚"马格努斯之子，哈拉尔同父异母的兄弟。此时，哈拉尔意识到自己碰到真正的对手了。哈拉尔拒绝了西格德提出的要求，因此西格德杀了他，并释放了"盲眼人"马格努斯。哈拉尔的儿子，英格（Inge）和西格德二世哈拉尔松（Sigurd II Haraldsson）继位。

兄弟大战

西格德二世哈拉尔松抵达挪威，发现在丹麦武装舰队的支持下，丧失行动能力的马格努斯与西格德·斯莱姆比正在一起试图夺取政权。这对并不太受欢迎的搭档几乎没有成功的希望，特别是当他们与丹麦的联盟土崩瓦解时，更是毫无成功的机会。他们二人与英格和西格德二世·哈拉尔松决一死战，最终马格努斯被杀，西格德被俘。西格德遭受到了残忍至极的刑罚，经受了非人的折磨虐待，身体致残，最终被处死。

英格在挪威的领主中深受欢迎。这让他另外两位兄弟极为嫉妒，特别是当埃斯泰因也与他们一起联合执政时，三兄弟之间的关系变得更为紧张。西格德二世专横傲慢，埃斯泰因贪得无厌，英格野心勃勃。这是一个兴奋迷乱的组合，而当每位国王都有了自己的子嗣之后，争权夺势的斗争一触即发。

西格德的追随者折磨并杀害了埃斯泰因的一名追随者，为此两位国王发生了激烈的争吵。而英格则深信他们兄弟二人正在密谋算计他。西格德与英格会面，讨论他们之间的分歧。此时三位国王超过 25 年的和平共处、联合执政在一场内战中宣告终结。西格德与英格的追随者之间爆发了一场争斗，但当埃斯泰因闻讯赶来平息这场纷争时，他发现西格德已经死在了英格的亲信，格里高利·达格松（Gregorius Dagsson）的手里。格雷高利逃往英格的宫殿，埃斯泰因在后面紧追不舍。

埃斯泰因和英格协商后达成了一项并不稳定的和平协议。但仅持续了两年，战争就再次爆发了。这次英格大获全胜，但是，在埃斯泰因死后，他的追随者纷纷转而拥护"宽肩膀"哈康（Håkon Herdebreid），他是西格德二世哈拉尔松（Sigurd II Haraldsson）的儿子，也是倒数第二部传奇的主角。

哈康决心定要报杀父之仇，但是只要有人拥护并表示愿意追随他，英格就会惩罚他们并将其杀死或流放。哈康和英格在奥斯陆郊外的冰原上展开大战。英格在他执掌挪威政权 25 年后倒下了，永远地倒在了那片冰原上。《挪威王列传》中最后一部传奇是关于马格努斯·埃林松（Magnus Erlingsson）的故事，以哈康继位并巩固政权作为开篇。

马格努斯是"十字军战士"西格德的孙子，英格去世的那年他才 5 岁。他的父亲埃林格·斯卡基（Erlingr Skakki）曾经是英格最忠诚的追随者之一，也是一位值得尊敬的对手。当哈康开始进攻英格并一步步削弱国王的权力时，埃林格率兵打败并缴获了他的战船。尽管那时马格努斯还很年轻，但埃林格每逢出战时总是将他带在身边，以时刻提醒他到底是为谁而战。

一年后，在瑟肯岛之战（Battle of Sekken）中埃林格与哈康相遇。哈康战死，马格努斯被封为挪威国王马格努斯五世（Magnus V）。此时的挪威王国十分富庶，埃林格成为摄政王，并成功击败了许多觊觎他儿子王位的人，包括已故的埃斯泰因的孙子奥拉夫。马格努斯成年后，他的父亲继续手握重权，把持朝政，甚至与一直觊觎挪威领土的丹麦国王瓦尔德马（Valdamar）进行停战谈判。然而，他接下来遇到的对手将会更加麻烦。

虽然《挪威王列传》这部著作中所描述的某些历史事件可能不太准确、真实，但书中内容包罗万象，时间跨度较大，其具有的历史和文学价值不容低估。斯诺里笔下的这部传奇基于真实的历史事件，以北欧传说及神话故事为开篇，讲述北欧诸国的起源，然后缓缓展开一幅描绘挪威历史的画卷，并混入一些魔幻奇异的情节，直到全书终结。尽管人们对书中所描述的内容是否准确尚存争议，但从远古众神锻造土地到基督教时代的到来，《挪威王列传》完美地呈现出北欧传奇中各个政权的盛衰兴亡。无论他们的信仰是什么，无论他们是英勇的斗士还是睿智的外交家，斯诺里笔下的国王们都不可小觑。尽管他们失去了奥丁所拥有的魔力，但他们从未忘记自己对国家应承担的责任。伴随着古代北欧人逐渐发展成为历史上威名远扬的维京人，斯诺里向我们展示了这样一片土地：在这里，勇敢只是人性的一部分，而确保一个人能够永远赢得胜利的是忠诚与荣耀。

《斯韦勒萨迦》是受命为歌颂国王而创作的一部作品,但其中确有一些内容是真实的

篡位者

各派系之间为夺权争斗不休，《斯韦勒萨迦》正是以此为背景上演了一幕充斥着权力欲望的大剧。

作者：乔安娜·埃尔菲克（Joanna Elphick）

从前有一个名叫斯韦勒·西居尔松（Sverre Sigurdsson）的人，对权力的渴望近乎疯狂。斯韦勒在他叔父家中长大。叔父罗伊（Roe）是法罗群岛（Faroes）上的一名主教，年轻的斯韦勒自然有望成为一名神职人员。男孩勤奋好学，最终被任命为牧师。但如此神圣、安静的生活并不适合争强好胜的斯韦勒。他很快变得焦躁不安，极度渴望冒险。他经常做梦，在梦境中他清晰地看到自己注定要做一件更伟大的事情，绝非当一名地方牧师这么简单。

他的崇高信念得到了自己深爱的母亲古恩希尔德（Gunnhild）的坚定支持。她透露说，斯韦勒并不是她和丈夫所生，事实上，他是西格德·芒恩（Sigurd Munn）国王的儿子。斯韦勒推断，这应该就是为什么他并不适合担任神职工作的原因。原来他是一位卓越非凡的国王的后代，那么他确实命中注定要过上更好的生活，他要去争取属于自己的王权。

这位据说是斯韦勒亲生父亲的人，正是挪威国王西格德二世芒恩（Sigurd II Munn），已经被他的兄弟谋害杀死，他的离世让这个国家陷入了漫长而混乱的内战之中。由于尚未明确王位继承人，导致各方势力纷纷宣称自己是合法的统治者。斯韦勒饶有兴趣地听着这些混乱之事。难道作为私生子的他也同样拥有王位继承权吗？然而，他必须为实现自己命中注定的远大目标而奋斗，而夺得这至高无上的权力的过程注定不会轻松。

马格努斯·埃林松已经被加冕为国王，他的父亲埃林格·斯卡基在他成年之前将一直担任摄政王。教会支持这位君主，有了这样一个强大的盟友作为后盾，任何暴动都会很快被镇压下去。

背弃了教会的斯韦勒被革职，所以他是不会得到教会的支持的，但这并不妨碍他动身前往挪威，去寻找一个他可以统治的王国。

"年轻、孤独、毫无名气"的斯韦勒来到了挪威。关于他皇室血统的认定苍白无力且毫无证据，而且他一没武装军队，二没资金支持，所以想要通过武力夺取王位似乎根本不可能。然而，幸运之神眷顾了他。这位孤独的意图僭取国家权力者接触到了当地一位名为比耶·布罗萨（Birger Brosa）的瑞典领主，他收留了这位年轻人。布罗萨娶了西格德·芒恩的妹妹为妻。他支持一群衣衫褴褛，被称为"桦木腿派"（Birchlegs）的土匪，这群乌合之众也在参与王位争夺，为了让他们的领袖奥伊斯泰因·莫伊拉（Oystein Moyla）能够登上国王的宝座。不幸的是，莫伊拉在雷之战（Battle of Re）中战死了，所以当下这群人正在寻找新的领袖。

"桦木腿派"得名于他们这群人在买不起鞋时，喜欢用桦树皮裹住腿脚，而这帮匪寇总人数也只有70多人，且毫无战斗技能。这并不如斯韦勒之意，他将率领一支浩浩荡荡的大部队投入战斗，但无论怎样这是一个开始，他要将这群乌合之众变成一支不可小觑的武装力量。

在1177年夏季，斯韦勒在奥雷庭（Oretinget）宣布称王。这无疑是一个伟大的胜利，但对于这位渴望权力的首领来说，还远远不够，他想要得到的是挪威。接下来发生了更多次小规模战斗。尽管取得了胜利，但斯韦勒国王还是被迫率领士兵们穿越松恩山路（Sognefjell），这段路程异常艰辛，他们顶着刺骨凛冽的寒风在冰天雪地中艰难行进。大地回春，万物复苏，带着崭新的希望，"桦木腿派"继续投入战斗。他们穿越大片土地，一路打到特伦德拉格郡（Trondelag）。最后，经过一番周旋，斯韦勒迫使马格努斯国王及其好战的父亲——埃林格·斯卡基后退至更远的地方，这样这群"桦木腿派"的士兵就能在相对安全且辉煌雄伟的尼德罗斯（Nidaros）安心过冬了。

斯韦勒及其人马在卡尔夫斯金内特（Kalvskinnet）遭遇了第一次大规模战斗。在那里他们给予了马格努斯毁灭性的打击。虽然国王逃过一劫，但他手下的士兵很多战死沙场，包括他的亲生父亲埃林格·斯卡基伯爵。斯韦勒不愧为极具军事天赋之人。现在是马格努斯国王最脆弱、最不堪一击的时候，而对于斯韦勒来说，一切都

已在他的掌控之中。作为一名擅长心理战术的"剧作家"，斯韦勒国王决定亲自为伯爵致悼词，他将这个时刻变成了一场鼓舞人心的宣讲，他激昂地宣告，一名优秀的士兵倒下了，但是取而代之的一名伟大的士兵崛起了。他的话掷地有声，意味深长，令人印象深刻。但是渐渐地，他的措辞变了，话锋一转，声称埃林格实际上是个宣扬恐怖主义之人，这样一来，就给马格努斯国王统治的合法性蒙上了一层阴影。人们相信了斯韦勒的话，纷纷转投他的怀抱，接受他为王。

但是马格努斯的"海可龙派"（heklung意为"兜帽衣的后代"，是"桦木腿派"对马格努斯一方的蔑称）继续在陆地和海上作战。他对挪威西部保持着强大控制力，这意味着斯韦勒无法顺利地获得补给，不得不长途跋涉，经由陆路去掠夺物资。在他率领人马离开的时候，马格努斯突袭了特伦德拉格郡（Trondelag），将"桦木腿派"的战船全部烧毁。这对他们来说确实是一个巨大的打击，但势不可当的斯韦勒很快建造好了新的船只，并组建了一支更好、更强大的舰队，其中包括一艘宏伟壮观的"马里亚苏达号"（Mariasuda），这是当时行驶在海上的最大的一艘船。

同样，马格努斯也造了更多的战船，并驶向卑尔根。在位于狭长的松恩峡湾中的菲姆雷特（Fimreite），他遭遇到了斯韦勒。尽管两位国王都拥有性能良好的战船，但没有一艘像"马里亚苏达号"那样令人印象深刻。由于峡湾中可供船只通行的海面非常狭窄，所以大约一半的敌军战船被阻挡无法通过，斯韦勒的人只能攻击剩下的外围船只。

战斗异常激烈，马格努斯的人伤亡惨重。他们的战船挤在一起，将海面完全堵死，导致大批落水的士兵淹死。一时间谣言四起，有人声称马

王者之战

《斯韦勒萨迦》中的交战各方。

斯韦勒·西居尔松

马格努斯·埃林松国王

斯韦勒·西居尔松生于1151年,父亲是一位制梳匠。后面关于他是西格德·芒恩国王的私生子的说辞从未得到证实,所以《斯韦勒萨迦》里引用这个说法毫无意义,因为至少部分手稿是斯韦勒本人赞助完成的。不管他的出身如何,他都被认为是挪威历史上最重要的统治者之一。与当时其他堪称的纳维亚勇士不同的是,这位富有创新精神的勇士堪称马背上的指挥官。他运筹帷幄,统率军队,英勇作战。

马格努斯·埃林松5岁时,"宽肩膀"哈康的部下就将他推上王位,成为他们的傀儡。1164年,马格努斯被尼德罗斯大主教,奥伊斯泰因·埃兰德松(Oystein Erlendsson)加冕为国王,他的统治得到了教会及挪威贵族们的大力支持。但是实际上手握大权的是他的父亲,埃林格·斯卡基。在他父亲死后,马格努斯继续与教会结盟,并将他的党派名称改为 "海可龙派"。尽管击退了几个王位觊觎者,但他最终还是被废黜了。

埃里克·伊瓦尔松

哈康三世斯韦勒

1188年1月26日,斯塔万格(Stavanger)主教埃里克·伊瓦尔松被推选为尼德罗斯大主教奥伊斯泰因·埃兰德松的继任者。他在巴黎经过培训,对教会所具有的优势深信不疑,后离开了法国。无论是他本人提出的观点,还是欧洲—罗马天主教教会的主张,都表明他对斯韦勒·西居尔松的所有行为和举动均明确反对,特别是这位国王提出应立法赋予国王对宗教事务享有控制权。

哈康三世(Hakon III)是斯韦勒·西居尔松的第二个私生子,很可能是与法罗群岛的主教罗伊(Roe)的女儿——阿斯特丽德·罗伊斯达特(Astrid Roesdatter)所生。他坚定地站在他父亲一边,在1197年与"牧杖派"(Balgler)进行的一系列战役中,他率领军队英勇作战,受到了"桦木腿派"的尊敬。在斯韦勒死后,他被推举为首领。随后,他在尼德罗斯继位成为国王。与他的父亲不同,哈康与挪威的平民百姓们相处得极为融洽和谐。

格努斯国王本人也已战死，并很快得到了证实，并在军队里传开了。余下的"海可龙派"的人四下奔逃。这时斯韦勒告诉"桦木腿派"的人去水下寻找马格努斯的尸体。最后，马格努斯的遗体被发现并被打捞上来，斯韦勒国王举行了隆重的仪式将马格努斯带回了卑尔根。斯韦勒进驻卑尔根的场面极其宏大壮观，处处展现出他是一个实力强劲的胜利者，这无疑是在向人们宣告他是整个挪威的合法统治者。他厚葬了马格努斯，并为这位已故国王亲致悼词，称赞他"在很多方面堪称是一位令人尊敬的领袖"，并赞美他拥有高贵的王室血统，但是他这番话的言外之意实在是太明显了。现在，斯韦勒是挪威真正的国王了。

不幸的是，他的死敌的离世并没有让战争从此结束。一年后，一群名为"僧袍派"（kuvlung）的持不同政见者开始控制挪威东部和西部。双方不时发生一些令人恼火的小冲突，最终他们的领袖——"僧袍"约翰（Jon Kuvlung）还是被杀死了。接下来，又一位觊觎王位之人出现了，他就是马格努斯·埃林松的私生子西格德。这个新的反叛组织的领导人是马格努斯的妹夫哈尔克耶尔·约翰松（Hallkjell Jonsson），他得到了奥克尼（Orkney）伯爵的支持。这群人自称为奥亚斯卡人（Oyskjeggene），在弗洛瓦格（Flovag）与斯韦勒展开激战。实力强大的国王再次获胜了，但永无休止的内战所带来的惨痛代价开始显现出来。斯韦勒渴望与教会讲和，希望斯塔万格主教埃里克·伊瓦尔松（Eirik Ivarsson）能够支持他当挪威国王。斯韦勒满怀希望地请求埃里克为他加冕，以向世人公开认可他的王权。可惜，一切并未如他所愿，主教拒绝为他加冕，这就相当于公开否认了斯韦勒是合法的统治者。罗马教皇塞莱斯廷三世（Celestine III）对主教的决定表示认同，并计划将这位挪威国王逐出教会。塞莱斯廷去世后，新教皇继续执行这个提议。教会势力支持成立了新的反对派，与之前斯韦勒和"桦木腿派"一样，开展针对新国王的颠覆行动。

"牧杖派"（Bagler）支持国王马格努斯的儿子英格。他们集结了自己的军队，然后发动了几次对抗行动，随后火烧卑尔根，将其夷为平地。后来双方又进行了几场战役，斯韦勒重新取得了对王国的控制权，但是结果证明了这场胜利是得不偿失的。他早已厌倦了无休止的内战，尽管他极度渴望拥有至高无上的统治权，而且确实已经实现了自己的梦想，但这种持续内战的局势俨然成为他的一场噩梦。又经历了一场战役之后，斯韦勒感到浑身发冷，身心俱疲，从战场上返回后就病倒了。他给他的儿子哈康写了一封信，指定他为自己的法定继承人，由他继任国王，并建议他寻求与教会和解。然后他在平静祥和之中永远地离开了这个世界。斯韦勒国王，挪威强大的统治者，最后终于实现了和平。

《斯韦勒萨迦》的真实性非常令人怀疑，因为该书在这位国王尚在世时就开始动笔，大部分内容都是在国王有生之年就创作完成的，毫无疑问这是一部为自己歌功颂德的作品。其目的是使斯韦勒的政权合法化，并为他通往至高无上的王位的道路扫清障碍。可以说，这份手稿并不成功，因为纵观全书，描述他登上王位的过程除了打打杀杀之外几乎没有什么有价值的内容。然而，书

> 很快他清晰地认识到自己注定要做一件更伟大的事情，绝非当一名地方牧师这么简单。

中涉及的很多人物极有可能是真实存在的,这表明在整个故事中至少有一些是真实历史事件。人们可以在书中读到与自己相关的叙述,虽然他们或许不认同这些重点内容,但是我们必须承认本书的一些内容是真实发生过的。斯韦勒希望人们记住,他注定是一位伟大之人,通过努力最终实现了自己的梦想。有关他的演讲的那段描述清晰地勾勒出他不愧为一位技艺高超的演说家,而《斯韦勒萨迦》也让他被人们铭记。正如他所愿,他是一位卓有成就的统治者、一位优秀睿智的战略家,以及一位鼓舞人心的领导者。

重要的历史记录

《弗拉泰岛之书》(The Book of Flatey),或称《弗拉泰之书》,创作于 14 世纪下半叶,被认为是冰岛最重要的手稿之一。它是由一位据称来自冰岛西北部的维奥达斯通加(Viodalstunga)的相当富庶的农场主约恩·哈康纳尔松委托制作的。他委托了两名牧师——马格努斯·索尔哈尔松和约恩·索尔达松抄写了这部传奇,然后付马格努斯为整部书配画插图。因为对此书的介绍较为详尽,所以关于这部手稿的起源及历史已被公众熟知,这使得这本《弗拉泰之书》尤为与众不同。因为那个时期很多冰岛文学作品都是由一些零碎的材料编写并汇集而成的,要知道有很多作者的作品淹没在浩瀚的文学海洋中,一直默默无闻,除非是那些出自极为著名的吟唱诗人之手的作品。

原始的手稿共有 202 页。15 世纪时该书又增加了 23 页,并最终于 17 世纪被装订成两大卷,内容涵盖了挪威国王们所面对的考验与磨难。关于这部手稿的写作地点,尽管意见各不相同,但最有可能的是位于辛格瑞的一处缮写室,因为其中一幅插图上可以清晰地辨认出辛格瑞印章。如此华丽精美的彩图在冰岛手稿中极为罕见,这表明这部作品本来是作为一件非常特殊的礼物。一些历史学家断言,这部手稿极有可能是为奥拉夫四世国王创作的。当时他还是个孩子。原本意图是想让这位年轻的国王了解那些已经故去的统治者的丰功伟绩及经验教训。

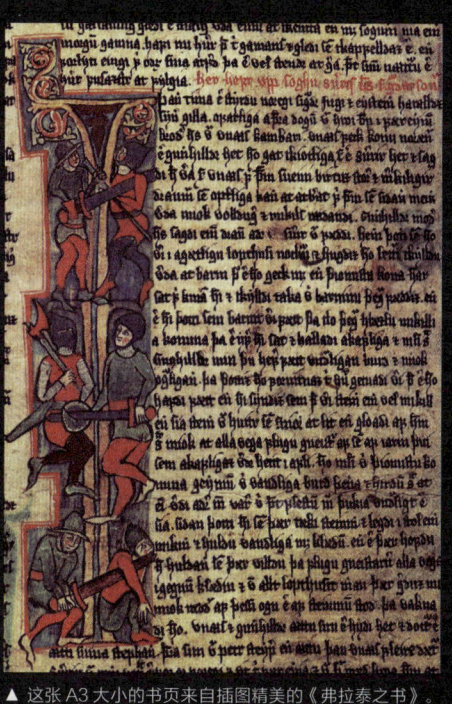

▲ 这张 A3 大小的书页来自插图精美的《弗拉泰之书》。这本著作是维京时代冰岛制作的最出色的手稿

邪恶讥讽的语言、粗暴激烈的行为,埃吉尔这些鲜明的特性使他成为这部以他为主角的深受人们喜爱的传奇中的非典型英雄

一位野蛮残忍的诗人

暴力谋杀、王室纷争、诅咒和复仇……埃吉尔·斯卡德拉格里姆松（Egil Skallagrimsson）到底是什么人？又是什么让他的故事成为冰岛最著名的传奇故事之一？

作者：薇洛·温沙姆（Willow Winsham）

这个引人入胜的故事始于850年左右的挪威。故事的开场描述了主人公埃吉尔的祖父乌尔夫的生活及时代背景。乌尔夫，绰号"克维尔杜尔夫"（Kveldulf），意为"夜狼"（Evening Wolf），以其"狂战士"特有的狂暴好战的性格而远近闻名。据说，在夜幕降临之时他可以变身。故事一开场，这个家族中就渲染着一种激烈暴力的氛围。在"金发王"哈拉尔统一挪威的战斗中，由于"夜狼"没有站在国王一边而激怒了这位君主。于是哈拉尔国王让他做出选择，要么他亲自在国王的麾下效力，要么就由他的儿子索罗尔夫（Thorolf）替代他。于是索罗尔夫正式成为哈拉尔的臣子，并在国王面前赢得了崇高的荣誉：哈拉尔封索罗尔夫为男爵，得以继承了一大笔财富。然而，由于自己和家族势力过大，索罗尔夫遭到国王的猜忌，加上有小人从旁构陷，他失宠了，后被国王亲手杀死。当"夜狼"的另一个儿子格里姆（Grim）——后来因为他的秃顶而被人们称为"斯卡德拉格里姆"（Skallagrim），意即"丑陋光头"（ugly skull）——试图为他哥哥的死讨回公道时，因为拒绝接替索罗尔夫的位置而进一步触怒了国王。于是"夜狼"和"丑

据说"血斧"埃里克是一位极度残暴、冷酷无情的人。在他那位睚眦必报的妻子——王后古恩希尔德的煽动下,与埃吉尔结仇

陋光头"二人逃离了这个国家。然而，在他们逃跑之前，他们已经对国王展开了报复：他们重新夺回了一艘曾属于索罗尔夫的船，并杀死了船上的所有人，而"夜狼"则开始了他那臭名昭著的疯狂行动。然而，这种复仇是有代价的：最终"夜狼"在航海中不幸离世，留下"丑陋光头"独自在冰岛定居。

"丑陋光头"生了两个儿子——索罗尔夫（取自他叔叔的名字）和埃吉尔。接下来这部传奇的中心人物转为埃吉尔，讲述了他以及他兄长的曲折人生。皮肤黝黑、身材高大、时时深沉思索的埃吉尔与他那位皮肤白皙、英俊潇洒、人见人爱的哥哥完全不同。虽然两兄弟性格和外貌截然相反，却经常会被人们搞混。埃吉尔从一出生就拥有强壮的体魄，展现出强盛的力量。但是童年时期的他就脾气暴躁。一次球赛中，当一个稍微年长的男孩羞辱了他时，他便举起斧头向这个冒犯他的孩子砍去，将他的头砍裂。然而，也正是由于他拥有的超强体能和力量，导致了悲剧的发生。当埃吉尔12岁时，他与一位朋友向埃吉尔的父亲——"丑陋光头"发起了挑战。结果这位大首领竟将埃吉尔的朋友击倒在地，并杀死了他。更严重的是，"丑陋光头"后来竟然连埃吉尔的保姆都杀死了。悲痛欲绝的埃吉尔在愤怒之下将他父亲的一个手下杀死，这导致父子之间的关系更加恶化。

"丑陋光头"与埃吉尔之间产生了如此巨大的裂痕。当他的兄弟索罗尔夫从挪威返回冰岛时（他到挪威拜访了父亲的好友，并与新加冕的挪威国王"血斧"埃里克关系融洽），埃吉尔宣布，如果他的兄弟回挪威，他就和他一起走。索罗尔夫极不情愿地同意了。对于索罗尔夫而说，这是一次极为重要的旅程，因为还有另外一个人同行——阿斯格尔德（Asgerdr）。索罗尔夫要和她一起回家，向她的家人提亲，娶她为妻。

阿斯格尔德的家人答应了这门亲事，婚礼的日期也确定下来了。但是，埃吉尔并没有参加婚礼——他以生病为托辞，但更大的原因可能是他不忍心看到阿斯格尔德与另一个人结婚，即便是像他亲哥哥这般关系亲密之人。为了将注意力从这些烦心事上转移，埃吉尔与阿斯格尔德的叔叔索里（Thorir）一起旅行，并与他的儿子阿里恩比约恩（Arinbjorn）结为好友。阿里恩比约恩之后成为他一生的挚友与顾问。国王的管家巴德（Bard）声称等他们旅行回来后，就喝不到啤酒了，埃吉尔听罢又被激怒了。然而，在随后的宫廷宴会上，美酒供应十分充足，这一点根本逃不过狡猾的埃吉尔的眼睛。埃吉尔开始用调侃和嘲笑来回敬巴德，丝毫不留任何情面。他吟唱着尖酸刻薄的讥讽诗来刺激巴德，指出他是个小气吝啬之人。巴德将此事告诉了王后古恩希尔德（Gunnhild）——他俩是亲戚关系。他对古恩希尔德说，埃吉尔侮辱国王和王后，用诗文讽刺他们的啤酒不好，根本不能解渴。于是这两个人策

吟唱诗人享有极高的社会地位。一位像埃吉尔那样掌握高超的语言技巧与能力的诗人可以用他们的言辞来左右舆论：既可以成就一位统治者，也可以将他的王权彻底摧毁。

朋友与敌人

对埃吉尔常常持有不同的评价。

埃吉尔·斯卡德拉格里姆松

无论他是不是一位英雄,埃吉尔在这部以他的名字命名的传奇中都是一位耀眼的明星。勇士诗人,他是两种截然不同的形象的结合体:他有时易怒、狂暴,但是没有人质疑他的忠诚、正义与高尚。他可以用语言创造出无以伦比的美妙诗篇,这也暗示了埃吉尔拥有强大法力,可以自如地使用如尼文。这部传奇是唯一一部记载了这位高深莫测之人——埃吉尔生平的著作。

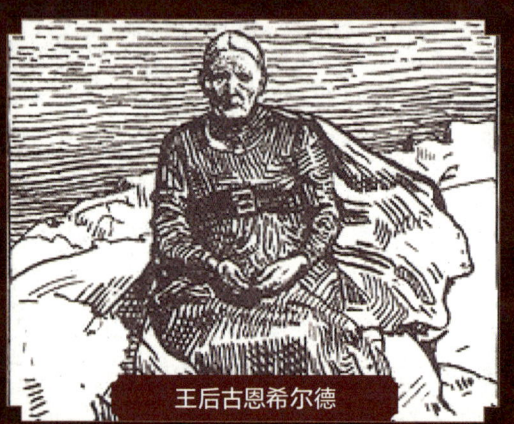

王后古恩希尔德

王后古恩希尔德,传说是一位女巫,睚眦必报,是一股不可忽视的力量,值得狡猾睿智的埃吉尔与她为敌。尽管她的历史真实性备受争议,但人们通常认为她的父亲是丹麦国王老戈姆(Gorm the Old)。她与埃里克在一次宴会上相识。对于国王埃里克过于残暴的统治,古恩希尔德难辞其咎。她比自己的丈夫活得更久。后来丹麦国王"蓝牙"哈拉尔(Harald Bluetooth)下令,将她扔在沼泽里淹死。

"血斧"埃里克

大约930—935年,埃里克·哈拉尔松成为挪威国王。如果传奇中所记载的内容是真实可信的话,那么在他短暂的统治中,整个挪威动荡混乱——尽管这些故事的真实性饱受质疑,但是这幅图片所呈现出的正是一个野蛮残忍且血腥暴力之人。或许他死后所得到的这个绰号暗示了他为了保住王位而谋杀了自己同父异母的兄弟,而且揭示了他极度凶残的个性。通常认为埃里克曾经先后两次作为诺森布里亚的国王统治过这个小国。

埃塞尔斯坦被认为是英格兰的第一任国王，也是最伟大的盎格鲁-撒克逊国王之一。在这部传奇中，埃塞尔斯坦国王对埃吉尔和他的兄弟十分赞赏，兄弟二人加入了国王的军队，并参加战斗。在布鲁南堡之役（the Battle of Brunanburh）中，国王的军队大获全胜，也许埃吉尔和他的兄弟参加的正是这场战役，兄长索罗尔夫不幸战死。埃塞尔斯坦国王去世时尚未成婚，也没有子嗣，他死后王位传给了同父异母的兄弟——埃德蒙。

埃塞尔斯坦国王

母索里之子，阿里恩比约恩是埃吉尔的铁杆朋友，他始终陪伴在埃吉尔的身边，缔造了整部传奇中最永恒的友谊。与冲动易怒的埃吉尔相反，他总能发出更为理性的声音。他为他这位好友出谋划策，告诉他如何才能赢得小心谨慎的阿斯格尔德的芳心，并试图促成埃吉尔与埃里克和解。当古恩希尔德想取埃索尔项上人头时，阿里恩比约恩挽救了他的性命。阿里恩比约恩天生就拥有非凡的洞察力，他能准确地对形势做出研判，常常为埃吉尔节省了大量的时间。

阿里恩比约恩

▲ 斯诺里·斯图鲁松被推测为《埃吉尔萨迦》的作者。他是一位极具影响力的诗人、历史学家和律师。这座为他修建的纪念雕像位于挪威卑尔根

划了一个致命计划。巴德在王后古恩希尔德——一个以诡计多端和冷酷无情而著称的女人的支持下，试图通过给埃吉尔的酒水饮品中下毒来除掉他。埃吉尔识破了他们的阴谋，并揭露他们是口是心非的小人。他在饮酒用的角杯上刻上了如尼文，并把自己的血涂在了容器上。角杯碎了，埃吉尔将巴德刺死后逃走。随后埃里克国王命令立刻开展搜捕行动，但却毫无收获，埃吉尔杀死了被派去追捕他的女王的两个兄弟，这进一步加深了古恩希尔德对他的仇恨。

发生了这些事之后，埃吉尔和索罗尔夫离开了挪威，在斯堪的纳维亚各地大肆掠夺。一天，他们听说英格兰国王埃塞尔斯坦（Athelstan）正在招兵买马，于是便加入了他的队伍。而埃吉尔——这位技艺精湛的吟唱诗人，也因创作了歌颂埃塞尔斯坦国王功绩的赞美诗而获得了丰厚奖赏。埃塞尔斯坦国王迎战苏格兰国王——"红王"奥拉夫（Olaf the Red）此时，埃吉尔和索罗尔夫均在埃塞尔斯坦的军队中效力。索罗尔夫不幸在战斗中阵亡，死亡又一次逼近了埃吉尔。为了补偿他的损失，国王赐给了埃吉尔满满两大箱银币，还有两枚金戒指，并且将自己穿的斗篷赏给了他。

索罗尔夫死后，埃吉尔发现自己竟然获得了一个悲喜参半的回报：他娶了索罗尔夫的遗孀——阿斯格尔德为妻。然而，他的新岳父去世后，一场新的冲突又开始了。阿斯格尔德同父异母的姐妹声称阿斯格尔德本人无权继承任何遗产，因为她未经父母同意就再婚。于是，此事被拿到古拉庭（Gulaþing）议会上公开讨论。王后古恩希尔德再次插手干预埃吉尔的家族事务：她竟派一名手下去扰乱议会。埃吉尔反击道，任何试图将争议土地占为己有并使用之人必将受到诅咒。然后他驾船逃离，而这再次挫败了古恩希尔德与埃里克的阴谋。

"金发王"哈拉尔去世了。现在，埃里克是挪威唯一的国王了，同时这位埃吉尔的死敌宣布这位勇士诗人为逃犯，一经发现，就地击杀。面对如此通缉令任何人绝不会掉以轻心，埃吉尔也一样。他发誓定要对王室展开疯狂的报复，他最痛恨之人就是王后古恩希尔德。埃吉尔信守了自己的诺言：他驾船在海上游荡。一次乘着海风他偶然登上了位于阿尔斯塔德（Aarstad）的国王农场附近的海岸，埃吉尔将那里的人全部残忍屠杀了。埃里克10岁的儿子也在遇难者之中。埃吉尔反复高唱着胜利之歌。他将一个马头挂在一根榛木杆的顶端，诅咒国王和王后，召唤神灵把这对王室夫妻赶出挪威。这些行为让埃吉尔与王后古恩希尔德之间的仇恨进一步加深。命运再次发生扭转，埃吉尔又一次落到了这对王室夫妇的手中，但他这次侥幸逃脱，得以保住了性命，这多亏了他是个才华横溢的大诗人，同时他承诺再也不会出现在埃里克的面前并冒犯他。

埃吉尔在冰岛度过了他的余生。与传奇中的大多数人不同的是，他活了相当长的时间。此后，他双目失明，身体日渐羸弱，但是他在生前创造了一个不朽的传奇。由于未能在去世前按自己的意愿踏上前往冰岛议会阿尔庭的路程，将他的银币在议会上分发，埃吉尔决定将这笔财宝藏起来。最终埃吉尔的银币与他这个性格复杂的人一起成为不朽的传奇。

在维京社会中，吟唱诗人享有极高的社会地位，一位像埃吉尔那样掌握高超的语言技巧与能力的诗人可以用他们的言辞来左右舆论：既可以成就一位统治者，也可以将他的王权彻底摧毁。这部《埃吉尔萨迦》及所描述的埃吉尔家族的历史背景反映了几个世纪前发生在斯堪的纳维亚半岛上的大移民时期的社会状况、严酷的环境、漫长而寒冷的冬季，以及人们艰辛的生活。这部传奇故事将这一切全景呈现在读者眼前。埃吉尔成为这部传奇所描述的那个时代中代表人物的化身，体现了维京社会本身的价值观及维京人鲜明的个性。没有其他的历史资料可以证实书中所叙述之事的真实性，在其他的传奇作品中，也没有关于埃吉尔生平的记载。如果没有这部传奇，这位维京英雄恐怕会永远消失在历史长河中。然而，这丝毫没有削弱他的影响力，相反，直到今天仍有许多人自称是他的后裔。

克努特王朝

《克涅特林加本纪》（*Knytlinga saga*）详细描述了丹麦君主的生平故事、政权统治及军事活动，全书时间跨度长达 200 余年。

作者：迈克尔·哈斯丘（Michael Haskew）

《克涅特林加本纪》讲述了从 10 世纪初期至 12 世纪末期丹麦诸位国王的事迹，通常与其他相似类型的手稿一起被称为"国王传奇"。

《克涅特林加本纪》共记载了 18 位丹麦君主的历史生平。这些故事涵盖范围广泛，包括军事活动、权力的崛起、宫廷权谋、基督教会传入丹麦及挪威和英格兰领地的进程等。书中有时将丹麦称为北海帝国（the North Sea Empire）。一位伟大的君主所应拥有的特质，如努力寻求与实现和平，维护宗教教义，是本书首要的主题。

◀ 坎特伯雷大教堂中制作于 13 世纪的精致的花窗，描绘了这位统治着丹麦、英格兰及挪威的国王——克努特大帝

通常认为这部传奇的作者名为奥拉夫·索尔达松（Ólafr Þórðarson），大约生活在1210年至1259年。他是一位吟唱诗人，主要创作一些歌颂英雄事迹的诗歌，并进行广泛传播。然而，关于作者的身份至今仍然存在一些争议。这部传奇的形式模仿了一部早期的关于挪威诸王传奇故事《挪威王列传》，极有可能是在冰岛时完成的。书中叙述了丹麦帝国扩张至英格兰、文德兰乃至德国东部的故事。虽然有些吟唱诗是从其他地方直接复制的，但在《克涅特林加本纪》中有一段59行诗，其中有整整50行应是首次书写。至今我们并没有在其他文献中找到这些诗句的相关记载，这使得《克涅特林加本纪》成为古斯堪的纳维亚诗歌史上的重要篇章。丹麦与邻国挪威之间的关系相对温和。在长达数十年的对抗之后，挪威大约在1257年之前与丹麦签署了一项和平条约，而这有助于确定发生这些传奇故事的相对准确的历史时期。

整个故事以"蓝牙王"哈拉尔·戈姆松（Harald "Bluetooth" Gormsson）登上丹麦国王宝座开场。这位国王统治丹麦的时间是从958年至986年。据说他的绰号"蓝牙"是源于他有一颗特别突出的牙齿，由于病变而变成了黑色或泛着蓝色。而另一则故事讲述的是他在英格兰时被人们称为"蓝色大领主"（Blue Thane，"Thane"是首领、领主之意）或"黑色大领主"（Dark Thane），这个词来源于盎格鲁-撒克逊语的"thegn"，当被引用到古诺尔斯语时，将它省略为"tan"了。另外，书中也涵盖了关于挪威国王"善王"马格努斯·奥拉夫松及哈拉尔·西居尔松（也被称为"无情者"哈拉尔）的故事。

这部传奇讲述了克努特大帝征服英格兰的光荣事迹，同时书中也描述了尤为扣人心弦的关于克努特四世（Cnut IV）国王的传奇故事。这位国王于1080年至1086年统治丹麦，是罗马天主教会的坚定支持者。克努特四世也渴望能够统治英格兰，但他最终被谋杀，后被封为圣徒。"善良王"埃里克（Eric the Good）1095年至1103年在位，是十字军东征的支持者，并远赴圣城朝圣，也是一位卓越杰出的历史人物。

"蓝牙王"哈拉尔是丹麦第一任国王，耶林王朝（Jelling dynasty）的创始人老戈姆之子。因其在位时推进丹麦王国的城市建设为世人所熟知。在这位哈拉尔国王执政期间，丹麦王国中众多公用建筑物和公共空间得以修复。在他统治时期，国内相对较为安定，这使他得以将目光投向更远的地方以寻求外部扩张。他向东进发，占领了位于扎姆兰（Samland）的领土，其影响范围远至南部的诺曼底。在挪威国王"灰袍"哈拉尔遇刺身亡后，他曾一度统治该国。

"蓝牙王"的对手之一是瑞典王子"强者"斯泰比约恩（Styrbjörn the Strong），他曾两次逼迫哈拉尔签定不平等条约以换取和平。974年，"蓝牙王"哈拉尔被入侵的日耳曼军队打败，失去了对挪威的控制。他的儿子，"八字胡"斯韦恩（Sweyn Forkbeard）发动了叛乱，双方展开激战。"蓝牙王"在战斗中不幸被杀。一些历史学家推断，在哈拉尔死之前，斯韦恩实际上已经成功地迫使其退位。

"蓝牙王"最重要的功绩是将基督教引入丹麦，也是丹麦第一位安葬在被教会圣化的土地上的君主。关于他改宗基督教的故事充满了猜想、臆测，很多叙述都存在相互矛盾的地方。虽然《克涅特林加本纪》以"蓝牙王"哈拉尔突然宣布继位作为开篇，但是接下来故事迅速转向了更多关于他的继任者的冒险主题之中。虽然人们对于"蓝

家族价值

他们本可以统治整个北海帝国。

"蓝牙王"哈拉尔·戈姆松

克努特大帝

蓝牙王"哈拉尔是丹麦历史上最著名的人物之一，因其将基督教引入丹麦和挪威而被人们所铭记。虽然从北欧多神教向基督教的转变进展比较缓慢，一些历史学家认为，他推进的一些大型公共建筑项目意在将领土纳入其统一管理下，同时确保国王可以对更广阔的领土实施经济和军事方面的控制。

当克努特还是丹麦王子时就率兵征服了英格兰。1018年，他的兄长哈拉尔二世去世后，他继承了丹麦王位。10年后，他夺取了挪威王位，随后占领了瑞典的领土。这让克努特将北方地区的贸易路线牢牢地掌握在自己的手里，同时巩固并加强了自己国家的经济实力。他至今都被认为是欧洲历史上能力最强的统治者之一。

克努特四世

"善良王"埃里克

克努特四世是丹麦的主保圣人。1086年遇刺身亡，后于1101年被封为圣徒。他推行严政，实施政府管制，这让他与臣民之间的关系逐渐疏远，并直接导致农民起义，反抗他的统治，为此他付出了生命的代价。但也正是因为他的圣徒身份为此后丹麦实行君主制赋予了神圣的合法性。

"善良王"埃里克，通常被称为埃里克一世（Eric I）。1095年至1103年为丹麦的国王。他来到罗马，说服教皇封他的兄弟——已经去世的克努特四世为圣徒。他还支持十字军东征，在前往圣地的朝圣途中不幸死在塞浦路斯岛上。埃里克深受丹麦人民爱戴，人送绰号"善良王"。

白色诗人

奥拉夫是如何追随叔父脚步的？

虽然《克涅特林加本纪》中大量内容借鉴了其他作品，但是通常认为这本书的原作者是奥拉夫·索尔达松，一位大约生活在 1210 年至 1259 年的冰岛人。他被人们亲切地称为"Hvitaskald"，意即"白色诗人"。他的叔父是另一位杰出的吟唱诗人——斯诺里·斯图鲁松，斯诺里同时也是著名的政治家、历史学家，并且 13 世纪在冰岛议会中担任法律讲述官的职务。幼年的奥拉夫与斯诺里住在一起，并接受了良好的教育。在他的亲生父亲去世后，他与贵族领主斯库尔（Skule）一起住在挪威国王哈康四世的宫廷里。内战期间，他曾在哈康国王身边做侍从。

奥拉夫所著的这本《克涅特林加本纪》深受斯诺里的那部讲述挪威诸王事迹的《挪威王列传》的影响。奥拉夫还写了《第三语法专著》（*Third Grammatical Treatise*），这是一部关于古诺尔斯语的语言学著作。1240 年至 1241 年，奥拉夫与丹麦国王瓦尔德马二世（Valdemar II）住在一起时，这位丹麦君王向他讲述了一些代代流传下来的故事。离开瓦尔德马后，据说奥拉夫来到了瑞典国王埃里克十一世（Eric XI）的身边。此后他返回了冰岛，从 1252 年至 1256 年担任法律讲述官，后成为著名的吟唱诗人。他将自己曾经访问过的斯堪的纳维亚半岛上诸位国王的功绩编写成诗歌，其中一些被用于《克涅特林加本纪》中。

▲ 瓦尔德马二世（Valdemar II）向奥拉夫（Óláfr）讲述自己在 1227 年的博恩赫沃德战役（the Battle of Bornhöved）中身负重伤的故事。奥拉夫（Óláfr）将这个故事收录在《克涅特林加本纪》（*Knytlinga saga*）中

牙王"在军事上的成功多少有些负面看法,但是很多人认为他一生中最具重大意义的成就当属其对基督教传播所做出的贡献,虽然当时基督教在丹麦和挪威的推广进程仍较为缓慢。

备受争议的"八字胡"斯韦恩率兵突袭英格兰,以报1002年"圣布莱斯日大屠杀"(St Brice's Day Massacre)之仇。当时"仓促王"埃塞尔雷德二世(King Æthelred the Unready)下令屠杀在英格兰生活的丹麦移民。1003年至1004年,斯韦恩在韦塞克斯(Wessex)和东安格利亚(East Anglia)进行了几次小股规模的侵袭。战役结束后,面临日益严重的饥荒,军队无法得到充足的供给,他被迫返回丹麦。1013年,斯韦恩企图发动对英格兰的更全面、更大规模的入侵。冲破英格兰军队的顽强抵抗,他率兵大举向伦敦进发,但他暂时绕过了这座城市,冒险一路向西来到了巴斯(Bath)。他控制了那里,迫使当地居民臣服于他。而后他再次将矛头转向伦敦,并于当年年底占领了这座城市。埃塞尔雷德二世连夜逃离了不列颠。

大获全胜的斯韦恩成为英格兰国王。之后关于他对英格兰的统治,众说纷纭。有人断言在他在高奏凯歌地进入伦敦后的几周内就死了。而在《克涅特林加本纪》中则讲述了一个截然不同的故事:"那时,埃德加(Edgar)之子,埃塞尔雷德国王是英格兰的统治者,他与斯韦恩国王多次交战,双方各有胜负,但是斯韦恩国王征服了英格兰的大部分地区。然后,多年来他一直占据那里,在全国各地烧杀劫掠,被称为英格兰的头号劲敌。"

斯韦恩的遗体最终会被送回丹麦安葬。他的长子,哈拉尔二世(Harald II)大约在1014年继任为丹麦国王。但是在英格兰驻扎的丹麦军队则仍效忠于斯韦恩的小儿子——克努特(Cnut)。在冲突不断的形势下,流亡到怀特岛(Wight)的埃塞尔雷德返回了英格兰。他复位并将克努特赶出了英格兰。在斯韦恩与英格兰作战期间,哈拉尔曾作为摄政王执掌丹麦政权,后成为丹麦国王,直至1018年去世。与此同时,更为广阔的政治舞台已经为克努特准备好。一直以来克努特备受赞誉。1015年,他率兵再次入侵英格兰,意图再次将英格兰纳入丹麦的控制之下。在他的兄长哈拉尔去世后,他接替其成为丹麦国王。

> "八字胡"斯韦恩率兵突袭英格兰,以报圣布莱斯日大屠杀之仇。

在《克涅特林加本纪》中是这样描述克努特的:"他的身材尤为高大,体格健壮,在男人中可谓相貌极为俊美之人,除了他的鼻子。细细的、高耸着的鼻子,准确地说是那种鹰钩鼻。但是,他肤色白皙,拥有一头浓密的秀发。他的眼睛要比其他人更好看,不仅长得漂亮,而且目光更加敏锐。"

克努特在位于英格兰北部的亨伯(Humber)地区登陆,随后向内陆进军,沿途大肆劫掠。他在林塞(Lindsey)与英格兰人大战,占领了位于亨明伯勒(Hemmingborough)的小村庄,并在诺森伯兰郡(Northumberland)的蒂斯河(the River Tees)击败了敌人。与此同时,埃塞尔雷德去世了,克努特将他的妻子——王后埃玛(Emma)占为己有。克努特与埃塞尔雷德的儿子们多次交战,特别是"铁甲王"埃德蒙(Edmund Ironside),后与克努特达成协议:二人对英格兰分而治之。但之后埃德蒙却蹊跷地死了。一些学者认为是克努特谋杀了他。埃德蒙死后,克努特宣布自己是全英格兰唯一的国

▲ 在1016年的阿桑登战役中，未来的丹麦国王克努特大帝（右）向英格兰国王"铁甲王"埃德蒙发起进攻

王。克努特大帝（Cnut the Great）统治英格兰和丹麦将近20年，又做了7年挪威国王，常伴他左右的儿子们有"飞毛腿"哈罗德（Harold Harefoot）和哈德克努特（Horða-Knutr 或 Harthacnut）。

《克涅特林加本纪》中最重要的部分是关于另一位克努特国王的故事——克努特四世（Cnut IV）。1080年至1086年，他统治着丹麦。克努特四世是一位非常强势的统治者。他在位期间加强王权，寻求君权的扩张，扩大其影响范围，并渴望再次登上英格兰王位。克努特四世是罗马天主教会的虔诚支持者，但是他在统治期间面临复杂的人际环境、各种阴谋诡计。他曾经率兵突袭英格兰海岸地区。当他的父亲斯韦恩二世（Sweyn II）国王去世时，他的兄弟哈拉尔三世（Harald III）被推选为丹麦国王。克努特流亡瑞典，或许正是他领导了反对他哥哥的运动。

哈拉尔的统治仅仅持续了4年，克努特四世便继承了他的王位，并立即实行威严庄重而严谨的教会圣日仪式，同时决定征收什一税来充实教会的金库。他压制贵族的权力，并试图在国内制定法案以解决土地所有权问题，以及那些无继承人的业主的地产所有权问题。王权如此粗暴专横地干预人们的日常生活，这令他的臣民们深感不安。作为曾经统治丹麦、挪威及英格兰的克努特大帝的侄孙，克努特四世竭力欲再次征服英格兰。

然而，他面临着神圣罗马帝国向南部扩张的威胁，不得不全力以赴对抗，远征的军事行动被迫中止。

解决其他事情之后，克努特四世再次将注意力转向英格兰，他下令集结舰队入侵英格兰。然而，在他的命令被执行之前，一场农民起义爆发了。克努特逃到石勒苏益格（Schleswig），然后又逃到欧登塞（Odense），躲进教堂里寻求庇护。农民们发现了他的藏身之处，冲进了教堂。一支长矛从侧面刺入他的身体。这致命的一击让克努特伤势严重，不久就撒手人寰了。由于他以身殉道且毕生拥护教会，很快被尊为圣徒。1101 年，他被教皇帕斯卡尔二世（Pope Paschal II）封为圣徒，成为第一位在罗马天主教会获此封号的丹麦人。

克努特四世去世后，他的兄弟奥拉夫一世（Olaf I）成为丹麦国王。在奥拉夫统治期间，庄稼普遍歉收。信徒们认为这是因为他们那位虔诚的基督教徒国王被杀害，上帝施加给他们的报应。

在古代北欧传奇中，《克涅特林加本纪》堪称一部具有里程碑意义的作品。它不仅完整保存了一些从未在其他作品中出现过的吟唱诗歌，而且记录的丹麦国王事迹的编年史也为我们提供了非常宝贵的历史资料。

《斯图隆萨迦》是由不同作者所著的多部传奇的汇编。全书按照故事发生的先后时间顺序编纂整理

冰与火之歌

《斯图隆萨迦》(*Sturlunga saga*)讲述了冰岛自由邦末期的政治斗争及个人奋斗故事,特别是斯图隆家族的传奇故事。

作者:迈克尔·哈斯丘(Michael Haskew)

冰岛自由邦时期持续了300多年,直到13世纪中叶,这个岛国沦为挪威王国属地,自此宣告冰岛自由邦时期终结。从1100年至1264年,冰岛自由邦逐渐从成熟走向衰落,其后期内乱不断,分裂及内战对联邦造成了残酷的破坏。这无疑为挪威国王提供了机会,借此对冰岛事务施加更大的控制和干预。

《斯图隆萨迦》是由多位作家编写的由大量传奇故事汇集而成的一部巨著,按照故事发生的时间先后顺序编撰成籍,讲述了冰岛在这一激烈战争时期最具影响力的几大家族的故事。有证据表明,这部著作是在1300年前后由索尔德·纳法松(Þorðr Narfason),一位卒于1308年的法律工作者收集并编辑整理的,但这个结论并不十分确定。《斯图隆萨迦》中半数以上的故事是关于斯图隆家族的。那个时期的冰岛至少有6个显赫家族,而斯图隆家族便是其中之一。《斯图隆萨迦》包含在《冰岛人萨迦》(*Íslendinga saga*)中,这部著作据推断是由斯图拉·索尔达松(Sturla Þórðarson)编写而成。他是一位杰出的冰岛首领、著名的冰岛政治人物,因在13世纪中后期编著了几部传奇而备受赞誉。斯图拉在他的著作里不仅讲述了英雄英勇战斗的故事,还展现了冰岛自由邦日渐衰落时期,伴随着内战和政治舞台上权力更替所出现的特有的错综复杂的矛盾和冲突。这部传奇故事汇编通常被人们简称为"斯图拉"(Sturlunga),以《盖尔蒙德·赫尔贾斯金内斯的传奇》(*Geirmundar þáttr*

诗人的家族

《斯图隆萨迦》众多角色中的三个重要人物。

斯诺里·斯图鲁松

斯诺里曾宣誓效力于挪威国王哈康四世，但他未能说服冰岛人民效忠挪威国王。这意味着他失去了国王的宠信，然后回到了挪威。随后，哈康四世拒绝让斯诺里返回到冰岛。斯诺里无视国王的命令，在哈康的竞争对手斯库利伯爵（Earl Skúli）的帮助下回到了冰岛。在哈康四世的授意下，斯诺里最终被谋杀了。

挪威国王哈康四世

哈康四世统治挪威长达46年。尽管他不断地卷入冲突，但在他的统治期间，挪威达到了权力和威望的巅峰。哈康四世13岁即位，他后来的竞争对手斯库利伯爵担任摄政王。他在位期间主要的目标之一就是征服冰岛，虽然他最终完成了这一目标，但却为此引发了诸多动乱和内战。直到今天，哈康四世仍然是一位极具争议的统治者。

古德蒙达尔·阿纳松

古德蒙达尔生于1161年，是一个私生子，后来成为罗马天主教会的一名主教。他认为教会获得了一些不义之财，所以竭尽所能地将教会的财富分给穷人。《斯图隆萨迦》中关于古德蒙达尔的传奇故事很有可能成文于他为成为圣徒而努力奋斗的时期。因为尽管他在冰岛被尊为"民族圣人"，但教会从未真正授予他圣徒的称号。

heljarskinns）作为全书开篇，讲述了盖尔蒙德·赫尔贾斯金内斯（Geirmundr Heljarskinn），一位试图摆脱挪威国王"金发王"哈拉尔日益膨胀的强权统治的挪威贵族，移民至冰岛的传奇故事。

从这个被认为是带有的寓言色彩的民间传奇故事开始，《斯图隆萨迦》转为记载更为真实的历史事件。编者们替换了一些故事的开头和结尾，并从记载个人英雄战斗故事的各个章节中提取一些内容作为摘录，将其编排在书中的适当位置，以便更符合全书按时间顺序排列的要求。《斯图隆萨迦》是研究12世纪至13世纪冰岛历史的第一手资料，直至1264年左右挪威王室宣布对冰岛的统治。在这部书中，有两个时期的记录手稿有一定缺陷——《克罗克斯菲亚达尔之书》（Króksfjar arbók）和《雷克亚法亚达尔之书》（Reykjafjar arbók）。这两部分内容差异较大，表明可能由于信息丢失或转录错误造成了一些内容缺失。《克罗克斯菲亚达尔之书》包含了一些关于挪威国王哈康四世的故事，而《雷克亚法亚达尔之书》中有一些附加的传奇故事，其中有两部分内容通常被认为并不属于《斯图隆萨迦》。

《斯图隆萨迦》记录了13世纪中叶冰岛的历史传奇故事，前后跨越了近50年。这是一个极为动荡、充满了流血和杀戮的时期。地区主要首领被称为戈狄（goðar），在冰岛自由邦内拥有相当大的权力。随后，冰岛被划分成4个地区（fjorðungar，每个区相当于冰岛全部领土的四分之一），并在每个地区内设立负责人戈多尔德（Goðorð），或称主权人。北方最大的地区拥有12名主权人，而其他3个地区每个地区拥有9名主权人——这样全冰岛总共39名戈多尔德。为了能够得到首领的庇护，村民和农场主会为他们所支持的首领投票，以帮助其在冰岛的议会——阿尔庭中谋得一个席位。

首领们的地位并不是一成不变的，也可以说是从未完全稳固过。他们需要通过举办一些庆祝活动和宴会等，定期向大家展示其实力、权威性及能够快速采取慈善行动的能力，增添人们对他们的信任。一些首领们的实力变得更强大，而另一些则会被削弱。各首领之间的竞争加剧是造成内部冲突的重要原因，这导致冰岛在这一时期极易受到外部势力的攻击。

1220年，斯诺里·斯图鲁松，斯图隆家族伟大的首领之一，同时也是多部传奇的创作者，宣誓效忠挪威国王哈康四世。随后，哈康劝说斯诺里帮助他一起将冰岛纳入挪威的势力范围。结束了挪威之行后，斯诺里回到了家乡。相比努力为实现挪威对冰岛的霸权而铺平道路，他其实更加专注于如何巩固并增强自己的权力。斯诺里的侄子斯图拉·西弗瓦特松（Sturla Sighvatsson）也成为哈康（国王的封臣）。无论如何，到1235年，为履行自己对挪威君主许下的誓言，他已经投入了相当大的热情和精力。

根据《斯图隆萨迦》中的记载，斯图拉命令他的叔叔返回挪威，或许是为了安抚哈康的担忧，并对任何拒绝臣服于挪威王室的首领坚决镇压。斯图拉企图让哈康国王对自己的好感继续增加，但这直接引发了1238年8月21日的奥利格斯塔济战役（Battle of Örlygsstaðir）。斯图拉和他的父亲，西弗瓦特·斯图鲁松（Sighvatur

> 奥利格斯塔济战役是冰岛历史上规模最大的一次战役。50多名斯图隆家族成员在战斗中被杀死。

▲ 在当时的冰岛，很多首领都臣服于挪威。这幅图画描绘了那时的场景：一名男子跪在国王宝座前，宣誓效忠挪威国王哈康四世

Sturluson）被反对派——阿斯伯宁斯家族（Asbirningar）和豪克达利尔（Haukdælir）家族组成的联军彻底击败。奥利格斯塔济战役是冰岛历史上规模最大的一次战役。50多名斯图隆家族成员在战斗中被杀死，包括斯图拉和西弗瓦特。而阿斯伯宁斯家族和豪克达利尔家族联盟，以及反对派首领吉苏尔·索瓦尔德松（Gissur Þorvaldsson）所率领的军队，在当天的战斗中仅失去了7名士兵，全部为吉苏尔所统领的豪克达利尔家族的成员。这两大家族联盟成为冰岛最具权势的家族，尽管他们仍然效忠于挪威国王哈康。

与此同时，斯诺里在哈康朝庭中的地位变得岌岌可危。国王怀疑他支持了由斯库利伯爵领导的政变，而且他的首要任务是将冰岛置于挪威更直接的控制之下，但这个任务他始终没有完成。奥利格斯塔济战役之后，斯诺里回到了冰岛，但他的日子已经屈指可数。根据《斯图隆萨迦》中所述，大约1241年，吉苏尔·索瓦尔德松接到了挪威国王下达的诛杀令。非常巧的是，吉苏尔竟然是斯诺里的前女婿。按照哈康国王的指令，吉苏尔带了一大群人来到斯诺里的住所，在他的地窖里杀死了他。可怜的斯诺里被杀害前所说的最后一句话是："不要攻击我！"

复仇成了压倒一切的主题。1242年，索图尔·卡卡里·西弗瓦特松（Þorður kakali Sighvatsson），西弗瓦特的另一个儿子从挪威回到了冰岛，并开始在冰岛各地征召人马、集结武装，决定为父兄报仇雪恨。为了收回属于他家族的土地，索图尔与科尔贝恩（Kolbeinn）所率领的军队在海上展开了激战。这场在冰岛的胡纳湾峡湾（Húnaflói bay）进行的冰岛海湾战役（naval Battle of the Gulf）极为惨烈血腥，双方胜负难分，但是科尔贝恩的伤亡损失更为惨重。翌年，科尔贝恩去世，他的军队的指挥权传给了他的亲属，布兰德·科尔贝恩松（Brandur Kolbeinsson）。在此期间，索图尔的武装力量正在进一步增强。

1246年4月19日，冰岛历史上最血腥的一场武装冲突——豪格斯内斯战役（Battle of Haugsnes）爆发了，多人战死沙场。这场战役以索图尔的胜利告终。他不但大仇得报，而且还成为冰岛最强大的首领。但他从不与吉苏尔·索瓦尔德松发生正面冲突。由于两人都效忠于挪威国王哈康，于是两位首领请求国王调解他们之间的纠纷。哈康站在了索图尔一边。在这位挪威国王的支持下，1247年至1250年，索图尔控制

作家斯图拉·索尔达松

来自吟唱诗人世家。

在《斯图隆萨迦》中,占据大半篇幅以上的是《冰岛人萨迦》,这部作品最有可能的作者就是斯图拉·索尔达松,而《冰岛人萨迦》被认为是他诸多作品中最著名的、传播最广的一部著作。他除了撰写了一些关于挪威国王哈康四世以及他的儿子,"改善法律的人"马格努斯(Magnus the Lawmender)的传奇故事之外,可能还写过一本《基督教萨迦》(Kristni saga),这部著作讲述了 10 世纪基督教传入冰岛的故事。据信,他的著作还有《斯图拉之书》(Sturlubók),这是一部古代手稿《定居书》(Landnáma)的手抄本,讲述了 9 世纪和 10 世纪来自斯堪的纳维亚半岛的维京人移居冰岛的恢宏历史。

斯图拉生于 1214 年,他是一个贵族与其情妇所生的私生子。在冰岛自由邦时期走向终结,这个岛国被挪威国王哈康征服后不久,他被任命为冰岛的法律讲述官。他还编写了一部法律书籍,《铁甲军》(Jarnsiða),这是一本挪威国王"改善法律的人"马格努斯用来改革挪威司法法典的法律书。斯图拉在推进冰岛国民议会阿尔庭的改革方面发挥了重要作用。在《吟唱诗人录》(Skáldatal)这本记录吟唱诗人的名录中,他被列为瑞典统治者比耶·亚尔(Birger Jarl)的宫廷诗人。斯图拉于 1284 年去世,他的兄长,奥拉夫·索尔达松也是一位杰出的吟唱诗人。两人均是著名的吟唱诗人,冰岛政治家斯诺里·斯图鲁松的侄子,他们从斯图鲁松那里学到了很多东西。

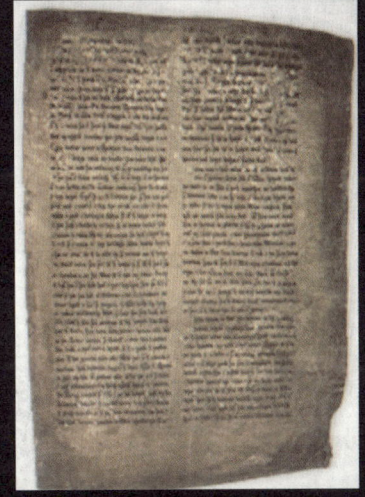

▲ 斯图拉·索尔达松是《冰岛人萨迦》的作者,这一观点已被广泛认可,如果事实确实如此,那么他在这本书中通过第三人的口吻来叙述自己所经历之事

着冰岛的政权,但是在挪威,国王为吉苏尔设立了办事联络机构。然而,没过多久,哈康国王召见索图尔,要求他返回挪威。这样对自己至高无上的权力所面临的最大威胁,就更容易加以控制了。大约6年后,索图尔在异乡挪威去世。他再也没有回到冰岛。

大约1252年,哈康要求吉苏尔作为他的代表在冰岛发挥更大的影响力,于是派吉苏尔从挪威返回故乡冰岛。吉苏尔试图与斯图隆家族和解。他安排自己的长子哈勒(Hallur)与斯图隆家族的成员——斯图拉·索尔达松(据推测他是《冰岛人萨迦》的作者)的女儿——英吉布约格(Ingibjorg)结婚。然而,并不是所有的斯图隆家族成员都赞成这桩婚事。就在婚礼结束后的几天,他们放了一把火,将吉苏尔的宅园付之一炬。25人在火灾中丧生,包括吉苏尔的妻子——格罗阿(Gróa)和他的3个儿子。吉苏尔爬进了一桶乳清里侥幸活了下来。他试图报复行凶者,但是这群偷袭者的头目——埃约尔菲尔(Eyjólfur)逃走了。吉苏尔被召回挪威,哈康极为震怒,但是这位国王并没有表示要严惩斯图隆家族。1258年,哈康国王再次

▼《弗拉泰之书》手稿中绘制于14世纪的彩色插图,色彩鲜艳明快,生动地描绘了雄心勃勃的挪威国王哈康四世(图左)

派遣吉苏尔返回冰岛。这一次他晋封吉苏尔为冰岛伯爵，希望他能够协商采取一个和平的方式将冰岛的主权完全移交给挪威。之后，一位名叫哈尔瓦德·古斯科尔（Hallvarður gullskór）的使者被派至冰岛，以推动谈判进程。最终，冰岛于1264年签署了《旧约》（the Old Covenant，由于是吉苏尔牵头，故用"Gissur"这个名字命名，也被称为"Gissurarsáttmáli"），确定了冰岛接受挪威国王哈康的统治，标志着冰岛自由邦解体。

在众多传奇中——至少有8部作品——构成了《斯图隆萨迦》，例如《古德蒙达尔主教萨迦》（Guðmundar saga biskups），这个故事存在着多个不同的版本，不同版本的内容有所差异。正是因为其多个版本流传至今，所以目前人们看到的关于这个故事的描述形式较为多样。这部传奇讲述了古德蒙达尔·阿纳松（Guðmundur Arason）主教的传奇事迹，他大概生活在1161年至1237年。

第一个版本极有可有是在古德蒙达尔去世后，应另一位主教的请求所撰写的。它描述了古德蒙达尔的童年时代及年轻时的生活往事，包括他成为一名神职人员的经过。1202年，古德蒙达尔从冰岛出发前往挪威参加教会的献祭仪式。然而，在论述完这部分内容后，这个故事戛然而止了。一些历史学家认为这部手稿当时并未完成，与传记的后期版本融合在一起，得以保存下来，后被一起收录在《斯图隆萨迦》中。

完整版本的《古德蒙达尔主教萨迦》写于1314年至1344年，极有可能是为了配合宣传并提升古德蒙达尔主教的圣徒地位。这位主教通常被人们称为"好人"古德蒙达尔，因为他不仅慷慨大方，而且对普通冰岛百姓显示出真正的关爱。他认为教会千方百计地聚敛财富已经偏离了其主要宗旨及目标，为此他感到十分痛心，并期望通过多行仁慈之举来减轻自己的罪责。在这种情况下，他提升了罗马天主教会在冰岛的地位。他努力捍卫穷人的利益。一些领主感到他们的权威性正在被一步步削弱，因此对古德蒙达尔极为敌视。他的所作所为自然引起了一些争议。接下来的几年，大约1214年至1218年，他居住在挪威，接受大主教的监督，并开始以更谨慎、更慎重的方式来进行自己的工作。

虽然《斯图隆萨迦》实际上是一部传奇汇编，但它将多部传奇编辑整理、拼接融合，并按时间先后顺序编排在一起，其中不仅有一些来源于神话传说的素材，也有很多深深根植于真实历史的故事，无疑是一部弥足珍贵的历史文献，为我们提供了最佳的研究史料，将处于挪威绝对统治之前，冰岛所经历的内战动荡时期的这段历史呈现在我们的面前。

远 航

维京人的长船使他们能够远航探索未知世界，
甚至超越极限。

236 向未知世界扬帆远航
在惊心动魄的探险之旅中，"远游者"英瓦尔冒险向东，进入了俄罗斯和亚洲

242 一个好地方：文兰
莱夫·埃里克松和他的兄弟姐妹是首批到达北美的维京人

他们在这片富饶的土地上发现了星罗棋布的河流与湖泊。

Post canis igitur magni cauda sed
constituta e. qua fabule poetam in astra
mi   nerua que primu ea excogitasse
                muium fuerat honum ibi: pu
                habet autem stellas
                mo mali· iii· sub car

维京人的长船能够确保探险
家们跨越更远的距离，发现
崭新而陌生的大陆

Accedns ad la   cauda serpens plabitur argo.

向未知世界扬帆远航

龙首、神奇的维京长船、传奇般的壮举，使得这部描述"远游者"英瓦尔（Ingvar the Far-Travelled）和他的父亲埃蒙德（Eymundr）的故事，成为集现实与虚幻为一体的不可思议的传奇故事。

作者：迈克尔·哈斯丘（Michael Haskew）

古老的如尼符石告诉我们这是一次最终以失败告终的伟大的探险之旅。它们诉说着那些向东方进发，并最终长眠在那遥远地方的朋友和家人的故事。这些故事的发生年代非常久远，奇妙的龙船、超凡的人类及伟大的英雄，这些亲历者的冒险经历汇聚成一部史诗级的传奇巨著。

就像很多维京人及古代北欧人民的故事一样，"远游者"英瓦尔和他的父亲埃蒙德的传奇故事，是一部扣人心弦的文学作品，里面植入了大量的虚构和幻想的情节。这部传奇主要叙述了1036年至1042年的某段时间，由英瓦尔率领的远征队向东进发探险的故事。这群来自瑞典的维京探险者有700余人，分乘30艘船，或许是从他们的祖国出发开启探险之旅。他们沿伏尔加河顺流而下，一直航行到里海和黑海地区，这片萨拉森人（Saracens）的领地。

如尼符石上记载的文字表明，英瓦尔的远征队包括船长、领航员及桨手。他们在首领的率领下一起向未知土地进发，开启冒险之旅。相关记叙表明，很少或几乎没有参与者在经历了险象环生的长途跋涉中后能够侥幸活下来。这次远征探险的原因可能仅仅是为了发现，即寻找一条通往中亚的贸易路线，很可能是受经济利益的驱使，因为当时伏尔加河上的部分重点地区正被敌对的鞑靼人军队争夺。

这部传奇首先向读者讲述了英瓦尔远航发生的大背景，以他的父亲埃蒙德的传说为开篇。尽管关于英瓦尔血统的理论五花八门，但在这部传奇中，他的父亲埃蒙德生于维京。据说他是一位名叫阿基（Aki）的瑞典领主的儿子，而埃蒙德的母亲是"凯旋王"埃里克国王（Eric the Victorious）的女儿。阿基非常想娶这位公主为妻，但是她已经被许配给俄罗斯属国的一位国王。阿基得知后，情绪激动，鲁莽地前往俄罗斯，杀死了他的对手，然后与公主生下了一个孩子，即埃蒙

▲ 这些擅长航海的维京海盗进行海上劫掠时的装备与帮助英瓦尔探索未知世界时的全套装备或许极为相似

英瓦尔身材高大、英俊潇洒、体格健壮。他面目清秀、聪明睿智又善于言辞……

德。起初,埃里克国王没有马上报复他,但是后来,他邀请阿基及与他结盟的8位领主出席一场盛宴。这是一场表面上气氛融洽,但却暗藏杀机的宴会。当欢乐的气氛达到最高潮时,埃里克将阿基及其他8位首领全部杀死。

埃蒙德成年之后,开始了自己的复仇之路,他先是杀死了到这片曾经属于阿基的土地上收取土地税的皇家征税官。于是,埃蒙德成为被通缉的逃犯,但后来被瑞典国王奥洛夫·舍特康努格(Olof Skötkonung)赦免了。后来他返回了这片他父亲留下的领地,不仅积累了大笔财富,还提升了自己的威望,并娶了当地一位富豪的女儿为妻。他们的儿子英瓦尔在这片土地上长大成人,并深受奥洛夫国王及他的儿子阿农德(Anund)王子的宠爱,并与他们结下了深厚的友谊。

传奇中这样描述:"英瓦尔一直与国王同在,因为国王爱他不亚于爱自己的儿子。英瓦尔身材高大、英俊潇洒、体格健壮。他面目清秀、聪明睿智又善于言辞。他对朋友慷慨大方,对敌人冷酷无情。他彬彬有礼,机智敏捷……"

英瓦尔和奥洛夫国王的关系非常亲密。他说服奥洛夫授予他一个"王"的头衔。奥洛夫向他解释,这个要求不能答应。据说英瓦尔听罢即决定踏上征程,向东远航。得知英瓦尔打算离开,奥洛夫心软了,许给了他一个"王"的头衔。然而,英瓦尔回应,一切都太迟了。他的远征计划已经提上日程,一旦风向适宜,他就立即拔锚起航。

这群维京人一直在海上航行,直至到达俄罗斯。一天晚上,一位名叫凯蒂尔(Ketil)的人守夜,他与英瓦尔关系亲密,便决定违抗命令,想趁机下船打探四周的村庄。他来到一所大房子前,见屋里的火堆上面烧着一壶水。凯蒂尔进屋拿起水壶就往回走。这时房主被惊醒,他竟然是一位身材高大的巨人。他拼命地追赶凯蒂尔,凯蒂尔不得不将水壶丢掉,巨人才停止追赶。之后英瓦尔宽恕了凯蒂尔,没有因为他不服从命令而责罚他。

探险之旅继续。一天晚上,英瓦尔的另一位朋友——瓦尔迪马尔(Valdimar)被一个幻象迷住,那景象仿佛一轮半月降临到地球上。瓦尔迪马尔去寻找它的来源,发现了一座金黄色的山丘,山上爬满了毒蛇。于是,瓦尔迪马尔用他的手杖捡起一枚金戒指,这时一条小蛇立即醒了过来。很快,所有的蛇都警醒了。这时巨龙加克洛斯(Jakulus)被唤醒了。它向瓦尔迪马尔发起猛击,瓦尔迪马尔迅速逃回他的船队。英瓦尔发出警报,让大家做好战斗准备以抵抗这庞然大物。当他靠近加克洛斯时,这条毒蛇喷射而出的毒液竟然将一艘船彻底摧毁了。感到情况不妙,英瓦尔决定马上撤离。

英勇无畏的探险家

起航驶向新大陆。

"远游者"英瓦尔

"远游者"英瓦尔为我们书写了一段充满冒险奇遇、浪漫爱情、危险怪物及悲剧灾难的不朽传奇。遭遇食人巨人,与看上去像岛屿的海盗船狭路相缝,与恶龙巧妙搏斗,虽然《英瓦尔萨迦》在一定程度上更富有幻想色彩,但它较真实地反映出了维京人的开拓与探险精神。根据这部传奇中相关文字暗示,英瓦尔在远离家乡的地方不幸离世时年仅 25 岁。然而在他去世之后,这个冒险故事被人们加以润色,并流传至后世。这个传奇故事是根据一个真实历史人物而书写的,他离开奥洛夫国王的王国,以期扬名立万,最后,真正的英瓦尔功成名就——或许很可能这大大超出了他自己的预期。

根据传奇中相关文字的记叙,英瓦尔在瑞典人民中的地位堪比瑞典最著名的英雄。"智者将他的功绩成就与他的亲戚斯泰尔比约恩,或者与奥拉夫·特里格瓦松国王相提并论,赞美他是有史以来北国极地最著名的英雄人物。永永远远,在上帝和人类面前,他都是一位了不起的北欧勇士。"然而,英瓦尔仅是一个凡人,也许他最大的性格缺陷正是他所拥有的勃勃雄心。这个雄心抱负驱使他离开了奥洛夫国王的宫廷,并最终让他付出了生命的代价。

斯韦恩·英瓦尔松

与英瓦尔远征队中幸存的维京人回国后,接下来的那年冬天,凯蒂尔与英瓦尔的儿子,年轻的斯韦恩,一起去看望西尔基西芙女王。斯韦恩准备了 30 艘大船,组建了一支由异教徒组成的武装力量,其人数倍于他自己的远征小分队,浩浩荡荡地出发了。他将自己的命运交给上帝,承诺如果他的队伍取得胜利,他就放弃四处劫掠的海盗生涯。在得到上帝的指示之后,斯韦恩率领人马投入战斗,并将敌人彻底摧毁。

斯韦恩沿着他父亲之前开辟的道路行进,一路历经艰险,与巨人交战,掠夺他们的财宝,与当地人开展贸易,与一些来历不明的敌人博斗。与他的父亲一样,斯韦恩也遭遇到了巨龙加克洛斯。当这头凶猛的野兽站起来攻击探险队员时,斯韦恩命令用那颗神圣的火种点燃一支箭。他将那支箭直接射向巨龙,利箭将龙的心脏刺穿,即刻将其杀死。斯韦恩到达西尔基西芙女王统治的王国时,他帮助整个王国的人民改宗基督教,然后娶女王为妻。斯韦恩在那里居住了 3 年,但他拒绝接受王位,返回了瑞典。两年后,他最后一次被人看到时正驾船驶往西尔基西芙女王所统治的那片土地。

经过几天的航行，英瓦尔来到了一座用白色大理石建造的闪闪发光的城市。在那里他邂逅了一位美丽的女人，她自称是西尔基西芙女王（Silkisif）。她对这群远道而来的旅者非常热情，并邀请他们留下与她一起度过马上就要到来的冬天。英瓦尔向她介绍了基督教，她竟然爱上了他。关于这段情节，传奇中的描述是这样的："英瓦尔总是对她说上帝无所不能，这个信仰深深吸引了她。她如此深爱着英瓦尔，所以她欲将整个王国都许给他，还有国王的头衔。最后她提出，如果他愿意留下来，她要将自己都给他，但是英瓦尔解释，首先他想先探索这条河到底有多长，然后才会接受她的好意。"

春回大地，维京人再次扬帆起航。这次他们遇到了一位名叫乔尔夫（Jolf）的国王，国王欢迎他们的到来。当英瓦尔询问那条大河的源头在哪里时，乔尔夫答道，大河的源头距此地路途遥远，那里有一眼泉水，名为林迪贝尔蒂（Lindibelti）。他警告说，如果英瓦尔打算继续探险，那么前方会有危险。看到自己的国王对英瓦尔的探险队如此关爱有加，乔尔夫的臣民们感到被忽视了。英瓦尔承诺，如果那位背叛乔尔夫的兄弟从下游的属国返回时，会帮助他们一起对抗由他领导的暴动。

经过一个极为危险的瀑布后，维京人绕过高高的悬崖，开凿了一条运河，以便他们的船只可以绕

▲ 这种吃水线很浅的船被称为诺尔船，是一种单桅帆船。在沿伏尔加河顺流而下的长距离探险中，英瓦尔的船队或许使用的就是这类的维京长船

过这段险峻的河流。他们在河岸上发现了一个巨人的足印，然后看到了一座无比巨大的房子，一位相貌丑陋的巨人坐在房子旁边。他们祈祷巨人千万不要发现他们。等巨人一走开，他们迅速走到房前，在支撑房屋的立柱上砍了几刀，这样一来，整座房子的结构变得极为脆弱。巨人回来了，他的腰带上挂着很多死人。然后他坐下来，大口将他们吃掉。饱餐之后巨人睡着了。英瓦尔命令他的人向那些强度已经被削弱的立柱投掷大石块。整个房屋轰然倒塌，正好砸在巨人身上。巨人挣扎着站了起来，维京人见状奋起攻击，用战斧砍断了他的一只脚，然后将他杀死。他们把巨人的脚切下来，抬回船上，然后用盐腌起来。

维京人继续航行。他们来到了河的分岔处，发现面前似隐似现地出现了5座小岛，但这些小岛却正在向他们移动。很快，他们意识到这不是岛，而是海盗船，于是一场战斗在所难免。英瓦尔看着石块像冰雹般在他的船周围落下。然后这群海盗们开始抽动一个巨大的风箱，一束火焰从一个青铜管中喷射而出，一艘被烧到吃水线的维京船迅速被烈火吞噬了。在出发之前，英瓦尔已经请求牧师为他此次远航及航行中可能会用到的物品及工具祝圣。其中有一块用来生火的燧石。于是英瓦尔下令准备弓箭，然后用那块神圣的燧石将箭点燃。他挽弓搭箭，将那只点燃的箭射进了对方的铜管中，旋即引发一场大火，船上所有的海盗尽数而亡。对每一艘前来攻打他们的海盗船，英瓦尔都以同样的方式还击，按照上帝的旨意来送走他们。

终于，英瓦尔一行抵达了大河的源头。他们看到那里盘踞着一条巨大的恶龙，它守护着一处数量惊人的黄金宝藏。英瓦尔指示手下去寻找恶龙的饮用水源。他们在通往饮水处的路上撒了些盐，然后将巨人的脚拖上岸。当巨龙沿着这条小路爬向水源时，它时不时地停下来舔几口盐，然后将那只断脚

吃掉了。与此同时，维京人将那批暂时无人看守的黄金抢走了。恶龙返回时，英瓦尔命令手下不要理会它，赶快撤离。可是有些人无视命令。他们看着那条恶龙翘起尾巴，然后尾尖旋转了一圈，发出一种听起来像吹口哨的声音。那些看到此景的人将他们所见讲与其他人听，说完竟然立即倒地而亡。余下的人得以成功逃离。

这就是英瓦尔与他的同伴们经历的充满惊险奇异的冒险之旅。与恶魔的相遇将此次探险推向了高潮，同时也预示着前方的行程将更加凶险。在他们的回程中，维京人兑现了当初的承诺，他们支持乔尔夫国王与反对他的兄弟进行决战，结果却发现乔尔夫在他的兄弟被打败后竟然转而攻击他们。在击退了乔尔夫的军队后，一群性感风骚的女人突然出现，试图色诱这些维京人。一名女人行刺英瓦尔，但反被他刺伤，而其他维京人被控制了。18 名维京人被这些阴险狡诈的像塞壬一样的妖女夺走了性命。

据传奇记载，这次遭遇后不久，一场可怕的疾病肆虐维京远征队，并于 1041 年夺走了英瓦尔的生命。得以幸存下来的维京人将他的遗体交给了西尔基西芙女王。她遵照对基督徒的崇敬之礼将他安葬。"他是我的上帝，也是你们的上帝，"她告诉维京人，"当你们回到瑞典时，请向英瓦尔的亲属们转达我的问候，并邀请他们中的某些人与传教士们一起到这里来，为这里的人民施洗，然后我将在英瓦尔的安息之地建造一座教堂。"

> 英瓦尔一行抵达了大河的源头。他们看到那里盘踞着一条巨大的恶龙。

根据如尼文石碑上的记载，这次远航没有幸存者，但是在传奇中的描述是凯蒂尔最终活了下来。在此次探险之旅中，维京人得到的财宝堆积如山，他将所积累的财富带给了英瓦尔的儿子——斯韦恩（Svein）。不久，斯韦恩就开启了属于自己的远征探险，他也经历了类似的冒险。抛开这本传奇中的虚幻、想象的情节，历史上的英瓦尔确实到过很多地方，如波斯、亚细亚、印度、亚美尼亚及俄罗斯，所以"远游者"的绰号他当之无愧。

如尼文石碑及碑文

如尼文石碑是用来缅怀这些维京勇士和探险家的。每一块石碑都是载有他们的功绩和荣耀的标志，通常是在维京人死后由家族成员竖立以作纪念。这部《英瓦尔萨迦》是将很多记载在如尼文石碑上的故事进行整理汇编而成，同时有一些内容摘自3部杰出的冰岛吟唱诗人的著作，以及冰岛知名政治家斯图拉·索尔达松的作品——《英瓦尔萨迦》。这部写于 12 世纪的传奇故事，据说最初是由一位 12 世纪居住在冰岛的本笃会修士奥德·斯诺拉松（Oddr Snorrason）用拉丁文书写的。斯图拉所编写的这些传奇中提出 1041 年，英瓦尔死于一种不明疾病。虽然近年来学者们对于这个说法的接受程度有所提高，但是对于《"远游者"英瓦尔传奇》中对英瓦尔身体状况描述的准确性到底如何，多年来一直存疑。

为了纪念英瓦尔伟大的航海探险而竖立的如尼文石碑主要位于瑞典首都斯德哥尔摩的乌普兰省（Uppland Province）的梅拉伦湖（Lake Mälaren）地区。其中有几块石碑提到 864 年至 1041 年期间，不止一支探险队远航至里海地区，但大多数石碑都是为了纪念英瓦尔及他的远征队而竖立的，在那次危险异常的航行中他们或许全部一去不归。这些石碑上所载文字表明，英瓦尔试图努力建立起贸易通道，还有维京人参加了 1042 年的萨西勒提战役（Battle of Sasireti）。如果这段如尼符文的描述在历史上确切发生过的话，那么即使是在英瓦尔去世后，维京旅行者们的探险之旅仍然十分活跃。

▲ 由维京人的后代建造的如尼文石碑是为了向"远游者"英瓦尔这样的旅者致敬。几个世纪以来它们一直保存完好

正如《格陵兰萨迦》中所述,莱夫·埃里克松发现了美洲大陆

一个好地方：文兰

早在哥伦布发现新大陆的几百年前，抵达北美洲的第一批欧洲人正是这些来自斯堪的纳维亚的北欧人。

作者：本·加泽尔（Ben Gazur）

著名的北欧长船的设计堪称完美，它们可在北大西洋那波涛汹涌的海面上轻巧掠过。船上可能是一群志在征服四方的勇士，或是一批准备在新大陆安家的定居者。早在9世纪，挪威人就已经在冰岛建立了殖民地，因此，这些北欧船只进一步向西航行只是时间问题。在《格陵兰萨迦》（*Groenlendinga saga*）中，我们发现了有关北欧人远航至北美探险的描述。

"红发"埃里克和格陵兰岛

当"红发"埃里克和他的父亲索瓦尔德（Thorvald）被指控犯有过失杀人罪时，这对父子逃离了他们在挪威的家。他们漂洋过海，加入了那些已经在一处宜居地定居的挪威人的行列。这个地方的名字听上去毫无诱惑力——冰岛。后来，索瓦尔德客逝他乡，而"红发"埃里克则在那里安家定居，娶妻生子。他有3个儿子——莱夫（Leif）、索瓦尔德（Thorvald）和索尔斯坦（Thorstein），还有一个女儿——弗雷迪斯（Freydis）。他们在北欧人西行远航的进程中都扮演了重要的角色。

家园易改，本性难移，离开挪威的埃里克依旧脾气火暴。在一次暴怒之下，杀了"犯规者"埃伊乌夫（Eyiulf the Foul）及著名的决斗士赫拉夫（Hrafn）之后，埃里克不得不带着他的家人再次离开家园。环境的变化并没有给这家人带来平静祥和。为了租借一套木梁，埃里克与一个名叫索尔格斯特（Thorgest）的人发生了争吵。其他人见状纷纷选边站队，参与进来，导致这场纠纷演变成一场武斗，最终引发了流血冲突。该地区的居民召开大会宣布埃里克为罪犯。显然，埃里克又需要换新家了。

有人在大西洋彼岸发现了一片陆地。这个消息传到了埃里克的耳朵里，于是他准备了一艘船，并配齐所需装备，同时召集了一批船员，欲开启一次海上冒险之旅。他向他的朋友们保证，如果他成功地发现了这片土地，他一定会回来。但是如果在海上长时间航行之后还是未能找到那片土地并登陆的话，他和他的船员们将会面临何种命运，对此他却没有明说。

从冰岛出发后不久，埃里克一行很快就碰到了一片大陆，他将这个地点命名为"黑鲨"（Blacksark）。广袤无垠的岩石荒野和高耸入云的冰山似乎笼罩着这片新的领土。冰川融化后流下来的冰水直接流入了波涛汹涌的大海中。夏天，埃里克带领他的团队在这片新大陆上进行探险，寻找适宜的定居点。冬天，他们躲在自己挖的地洞中以抵御刺骨的寒冷。3年之后，埃里克再次起航返回了冰岛，并向人们讲述他的发现。他绘声绘色地向人们讲述着航海中的奇遇。在讲到他新发现的那片覆盖着冰川和岩石的大陆时，他为它取了个新的名字——格陵兰（Greenland）。他说，赋予这片领土一个好听的名字，它会更具吸引力。第二年夏天，埃里克返回了他的格陵兰岛。这次跟随着他一起动身前往新大陆的还有另外35艘船。但最终仅有14个人安全抵达。

当他的父亲埃里克将格陵兰岛变成殖民地时，莱夫驾船回到了挪威。他拜访了奥拉夫国王，这位基督教君主向莱夫宣讲了这个全新的宗教。莱夫和他的船员一起加入了基督教，并受洗，然后返回西部寻找他的父亲。

比亚德尼的西行之旅

比亚德尼，他的一位亲戚是冰岛的第一批定居者之一。当他还是一位意气风发的年轻人时，心中就对远航旅行充满了渴望。比亚德尼是位商人，通过运营来往于几处北欧殖民地之间的商船而积累了一笔不小的财富。然而，每隔一年，他都会驾船返回家乡，与他的父亲——海尔约尔夫（Herjólf）共度寒冬。一年冬天，海尔约尔夫决定跟随埃里克前往格陵兰岛，于是这位老人卖掉了他的农场。他的船员中有一位来自赫布里底群岛（Hebrides）的基督徒，他曾写过一首著名的歌曲，描绘了他们即将面对的波涛汹涌的海面及滚滚巨浪的惊险场景。他的歌曲召唤基督教徒所信奉的上帝来庇佑这些船。也许他的歌声引起了新神的注意，因为尽管航行异常凶险，但船队还是安全抵达了格陵兰岛，海尔约尔夫在那里定居下来。

同年冬天，在完成了最后一次贸易航行之后，比亚德尼返回了冰岛，并听到了他父亲已经离开挪威前往格陵兰岛的消息。

> 许许多多个日日夜夜过去了，他们不知道自己到底要前往何方。

一时间他有点不知所措，但很快他决定还是应坚持之前的习惯，与父亲一起度过这个寒冷的季节，于是他驾船向西方驶去。比亚德尼询问他的船员们是否愿意跟随他一同前往，尽管他警告大家"做出此番航行的决定十分鲁莽，因为我们当中没有一个人曾经到过格陵兰岛的那片海域"，但是没有一位船员表示要离开。

他们很快就发现，当那首"基督徒之歌"中所列举的种种危险——出现在他们面前时，他们做出的这个决定是多么莽撞。他们航行了3天，直到他们离开的那片土地完全看不到。顺风时，他们轻松而平稳地在海浪中穿行，但凶猛可怕的北风很快又开始刮了起来。海上大雾弥漫，他们根本看不到天空。许许多多个日日夜夜过去了，他们不知道自己到底要前往何方。当太阳再一次露出笑脸时，他们终于可以确定方位并扬帆起航。他们一看到前方出现了陆地，就径直朝那里驶去。

"这里是格陵兰岛吗？"船员们问比亚德尼。他认为这不是格陵兰岛，于是他们继续航行。接下来他们发现的一片陆地上面布满了山丘和树林，郁郁葱葱，令人身心愉悦。"这里是格陵兰岛吗？"不，不是。比亚德尼再次否定，因为这里并没有冰封的大山。他们发现的第三块陆地是一片遍地长满绿树的宽广平原。比亚德尼再一次认为这不是格陵兰，并拒绝让他的船员伺机在那里登陆，以获取食物和补给。船员们对此抱怨不已，但他们还是继续向前航行。

接下来他们抵达了一片覆盖着大块岩石和冰川的陆地，航行终于可以结束的希望顿时在船员们的心中迸发出来。但遗憾的是，最终证明那只是大海中的一个普通的岛屿。船队继续在狂风巨浪中穿行，比亚德尼指挥他的船奋力前进。最后，他们发现了一片陆地，似乎符合他们所听说过的对格陵兰岛的描述。船向陆地驶去。在他们登陆后，他们终于找到比亚德尼父亲的家。比亚德尼决定收山了，不再继续航海。他要待在那里陪伴父亲，陪着这位老人度过他的余生。

莱夫继续向前

比亚德尼在毫无计划的前提下，竟然向西航行到了更远的地方，这个消息不胫而走。听说比亚德尼对探索新大陆已经毫无兴趣，对于他所表现出的这种颓废，人们百般嘲笑。但是其他人接过了挑战，继续沿着他的路线前行。莱夫，"红发"埃里克之子，前去拜访比亚德尼，向他了解航行中的所见所闻，并从他手里买了一艘船。

莱夫试图说服他的父亲与他一起进行这一全

▼ 穿越北大西洋的是一条尤为凶险的航线。《格陵兰萨迦》中讲述了众多船只在穿越大西洋的航行中消失，再也没能返家

新的伟大探索。起初埃里克拒绝了，他觉得自己年事已高，无法承受长途航行的艰辛。四处飞溅的苦涩海水、泛着白色泡沫的翻涌的海浪也许更适合年轻人。莱夫告诉他，或许他们可以凭借他的好运气来完成这项大胆的任务。同时他对父亲的航海技能大加赞扬，成功地将他"引诱"上船。在陆地上行进时，埃里克骑的马被绊倒了，导致这位老人从马上摔了下来。埃里克认为这是神在向他暗示，表明他已经走得太远了，不会有更多的土地属于他了。埃里克决定返回自己的家。没有埃里克的陪伴，莱夫仍决定起航向西部更远的大陆驶去。

首先，莱夫驾船来到了比亚德尼发现的那座岛，那里什么也没有，除了一块平坦的露出地面的岩层，整个岛几乎全被冰山占据。简直就是一片名副其实的寸草不生之地，所有的生活必需品都无从获得。莱夫将这座岛称为"赫尔陆兰"（Helluland，即今巴芬岛），因为它看上去就是一些平坦的岩石（"Hella"取自古诺尔斯语）。这里根本不适宜定居，所以莱夫决定继续驾船出发。

他们发现的下一片陆地地面平坦，林木繁茂，一览无余的沙滩，让人感到十分安全。莱夫宣布将赋予这片土地一个恰当贴切的名字，于是将其命名为"马克兰"（Markland，森林和木材之地）。期望能有更大发现的他们满怀欣喜地从这片富有希望的土地再次出发。

乘着西北风他们继续航行了两天两夜。在距离一大片陆地不远处的小岛上他们登陆了。天气晴好时，他们决定上岛探险。苍翠茂盛的青草上挂着晶莹的露珠，大家情不自禁地尝了尝，发现它竟然是这世上最甜的水。穿过狭窄的海湾，他

▼ 北欧人在文兰的殖民地很快就被放弃了，因为穿越大海的航程极度艰辛，而且从事商品贸易的利润实在不高

们将船驶向陆地，但是潮水退了，船在浅滩上搁浅了。队员们已经顾不得潜在的危险，决定离开大船换乘小船前往陆地。在那片富饶的土地上，他们发现了星罗棋布的河流与湖泊。待到涨潮，水深足够时，为了确保安全，船员们将大船从浅滩中驶出，进入一条河流之后一直将船划到了一个湖泊中。

文兰的藤蔓

上岸后，船员们决定在那里建一座长屋。附近的河流里盛产鲑鱼，那是他们见过的个头儿最大的鲑鱼。随着冬季来临，遍地的青草竟然不会枯萎。不需要再特意为牛准备过冬的饲料。即使在深冬，夜晚的长度也远不及在格陵兰岛或冰岛的漫漫长夜。白昼变长了，太阳照耀在根本不会结霜的大地上。

莱夫把探险队分成两组。一组留下来看守房子，而另一组去对这片他们新发现的陌生土地进行更深入的探查。但是有一点要求，探险队员们无论如何也不能在外面过夜。

一天晚上，人们发现德国人泰克（Tyrker）没有随着外出探险的人一起回来。这个泰克是莱夫和"红发"埃里克的忠实朋友。莱夫非常生气，在这片尚且陌生的土地上如果他失踪的话简直糟透了。他带领12位队员去寻找他的朋友。在离他们定居地不远的地方，他们发现了沉浸在莫名的兴奋之中的泰克。他喋喋不休地用德语对着前去寻找他的人说着什么，这些人根本听不懂。泰克一边滴溜溜地转着眼珠，一边咧着嘴大笑，并开始用古诺尔斯语向大家解释他到底发现了什么。其实他只是比别人稍微走得远了一点，就无意中发现了新东西。"我找到了葡萄藤和葡萄。"他告诉大家。泰克说，他的家乡以葡萄闻名，他

> 他们将抓住的8个人当场杀死，第9个人逃走了。

知道自己在说什么。尽管葡萄并非原产于北美，但据推测这些维京人在那里发现的极有可能是一种美味的浆果，这种浆果发酵后可酿出令人陶醉的美酒。

据说，正是由于在岛上发现了葡萄藤，莱夫将这个物产丰腴的岛屿命名为"文兰"（Vinland）。现在，莱夫让他的船员们砍伐木材、采摘水果。待到春暖花开之时，他们将积攒的货物装满船，迎着初升的太阳，起航回家。

"幸运者"莱夫

海面上风平浪静，船迅速向格陵兰岛方向驶去。前方目的地——格陵兰岛上的冰川和山谷已经依稀可见，船员们对他们的船长大声喊道："您为什么要这样拼命地逆风行驶？"莱夫将船头调转方向已有一段时间了。他询问是否有人能看到海面上有什么东西，但没有一位船员能看到。莱夫的眼睛像雄鹰一样敏锐，他的视力无人能及。"我看见一艘船，也许只是一只木筏。"莱夫手指着前方对大家说。船越来越靠近了，所有的人都看见了前方是一艘船。"如果他们需要帮助，我们会提供帮助，但是如果他们是来抢劫的，好吧，我们也不是好惹的，有更厉害的在等着他们。"这时大家发现，在前方出现的那艘船上有一群正在寻求帮助的人。

当这艘船上的首领索里（Thori）听到莱夫的名字时，询问他是不是大名鼎鼎的"红发"埃里克的儿子。莱夫答正是，并邀请他们登上他的船，尽量将能带走的财产、物品都带离。由于他解救了那些在大海中迷航的人，他被人们称为"幸运者"莱夫（Leif the Lucky）。莱夫将索里和他的妻子古德丽（Gudrid）带回了自己的家。

那年冬天，可怕的疾病在定居者中肆虐，索里和"红发"埃里克都不幸离世。虽然莱夫不打算回到文兰，但他的弟弟索瓦尔德觉得还应再进行更深入的探险。他向他兄弟借了艘船便出发了。

索瓦尔德的航行

按照莱夫的建议，索瓦尔德向他哥哥先前定居的地方进发。整个冬天，索瓦尔德带领30名手下从那片富饶肥沃的土地上获取了大量的食物。春回大地之时，索瓦尔德用小船满载着物资出发去西海岸探险，此行持续了整个夏天。

他们发现的那片土地林木繁茂，环境宜人。茂盛的森林一直绵延至海边，白色的沙滩细腻而柔软。数量众多的岛屿和河流为这群探险家们提供了大量探访的地方。尽管进行了深入搜寻，但并没有发现动物巢穴及人类居住的迹象，直到他们登上其中一个位于西部的岛屿。在那里队员们发现了一个木制结构的建筑，显然是用来储存粮食和保证粮食安全的。除此之外没有其他发现，索瓦尔德一行于当年秋天返回了北欧人的定居点。

翌年夏天，他们对东海岸进行了探查。当大家在海上穿越时，突然刮起一阵大风将船直接抛向一块大岩石，船身重重地撞在了石头上，使龙骨受损。大家合力将船推上岸，修复好了龙骨，于是索瓦尔德就将此地命名为"基尔尼斯"（Keelness）。将船修补好后他们继续航行，来到了一处安全的锚地。那片陆地风景极为优美。索瓦尔德望了一眼就宣布他要在这里安家。

他们返回船上，停止继续航行。在沙滩上，大家看到了3座小山丘，之前他们并未在那里见过。走近时，他们才发现那是3只皮制的独木舟，每只独木舟下面都藏着3个人。他们将这些人称作斯克瑞林人（Skraelings）。为了接近这些土著人，探险队分成了3组。最后除了一个躲藏起来的人之外，其余的人都被抓住了。他们将抓住的8个人当场杀死，侥幸躲过一劫的第9个人逃进了树林。队员们返回到岬角，环顾四周，在远处隐约可见村落。

突然，仿佛被施了强大的魔法一样，这些北欧人陷入了昏昏欲睡之中。有一个声音从天空中传来，试图将他们唤醒："赶快醒来，索瓦尔德，你和你的伙伴们赶快醒来，如果你想拯救大家的性命。所有人赶快上船，全速航行离开这片陆地！"北欧人惊醒过来，但为时已晚，当他们奋力登上船时，发现海面已经被数不清的独木舟塞得严严实实。索瓦尔德下令将船两侧所有的挡板和盾牌支起，以抵挡弓箭，避免受伤。他深信他的船具有很强的防御能力，所以并没有发动进攻，任由这些斯克瑞林人的箭向他们射来，但这些对他们根本无法造成任何伤害。最终斯克瑞林人放弃攻击，撤走了。

索瓦尔德让手下看看是否有人受伤。在如此密集的箭雨下大家竟然毫发未伤，除了非常不走运的船长本人。他手里握着一支箭的箭杆，这支箭擦着船两侧护板的顶端飞进来，正好射中了他的手臂下方。索瓦尔德知道自己时日不多，于是命令手下尽快撤回自己的定居地。他仅有一个要求，将他埋在他认为可以安度晚年的地方。"将我埋在那里，"索瓦尔德对船员们说，"然后请在我的头部放一个十字架，另一个放在我的脚边，以后就将那个地方称为'克罗斯内斯'（Crossness）吧。"

回到定居地后，大家将采伐的木材及采摘下来的葡萄装满了一艘货船，然后带着索瓦尔德的新发现及他的死讯，起航返回格陵兰岛。

新世界的探险者

起航去西部寻找全新领地之人。

"红发"埃里克

"幸运者"莱夫

索瓦尔德

由于生性好斗，埃里克先后被驱逐出挪威和冰岛，最终成为格陵兰岛的第一个北欧人定居点的创建者。在《埃里克萨迦》中也涉及关于他在格陵兰岛建立定居点的故事。十分富有且德高望重的埃里克担任格陵兰岛最高首领，直至最终离世。他是另外几位到达北美地区的探险家的父亲。

莱夫是"红发"埃里克的儿子。他是第一个探索北美大陆的北欧船长。他在挪威王宫里服务时改宗成为一名基督徒，后在格陵兰岛宣扬这一新教。虽然他的母亲修建了一座教堂，但是他的父亲并没有改宗基督教。莱夫对他称之为"文兰"岛的地方进行的探险活动，促使其他北欧探险家跟随他一起开启了一次西部大冒险。

莱夫的兄弟，索瓦尔德带领一支探险队远征至文兰岛，并引发了第一次北欧人与北美土著的相遇。然而，双方第一次接触导致了暴力争斗，在一次海战中索瓦尔德被杀死。他被安葬在文兰岛，随后他的兄弟们远航接回他的遗体，因为基督徒认为最重要的是将他安葬在圣地。

索尔芬·卡尔塞夫尼

古德丽

弗雷迪斯

索尔芬出生于冰岛上流社会的一个精英家族，后成为一名富商，是北美地区第一个北欧殖民地的创建者。他凭借自己的地位和财富，资助了一次远赴文兰的探险之旅。他在文兰建立的殖民地大约持续了3年，后因各种原因被放弃。晚年时，他隐退回到冰岛的自己的庄园，安享生命中最后的时光。

古德丽是格陵兰岛早期的殖民者。她是北欧时期外出探险旅行最为频繁的女性之一。她陪伴她的丈夫卡尔塞夫尼前往位于文兰岛的殖民地，并在那里生了他们的儿子——斯诺里，第一个在北美出生的欧洲人。卡尔塞夫尼去世后，古德丽改宗基督教，并去罗马朝圣。回到冰岛后，她成为一名修女。

"红发"埃里克的女儿，在《格陵兰萨迦》中，将她描绘成一位非常耿直、不善于阿谀奉承的女人。当北欧定居者被斯克瑞林人攻击时，大家纷纷四处奔逃，但是怀有身孕的弗雷迪斯扯开自己的上衣，一边用剑在自己的胸脯上猛拍，一边尖声嘶吼，将斯克瑞林人吓得撤回到他们的船上。书中对她进行负面描述大概是因为她不愿意改宗基督教。

▲ 据说，这份文兰地图绘制于15世纪，是13世纪原件的复制品，但它的真实性一直受到质疑

索尔斯坦之死

当索瓦尔德在外探险时，在格陵兰岛上，他的兄弟索尔斯坦·埃里克松已经和古德丽结婚了，就是"幸运者"莱夫在海上救回来的那位姑娘。当索尔斯坦听到兄弟不幸离世的消息时，他想驾船去文兰接回他的尸体。于是，他与25名坚定的支持者一起登上了索瓦尔德的船，然后向西进发。他的妻子古德丽陪同他一起前往。

据说，他们的船在海上颠簸了整整一个夏天。他们与狂风巨浪搏击，不知自己到底身处何方。到了冬天，他们终于到达了格陵兰岛的西部定居地，并在那里躲避风暴。除了索尔斯坦和古德丽，所有船员都找到了自己的居所，而这对夫妻不得不住在船上。当他们在木甲板上冻得瑟瑟发抖时，

只见走来一个神色严峻之人。"我叫'黑肤'索尔斯坦（Thorstein the Swarthy）。"他对古德丽和索尔斯坦·埃里克松说。这位皮肤黝黑的男子提出可以给他们一所房子居住，索尔斯坦·埃里克松和古德丽欣然接受了。

但是在那个季节，死神很快降临到定居点。索尔斯坦·埃里克松的这支远征队中，很多成员患病死亡。索尔斯坦为死者制作了棺材，并将其运回船上，以便可以将遗体送还给他们的家人。接着，瘟疫侵袭了"黑肤"索尔斯坦的家，他的妻子染病去世。当"黑肤"索尔斯坦的妻子格莉希尔德躺在床上死去时，她似乎动了一下。同时，这座建筑中所有的木头好像都在移动，发出嘎吱嘎吱的声音，仿佛在相互之间倾诉着悲伤，整座

▲ 莱夫·埃里克松被认为是第一位登上北美大陆的欧洲人。他为这片他发现的土地命名为"文兰"。

在沙滩上，他们看到了3座小山丘，之前他们并未在那里看见过。

房子都在哀叹。如此异象让索尔斯坦·埃里克松感到十分难受，他也病倒了。古德丽尽力照顾丈夫，减轻他的病痛，但最终还是没能留住他。看到丈夫的遗体她伤心欲绝，"黑肤"索尔斯坦试图抚平她的悲痛。他答应陪古德丽返回故乡，带上所有客死异乡的探险队成员的遗体一起回家。

这时，死去的索尔斯坦突然坐起来了，并高声喊着："古德丽在哪里？"他连续问了3次。不知所措的古德丽不知道该不该回答。正在犹豫之时，"黑肤"索尔斯坦问道："你想要说什么？"

"我想告诉古德丽她即将面临的命运，这样我的死就不会令她过于悲伤，因为我在一个辉煌壮丽的地方享受着安宁祥和。古德丽，我必须告诉你，你将嫁给一个冰岛人，你将拥有一段持续多年的幸福美满的婚姻，你和你未来的丈夫将孕育出一位具有高尚美德的伟大的后代。你将周游世界——从冰岛到遥远的南方，然后再返回家乡，并戴着洁白的面纱步入教堂中。"用已经没有生机的舌头讲出了对未来之事的预言后，索尔斯坦·埃里克松重新倒在了床上。

"黑肤"索尔斯坦卖掉了他的农场和财产，陪同古德丽一起返回家并照顾她，其余探险队成员的遗体也送还给了他们各自的家人。

卡尔塞夫尼的旅行

就在古德丽返回的那个夏天，一艘从挪威出发的船只抵达了格陵兰岛，船长是一位名为索尔芬·卡尔塞夫尼的人。这位富有的船长受到了"幸运者"莱夫的热情欢迎。他来到了莱夫的家，并在那里度过整个冬天。卡尔塞夫尼很快发现自己爱上了寡妇古德丽。他被迷住了，忍不住向她求婚。而此时，很多人都在谈论关于去文兰岛的探险航行。人们呼吁卡尔塞夫尼组建一支探险队，他欣然同意了。于是，卡尔塞夫尼和古德丽率领60个男人及5个女人出发了。卡尔塞夫尼夫妇承诺，对于此次探险之旅所获得的全部收益将由所有探险队员将平均分配。因为他们的计划是在文兰寻求建立一个永久的定居点，所以他们将很多头牛牵上了船。莱夫同意可以将他在文兰建造的那座长屋借给他们使用，以方便他们在整个探险期间用于开会议事，尽管他并不愿意将那座房屋永远交给他们。

船队很快就找到了莱夫探险之地。他们将一条巨鲸赶到沙滩上，然后抓住了它，将肉割了下来，这样就可以确保大家不会饿着肚子过冬。他们让牛群在这片土地上悠闲漫步，这种散养方式让公牛变得狂野、凶狠。很快，定居点里就堆满了大家从广袤的森林里砍伐的木材，储藏室里塞

仅存于世的远航记录
这部传奇的唯一来源。

《格陵兰萨迦》（Groenlendinga saga）可以追溯到写于14世纪晚期的一份名为《弗拉泰之书》的手稿。或许经历了火灾、洪水，亦或是老鼠的啃咬，导致描述北欧人在北美大陆探险的仅有的一些文字记载永远地遗失了。大多数专家认为这部传奇中描述的故事大约发生在12世纪或13世纪，至少在事件发生一个世纪之后才被人书写记载下来。但从历史上看，其中描述的大部分故事都是可信的，整部书中叙述了大量不可思议的发明创造。

《弗拉泰之书》是应约恩·哈康纳尔松的要求所著，他是来自冰岛的一位富庶的农场主，对文学抱有浓厚的兴趣。根据介绍，我们得知它的实际作者是两位牧师——约恩·索尔达松和马格努斯·索尔哈尔松，这就可以解释为何书中对基督教大加褒扬。《弗拉泰之书》的全部文字书写在225张上等的牛皮纸上，内容包括众多关于挪威诸位国王的传奇故事及诗歌。其中有一些内容在其他的著作中也出现过，但是《格陵兰萨迦》只出现在《弗拉泰之书》中。

这份手稿在弗拉泰岛上保存了几个世纪。1651年，丹麦国王腓特烈三世（Frederick III）提出一项要求，丹麦王国内所有的古老的手稿都要统一保存在皇家图书馆中。所以《弗拉泰之书》被从保存它的私人收藏家手中收回，直到1971年才被归还回到冰岛。现在它是冰岛的珍贵国宝之一。

▲《弗拉泰之书》是《格陵兰萨迦》的唯一出处，同时它也是唯一一部记载关于北美地区的北欧殖民者的极具价值的文字资料性著作

满了从河里捕捞的鱼及在森林里猎取的动物。看来越冬对这些定居者来说并不艰难。在这片崭新的西部土地上，生活似乎充满了希望。

第一年夏天，斯克瑞林人来了。从茂密的森林里冒出很多人，但当他们接近定居者散养的牛群时，愤怒的公牛低声吼叫着，吓得这些斯克瑞林人又退了回去。为了躲避公牛的攻击，他们一路跌跌撞撞地向卡尔塞夫尼的家走去，并试图一下进去。卡尔塞夫尼将门闩上了。因为双方彼此语言不通，所以理解起来都非常吃力。然后，斯克瑞林人拿出了一些动物毛皮等物品，表示愿意与卡尔塞夫尼交换。卡尔塞夫尼发现原来这些当地土著是想得到一些武器，但他禁止他的队员用锋利的刀具作交换。作为武器的替代品，他拿出了一些牛奶，这项交易最终达成了。

尽管双方达成了和平相处的协议，但是卡尔塞夫尼还是用坚固的木栅栏将定居点围了起来。在这个安全的地方，古德丽诞下了一个男婴——这是第一个在北美地区出生的欧洲人。他们为他取名为"斯诺里"（Snorri）。

斯克瑞林人再一次来到了定居点。这次他们的人更多了，但依旧带着他们的货物寻求交易。卡尔塞夫尼命令妇女们像上次一样拿出牛奶。当斯克瑞林人看到牛奶时，他们非常渴望达成交易，所以他们将带来的货物从围栏外扔进了围栏内的定居点。一切似乎看起来都很和谐。

但是后来有一天，一名斯克瑞林人试图从北欧人手里抢夺一件武器时，当场被杀死了。斯克瑞林人见状立即丢下他们所有的东西逃走了。卡尔塞夫尼将探险队员召集起来，告诉大家必须做

斯克瑞林人又来了，这次他们的人数更多了。

好准备迎接斯克瑞林人的报复性攻击。果然这些土著人又回来了。卡尔塞夫尼让勇士们将公牛驱赶在队伍的最前面，因为这些畜生令他们的对手感到十分恐惧。这场战役对斯克瑞林人来说简直是糟透了——其中一名土著人成功地从一名北欧勇士手里抢到了一柄铁斧头。他挥舞着乱砍一通，结果却砍死了自己的一名同伴。斯克瑞林人的首领，一个身强力壮、令人胆寒的大块头，拿起斧头，仔细查看。然后他用尽全力将这柄斧头扔进了海里，他的人随即撤退到树林里。从此在那里，他们再也没有与这些来自北欧的人碰面。

北欧人在平静安宁中度过了这个冬天，但卡尔塞夫尼已经下定决心返回格陵兰岛。满载着从当地砍伐的木材，以及从斯克瑞林人手里换取的毛皮，还有那一串串鲜美的葡萄，探险队起程返航。

弗雷迪斯的愤怒

到目前为止，人们认为文兰是一个充满机遇、有望改变命运的地方，人们还可以因前去探险而展现出的高超航海技术及英勇无畏的精神而扬名立万。就在卡尔塞夫尼的船队从文兰返航归来时，一艘载着两兄弟的船只从挪威来到了格陵兰岛。海尔吉（Helgi）和芬博吉（Finnbogi），这两个兄弟受到了"红发"埃里克的女儿——弗雷迪斯的热情接待。弗雷迪斯是个傲慢自大的女人。她邀请兄弟二人与她一起去文兰岛，此次航行所获得的收益将与他们平分。海尔吉和芬博吉同意了这笔交易，并做好了出发的准备。他们每个人都承诺所带领的随行人员数量相同，但是弗雷迪斯却违背承诺，她的船上多带了5名船员。她试图说服哥哥莱夫将他在文兰岛上修建的房子给她，莱夫再一次强调那所房子只是借给她使用，只要她在岛上就可以随便使用。

▼ 在纽芬兰的兰塞奥兹牧草地重建的一座北欧人长屋。考古学家在那里发现了北欧人在新大陆定居的证据

船队一抵达文兰岛,海尔吉和芬博吉就发现弗雷迪斯背信弃义。本来提前说好两艘船要停靠在一起,但兄弟二人的船先在定居点附近靠岸了。他们发现莱夫建的那所房子还空着,于是就将所带的东西搬了进去。看到他们竟胆敢擅自行动,弗雷迪斯恼羞成怒,对兄弟俩大发雷霆,要求他们必须离开这间房子,这是她哥哥借给她的。他们两人很不情愿地离开了,并自己动手在海边建了一座房子。

定居点的主要工作是收集货物,然后再将这些货物运回格陵兰岛并从中获利,弗雷迪斯的生意是砍伐珍贵的木材。随着冬天的临近,兄弟俩建议所有居住在定居点的人们一起采收所需货物。起初两方派系之间还能和平相处,但很快因为争夺货物双方发生了争执,并导致两派之间的敌意公开化。工作被迫停止。弗雷迪斯和两兄弟各自的队员之间互不来往,两处定居营地之间的争斗一触即发。

那年的隆冬时节,弗雷迪斯从床上爬起来,披上她丈夫的毛皮大衣,朝两兄弟的家走去。她赤着脚走过挂满露珠的草地,然后推开两兄弟的屋门,将芬博吉从睡梦中叫醒。"你想干什么?"他粗鲁地问道。弗雷迪斯询问他在这片新大陆过得是否愉快。芬博吉回答道,这片土地富饶丰腴,所以他们之间没有必要产生任何争执。于是弗雷迪斯提出了一个解决方案。她提出如果芬博吉能够将他的船让给她,她和她带来的追随者就会一起离开文兰,因为他的那艘船比较大,可以满足他们所有人一起搭乘。为了能够摆脱弗雷迪斯,芬博吉同意了。

弗雷迪斯回到家,躺在床上,她那双冷冰冰、湿漉漉的脚碰到了她的丈夫并弄醒了他。"你到哪儿去了?"他问道。弗雷迪斯的情绪突然激动起来。"我去了海尔吉和芬博吉的家!我想买他们的船,但他们却非常残忍地对待我,不仅殴打我,还将我直接从他们家的门口赶走了。你打算为你的妻子报仇解恨吗?这简直就是对你我二人的羞辱,如果你不能让我,还有你自己摆脱由此带来的困扰,我就离开你!"

听闻此话,弗雷迪斯的丈夫立刻从床上起来,并召集他的人手。他们拿起武器闯进了两兄弟的房子,此时屋里的人都还在睡梦中。他们将屋里面的人都绑了起来并带出去。所有人被处死了。之后,弗雷迪斯让跟随她的人发誓严守秘密。任何提及当晚所发生之事的人都会被弗雷迪斯处死。他们对外宣称两兄弟带领他们的人已经起航了,他们再也没见过他们。

回到格陵兰岛,弗雷迪斯将此行所获得的货品赠与她同行之人,期望借此换取他们对她所做之事保持沉默。但是她的这种变相贿赂并没有奏效——她犯下杀人之罪的消息很快就传开了。莱夫听说了他妹妹的恶行,甚至因为她强迫跟随她的人犯罪,让这些人的精神备受煎熬。但是,他不忍对自己的妹妹加以惩处。从那天起,所有遇到弗雷迪斯和她丈夫的人都会有意避开。同时,人们对索尔芬和古德丽大加赞赏。他们家族的后代中涌现出很多品行高贵、福泽深厚之人。

寻找文兰

关于文兰岛的发现,最早的书面记录来自1075年左右的不来梅人亚当(Adam)的著作。书中记载了作者西行之旅的一些见闻及探险家们在那里发现的新大陆。

"这个岛被称为文兰,因为岛上的野生葡萄生长茂盛,丰收的葡萄可以酿出美味醉人的葡萄酒。而且文兰岛上自播繁殖的农作物极为丰富。关于这些情况我们并不是从那些令人难人置信的传说中获知的,而是来源于一些丹麦人记载的可信度比较高的叙述。"然而,由于北欧人未能在北美大陆建立永久殖民地,从而导致他们的这一发现在欧洲几乎已经被人遗忘。

虽然考古学家已经在北美地区发现了北欧人的定居点,如纽芬兰的兰塞奥兹牧草地(L'anse aux Meadows),但是对在传奇中所描述的确切位置仍存在争议。在传奇中对某一时刻是这样描述的:这是一年中白昼最短的一天,在"达格玛拉斯达苏尔"(dagmalastaður)与"埃克达尔斯达苏尔"(eyktarstaður)之间可以看见太阳。如果我们知道这些术语所传递出来的这一天的确切时间到底为何时,我们就能确定这些北欧人在北美建立的殖民地的纬度。也许我们还能识别出那些被称为斯克瑞林人的不幸的土著人到底是何民族。与斯克瑞林人的第一次碰面是一场没有任何理由的大屠杀,这在很大程度上诠释了北欧文化。在因纽特人的民间故事中使用一些欧洲术语讲述了杀害一名外国人的过程,他们知道这些外国人会回来复仇的。

文兰岛上那繁茂的浆果一直存在。泰克认为它们可能是葡萄藤,但我们仍然不能确切得知这些北欧人在北美地区到底发现了何种浆果——它们很可能是蔓越莓或御膳橘。无论它们到底是什么,用它们酿出的美酒尤为醉人,足以吸引人们不断去追随、探寻。

▼ "红发"埃里克带领众多殖民者漂洋过海来到格陵兰岛。许多人相信他们的目的地是一片绿色富饶的土地

图片所属

页18—20	© Sol 90 Images; Abigail Daker; Alamy
页40—42	© Alamy, Corbis, Getty Images, Osprey, Joe Cummings
页55	© Getty
页61	© Alamy
页71—73	© Alamy, Dorothy Hardy
页81—82, 页85	© Getty; Marieke Kuijjer; Ablakok
页91	© Getty;
页94—95, 页97	© Getty; Alamy
页112—113, 页125	© Getty; S. Solbergj
页115, 页117	© Getty; Alamy; Rob Roy
页130—131	© Getty; Alamy
页147	© Getty
页162—163	© Alamy; Orf3us
页169—171	© Alamy; Getty; Uriel1022
页174—175, 页177	© Getty
页183, 页185	© Getty; Erik A. Drabløs
页202	© Getty
页207, 页209	© Getty; Alamy; Leonid 2
页217	© Alamy
页222, 页224—225	© Alamy; Getty
页231—232	© Alamy
页240—241	© Alamy; Europabild
页255	© Alamy; Steven Pavlov; D. Gordon & E. Robertson; Alta Falisa